·经济管理学术文库·

外资并购中的国有股权定价问题研究

Research on the issue of pricing state-owned equity in foreign investors' M & A

刘志杰 / 著

经济管理出版社
ECONOMY & MANAGEMENT PUBLISHING HOUSE

图书在版编目（CIP）数据

外资并购中的国有股权定价问题研究/刘志杰著.
—北京：经济管理出版社，2010.3
ISBN 978-7-5096-0928-6

Ⅰ. ①外… Ⅱ. ①刘… Ⅲ. ①国有企业—股份制—研究—中国 Ⅳ. ①F279.241

中国版本图书馆 CIP 数据核字（2010）第 034282 号

出版发行：经济管理出版社
北京市海淀区北蜂窝 8 号中雅大厦 11 层
电话：(010)51915602 邮编：100038

印刷：北京银祥印刷厂 经销：新华书店

组稿编辑：张永美 责任编辑：张永美
技术编辑：杨国强 责任校对：超 凡 曹 平

720mm×1000mm/16 17.25 印张 272 千字
2010 年 4 月第 1 版 2010 年 4 月第 1 次印刷

定价：45.00 元

书号：ISBN 978-7-5096-0928-6

序　一

外资并购我国企业的活动，实际上是伴随着我国改革开放的不断深入而逐步发生的，这期间经历了一个缓慢的过程。2001 年底中国加入 WTO，为兑现承诺和进一步深化国有企业改革，中国政府才真正放松了对外资开放领域的限制，陆续制定并出台了一系列有利于外资参与国有企业改组改造的法律法规，对外国投资者参与国有企业并购、重组做出了具体的规定。此后，外资并购我国企业的规模及速度明显增加。2005 年以来，随着国有企业改革的深入和上市公司股权分置改革，外资并购大型国企的行动更加活跃。

在国有股权转让和外资并购活动中，一个核心问题就是国有股权的转让价格问题，它是并购交易各方关注的焦点。一方面，并购价格涉及国有企业股权转让能否成功；另一方面，它涉及国有资产是否保值增值。人们普遍关心的问题是：在业已发生的外资并购案例中，国有资产是否被贱卖？国有股权定价是否科学合理？应该如何科学定价？如何体现公允价值和保证国有资产不流失？外资并购中的国有股权定价问题已成为理论界和实务部门十分关注和富有争议的问题。

在外资并购我国国有企业的实践中，并购定价曾先后采取过两种方法：一种是以净资产价值为底限的资产价值法，这种方法实行了很长时间，但它忽视了许多因素，存在许多缺陷；另一种是以市场评估或竞争为特征的市场定价法，但该方法因缺乏可操作的实施细则或标准化、量化的计算模式，因而也不具可操作性。2007 年，中国证监会在《上市公司非公开发行股票实施细则》中提出“规范非公开发行的定价机制，规定以重大资产重组、引进长期战略投资为目的的发行和以筹集资金为目的的发行应采取不同的定价机制”。同年，国资委和证监会联合颁布《国有股东转让所持上市公司股份暂行管理办法》，规定

"以上市公司股票在特定时段的平均交易价格为基础来确定价格"。而关于外资并购的定价问题，直到2009年商务部才在《关于外国投资者并购境内企业的规定》中规定"并购当事人应以资产评估机构对拟转让的股权价值或拟出售资产的评估结果作为确定交易价格的依据……资产评估应采用国际通行的评估方法，禁止以明显低于评估结果的价格转让股权或出售资产，变相向境外转移资本"。

2002年以来，随着中国加入WTO和外资并购国有企业案例的增多，国内对外资并购的研究开始增多，但大多集中在外资并购国有企业的法律问题、外资并购的动因、外资并购国内企业的绩效、外资并购国有企业的影响与规制、政策建议等领域。虽然这类研究的数量在增加，但目前的研究无论是在研究内容与研究方法上，还是在研究的系统性和针对性等方面，都还存在着许多不足。

《外资并购中的国有股权定价问题研究》一书是一部系统、深入研究外资并购我国国有企业股权的定价问题的专门著作，该书是刘志杰博士在其博士论文的基础上扩充而成的，是对她在该领域研究的一个系统总结。刘志杰博士近年来一直致力于外资并购国有股权定价问题的研究，作为主要参与者参与研究了我本人主持的国家社科基金2009年度项目"新形势下企业并购问题研究——外资并购中的国有股权定价研究（09BJY056）"和辽宁省社科基金2007年度项目"辽宁外资并购中的国有股权定价研究"（L07BJY027）等课题的研究，并在中文核心期刊或CSSCI来源期刊上发表了一系列关于外资并购国有股权定价的学术论文。

该书的主要特点和创新体现在如下几方面：

（1）研究内容全面、深入、系统。既研究了外资并购我国国有企业股权的定价机制，也研究了定价方法；既分析了外资并购国有企业股权定价的财务影响因素（成长因子、负债因子、市场评价因子、长期资产管理能力因子、流动资产管理能力因子和收益能力因子），又从行为动机、竞争地位、博弈论等角度分析了影响定价的非财务因素（政府态度、目标国有股权的供给状况、国有股东讨价还价能力、外资讨价还价能力和潜在买方的竞争）。

（2）研究方法适当，定性分析与定量分析相结合。一方面，作者运用博弈论、代理理论、交易成本经济学等方法，从理论上分析了外资并购国有股权定价的非财务影响因素；另一方面，作者通过问卷调查、案例分析、比较分析、统计分析等方法，揭示了外资并购国有股权定价的现状、存在的主要问题、定价影响因素等。同时，运用因子分析、回归分析、层次分析等，实证分析了影响外资并购国有企业股权定价的7个主要财务因素，进而通过逐步回归分析，筛选出外资并购中影响国有股权定价的3个显著变量（市场评价因子、成长因子和负债因子），尝试构建了外资并购国有股权的定价模型。

（3）研究结论和观点富有启发意义，具有一定的理论参考价值和积极的现实指导意义。例如，作者分析认为，全流通背景下并购定价机制将更趋于市场化，但由于外资并购双方参与人的特殊性，讨价还价机制仍将是一种主要的定价机制；应考虑各种定价方法的适用性，国有股权转让定价的市场化是一个方向，但现实条件下市场化仍需要一个过程；资产价值法、市场比较法和收益贴现法只能从某一方面评价目标股权的价值，在外资并购中要全面综合地反映国有股权的价值，还要考虑国有股权的并购溢价，即国有股权在并购中的价值可分解为由国有股权的财务表现所决定的财务价值，以及国有股权的并购协同溢价两部分，而后者受到国有企业和外资方的一些非财务因素的影响；最后，作者针对国有企业及国有股东、外资并购监管、并购市场及制度环境建设等提出了建设性意见。

该书的研究及其内容既有一定的理论意义，又有很现实的指导意义。当然，该书也不可避免地存在一些需改进的地方，如关于外资并购影响因素的作用机理分析尚须加强，实证分析所用的样本总量不够大，对不完全信息下的多方动态博弈分析还可以进一步探讨，所提建议的针对性和可操作性仍须加强。

该领域还有许多问题值得深入研究，这里给作者和读者提出一些进一步的研究建议：一是鉴于地方政府的政绩观、国有企业管理层代理问题的严重性与复杂性，以及资本市场不完善和信息不对称等，可尝试考虑建立有三方参与的动态的博弈模型，对不完全信息下并购双方的动机、讨价还价行为等进行博弈分析；二是扩大调查问卷和实证分析的样本范围，辅之以更多的实际考察，以增强说服力；三是在分析研究外资并购上市公司的同时，考察非上市公司的外资并购定价情况，以进行对比分析，可能的话，可进行分行业研究和对比；四是对已发生了外资并购国有股权的实际定价高低做出评估；五是进一步探讨科学、合理、实用的定价模型，增强政策建议的可操作性和针对性。

以上是我个人的一些感想，算是与作者和读者共勉。

姚海鑫

2010 年 3 月于沈阳

序　二

并购是企业实现快速扩张、产权结构调整和资源重新配置的有效途径，因此，企业间的并购活动历来是各国资本市场中一个极其重要的组成部分，也是资本市场中一个永恒的话题。

企业并购发源于西方国家，在从资本的原始积累到企业间的自由竞争再到形成垄断的过程中，企业间的并购伴随着经济社会的发展不断向前推进。尤其是自20世纪以来，西方国家先后经历了五次大规模的企业并购浪潮。每一次并购浪潮过后，都在很大程度上推动了技术进步和经济发展，优化了企业的组织结构和资源配置。诺贝尔经济学奖获得者、美国芝加哥大学教授乔治·斯蒂格勒曾说过："没有一家美国大公司不是通过某种程度、某种方式的兼并而是主要靠内部扩张成长起来的。"

随着全球经济一体化的程度不断加深，企业间的竞争也更加激烈和残酷，企业间的跨国并购行为逐渐发展成为西方大型跨国公司开拓新的市场、进入新的领域、获取新的利润增长点的一种有效方式。于是，从20世纪90年代中后期开始，全球经历了有史以来最大的一次并购浪潮——第五次全球企业并购浪潮，并且跨国公司的全球并购活动有愈演愈烈之势。

伴随着中国经济的飞速发展和中国经济的日益开放，大型跨国公司也逐步将其并购的目光瞄准了中国企业，外资并购活动日渐活跃。特别是近年来，中国政府为了加快推进国有企业改革，先后出台了一系列鼓励外资参与国有企业改制重组的政策规定，外资并购我国国有企业的步伐明显加快，并购的规模不断扩大，涉及的行业和领域越来越广，对我国经济社会的发展产生了重大的影响。

并购，特别是外资并购是一个复杂的资源整合过程，涉及众多的利益相关者和行为主体，涉及众多因素的相互作用。

从宏观角度来看，外资并购将涉及不同国家的关税、外汇体系、法律制度和社会价值观念，甚至还会受到投资国和东道国管理当局政治意图的影响，对东道国的政治、经济、法律、科技和文化等不同领域将产生不同程度的影响。

从微观角度来看，外资并购将引起中外双方企业的战略目标、经营模式、经营重心、资本结构、财务绩效、组织管理、公司文化等诸多方面发生改变。并购可以使一些企业的竞争力增强，跃上一个新的发展平台，也可能给一些企业带来沉重的包袱，使企业陷入失败的泥潭。

从我国的角度出发，我们希望通过国内资本与国际资本的融合，给我国企业带来充裕的资金、先进的技术和丰富的管理经验，达到资源优化配置的作用，实现产业结构的调整和升级，最终提高全社会福利。然而，外资并购犹如一把双刃剑，也会引起诸如国有资产流失、行业垄断、增大国家经济风险等负面效应。近几年来，外国大型公司和私募基金的大量涌入，外资并购案的逐年增多，外资并购问题已经引起了公众和社会各界的极大关注。

刘志杰博士的《外资并购中的国有股权定价问题研究》一书正是基于以上背景撰写完成的。她借鉴博弈理论、制度经济学理论、委托—代理理论深入揭示了外资并购过程中国有股权转让价格的形成机制，阐述了国有股权的定价方法；运用统计分析、案例分析、调查分析、计量分析等多种方法实证检验了外资并购中影响国有股权定价的因素等问题。在本书中，她运用多种研究方法对外资并购过程中我国国有股权定价的相关问题进行了细致的阐述和透彻的分析，研究方法有所创新，研究内容比较完整，逻辑思路清晰，提出了一些新颖的观点和比较好的政策建议。

本书既是刘志杰博士前期研究成果的一个总结，也是未来研究工作的新起点。希望她继续努力，在并购领域取得更多研究成果。

刘力钢

2010年3月于沈阳

目　录

绪 论

一、问题的提出

伴随着20世纪90年代以来的第五次企业并购浪潮，全球范围内的企业跨国并购活动风起云涌，并且，跨国并购逐渐取代“绿地投资”,[①] 成为跨国直接投资的首选方式。改革开放以来，尤其是近十年来，中国经济持续高速增长，中国庞大的消费群、巨大的市场需求、廉价而又高素质的人力资源，都成为吸引外资的重要因素。国际上许多大型跨国公司和金融资本纷纷增加对华投资，“抢滩登陆”中国。

为适应国际形势的发展变化和中国政府兑现加入WTO承诺的需要，为进一步深化国有企业改革，自2001年起，中国政府放松了对外资开放领域的限制，出台了一系列有利于外资参与国有企业改组改造的法律法规，陆续制定或修订了《外商投资产业指导目录》(2002)、《上市公司收购管理办法》(2002)、《中西部地区外商投资优势产业目录》(2004）等法律法规。同时，国务院有关部门也相继出台了《利用外资改组国有企业暂行规定》(2002)、《外国投资者并购国内企业暂行规定》(2003)、《企业国有资产监督管理暂行条例》(2003）等规章，对外国投资者参与国有企业并购、重组作出了具体的规定，放宽了外资并购主体和外国投资者并购中国境内企业出资比例的限制等。这些规定大大加快了外资并购我国企业的步伐，并购规模也明显增大。国际上许多著名大企业纷纷把目光瞄准了我国的龙头国有企业，把并购这些国有企业当作进军中国市

① 即国际直接投资（FDI）中的新建投资。

场的“跳板”。[①] 外资大举并购国有企业正成为我国并购市场上的一种新趋势。

自 2005 年起，我国资本市场推行上市公司股权分置制度改革，外资并购我国国有企业，特别是并购具有行业龙头地位的优质大型国有企业的行动更加踊跃，并购案例越来越多。例如，世界最大水泥生产商法国拉法基集团（Lafarge SA）成功收购大型水泥企业四川双马 66.5%国有股权，世界钢铁大王米塔尔（Mittal Steel Company N.V）收购华菱管线创造了外资收购 A 股股权的最大交易案例，美国高盛集团（Goldman Sachs Group Inc）收购中国食品行业巨头双汇集团，以及美国凯雷投资集团（Carlyle Group）收购中国最大的工程机械制造企业徐工机械。

一般而言，外资并购国有企业，对双方来说都是“有利可图”的合作。然而，股权的收购必然会涉及股权定价的问题。在引入外资的过程中，确定合理的股权价格是一件十分复杂的事情，对双方来说也都是极为重要的。定价偏高，会加大外国投资者在华的交易成本和交易风险，阻碍外资并购的顺利进行；但如果定价偏低，又可能会导致国有资产流失，损害国家和企业职工的利益。

当前，由于我国的资本市场发育不完善，国有企业产权交易不健全，涉及股权定价等问题的政策法规相对滞后和模糊，这使得外资并购国有股权的定价活动十分杂乱。另外，国有企业的特殊背景和严重的多层委托代理问题，往往导致定价过程掺杂着许多非市场因素，国有企业经理层、地方政府、中介机构、外商等在并购中都扮演着重要角色。

近年来，发生在我国的外资并购事件不断增多，外资并购的范围不断扩大，社会影响力不断增大，关于国有股权在转让过程中是否存在流失的讨论也愈来愈引起人们的关注。

一些人提出“引资贱卖国有资产论”，认为目前以每股净资产加一定溢价的定价方法严重低估了国有股权的发展潜力和价值，外资在参股时可能出现资产评估不准确和股权转让价格偏低的现象。例如，双汇集团是中国食品行业龙头，仅其控股的上市公司双汇发展，2005 年度营业收入、净利润和每股收益

---

① 黄海霞. 我国资本市场外资并购动因分析 [J]. 商场现代化，2007 (1)

就分别达到 134.6 亿元、3.71 亿元和 0.72 元，以其持有双汇发展 35.72%的股权计算，股票市值高达 33 亿多元。同时，“双汇”商标的品牌评估价值已达 106.36 亿元。就是这样一家被称为“利润奶牛”的大型国有企业，出卖给外资企业的价格仅 20 亿元。[①] 再如，徐工机械 2005 年销售收入达 130 亿元，其控股的上市公司徐工科技 2005 年也有 38 亿元的销售额，但外卖的价格如果去掉所谓的“对赌”金额也不过 20 亿元。[②]

另一些人则认为，我国国有企业普遍存在产权的制度性缺陷和严重的委托代理问题，具有沉重的债务负担以及大量历史遗留问题，部分企业还存在较高比例的不良资产，这些问题导致外资对国有企业进行估值时给予诸多“制度性折扣”。

也有人认为，确定并购价格时，不应该仅仅以并购前目标公司股票的市场价值为依据，而应该全面、综合、长远地考虑。但这也为并购定价带来了困难。

可见，外资并购国有企业的股权定价问题已经成为一个十分引人关注的问题。人们普遍关心的问题是：在已发生的外资并购中，国有资产是否被贱卖？国有股权应该如何科学定价？如何体现公允价值和保证国有资产不流失？等等。这些争论也反映出，我国目前的国有股权转让价格形成机制还不够成熟，国有股权的价值评估理论和方法亟待完善。本书将通过实证分析和理论分析，研究外资并购中国有股权的价格形成机制，探讨外资并购国有企业股权定价的方法，揭示外资并购中影响国有股权定价的主要因素，构建外资并购国有企业股权定价模型。

二、研究意义

外资并购国有企业的股权定价问题是理论界和实务界，包括研究学者、政府官员乃至普通百姓都十分关注的一个热门话题。研究和探讨该问题具有重要

① 资料来源：中国并购评论。
② 资料来源：中国股权分置改革网 http：//www.cs.com.cn

的理论意义和现实意义。

（一）理论意义

本书的理论意义在于：

（1）完善我国有关企业价值评估问题的理论研究。企业价值评估问题一直是现代财务理论的重要课题之一。国外已有成熟完善的企业价值评估理论和方法。但是，在会计环境透明度、资本市场流动性、税收及并购等相关法律法规的完善程度等方面，我国与西方发达国家存在很大差距。西方价值评估理论所依据的理论前提在我国难以完全成立，西方的企业价值评估理论和评价方法未必适合我国。因此，对外资并购国有股权定价问题的研究，有助于探讨具有科学中国特色、适合我国企业实际的企业价值评估理论，提出符合我国实际的企业价值评估问题的研究思路和研究方法。

（2）丰富我国有关并购问题的理论研究。目前，在我国关于企业并购问题的研究中，以研究并购动因和并购绩效的居多，研究并购定价问题，特别是外资并购国有股权定价问题的少之又少。事实上，从技术层面来讲，制约并购的有两个最核心的因素：一是并购中的融资问题；二是并购中目标企业的价值评估问题，而公司估值则是并购过程的核心。通过揭示外资并购国有股权定价的影响因素，分析研究国有股权的价格形成过程，将为我国并购问题的研究提供一个新的研究视角和切入点，从而搭建企业并购领域的完整研究框架。

（二）现实意义

本书的现实意义在于：

（1）对深化国有企业改革和国有资产保值增值具有重要意义。合理确定国有企业的并购价格，可以防止外资通过并购方式侵蚀国有资产，从而维护国家经济安全，保护国有企业的投资者和企业职工的利益。外资并购是我国现代经济生活中一种极其重要和特殊的产权现象，涉及多方利益，特别是国家的利益。目前，我国对外资并购国有股权的定价方法缺乏可操作性的具体规定，有关政策法规模糊和滞后，在外资并购国有企业的实践中，国有股权定价方面存在较大的随意性，大量国有资产通过评估环节的价值低估而流失。这不仅危害到国有资产的保值增值和国家经济的安全，也损害了投资者和企业职工的利益。因此，如何公平地确定国有股权的转让价格，是一个亟待解决的现实问题。

（2）探索适合我国外资并购实际的国有股权定价方法，明确外资并购时影响国有企业并购价格的核心要素和应该考虑的其他因素，可以为国有企业管理层的科学并购决策提供依据。科学的国有股权定价机制与定价方法将为并购双方提供一个比较合理的议价基础，有助于并购双方协商价格，也有助于吸引其他潜在的竞争者（包括国内的民营企业）参与并购，促进外资并购市场的公平竞争。

（3）为监管部门制定恰当的监管政策提供参考和借鉴。通过对外资并购国有股权定价问题进行调查和深入分析，发现外资并购过程以及国有资产监管等环节存在的漏洞，从而为监管部门立法和完善监管措施提供思路。对外资并购国有股权定价的思路和方式方法进行研究，也可以为中介评估机构规范国有资产的评估程序、明确国有股权定价方法、合理估计目标公司价值等提供指导。

（4）为政府，特别是地方政府，在外资并购中的政策制定和行为选择提供依据。我国的国有产权交易往往是在政府部门的主导和支持下完成的，政府的态度决定了政府、企业高管及外商等有关各方在博弈中的行为选择，国有股权的转让价格是各方多次谈判和博弈的结果。因此，研究各方博弈与国有企业并购价格确定这二者之间的逻辑关系，可以为地方政府选择对外资并购的干预行为和干预程度提供帮助。

三、基本概念的界定

（一）外资

外资是一个比较模糊的经济学概念，对外资的认定没有一致的说法。一般所说的外资是从资本输入国的角度出发，对来自于外国的投资（Foreign investment）的简称。这一概念通常在以下三种情形下使用：①将外资理解为国外资本、国外货币或国外资金；②将外资理解为外国投资，即外国投资行为，特指外国私人直接投资；③将外资理解为外国投资者，这是从投资主体的角度来界定其含义的。

我国在法律上对外资作出了如下两种定义：

《外资企业法》规定：

"本法所称的外资企业是指依照中国有关法律在中国境内设立的全部资本由外国投资者投资的企业，不包括外国的企业和其他经济组织在中国境内的分支机构。"

这里需要说明的是：首先，基于我国历史和现实的原因，外商投资的立法和实践历来把来自中国香港、澳门和台湾的投资视为外资，按照外商投资的程序办理，享受外商投资的待遇；其次，外国投资者在我国境内的合法收入也属于外资。外国投资者以合法拥有的境内人民币利润进行境内投资时，该人民币利润都被视为外资。

《外国投资者并购境内企业暂行规定》第二十四条规定：

"外国投资者在中国境内依法设立的投资性公司并购境内企业，适用本规定。"该规定将外资并购中外资的范畴大大拓宽了，从主体上讲，外国投资者不仅包括境外的投资者，也包括境外投资者在境内设立的投资性公司。

综上所述，外资应当包括港澳台投资者在内的外国自然人、法人、非法人组织在中国境内的投资以及外国投资者在中国境内依法设立的投资性企业的投资。

本书中所指的"外资"是从投资主体方面来进行界定的，指的是外国投资者（外国的自然人、法人、非法人组织），包括港澳台地区的投资者，也包括境外的中国公民回大陆投资的投资者，即泛指境外投资者。

（二）并购、跨国并购与外资并购

1. 并购

并购（M&A）是兼并（Merger）和收购（Acquisition）的总称。兼并是指在市场机制作用下，企业通过产权交易获得其他企业的产权，并企图获得其控制权的经济行为，包括吸收合并、新设合并和控股合并三种形式。其中，吸收合并是指两个或两个以上的企业经过一定程度的联合、合并后，其中一个保持其原有法人地位，继续存在，而其他企业不保留法人地位，宣布解散。新设合并是指两个或两个以上的企业解散，同时联合组成一个具有新的法人地位的新企业。控股合并是指企业通过产权交易获得其他企业的控制权，双方都保留原有的法人地位。

收购是指一家公司在证券市场上用现金、债券或股票购买另一家公司（目标公司）的股票或资产，以获得对该公司的控制权，目标公司的法人实体地位并不因此而消失。根据收购对象的不同，收购可以分为股权收购和资产收购。股权收购是指收购方购买目标公司股份的一种交易行为。一般情况下，股权收购是通过收购目标公司已发行在外的股份，或认购目标公司所发行的新股两种方式进行。资产收购是指收购方购买目标公司部分或全部资产的一种交易行为，它仅仅是一般的资产买卖行为。

通常，我们把兼并与收购合在一起，统称为并购，泛指在市场机制作用下，企业为了获得其他企业的控制权而进行的产权交易活动。

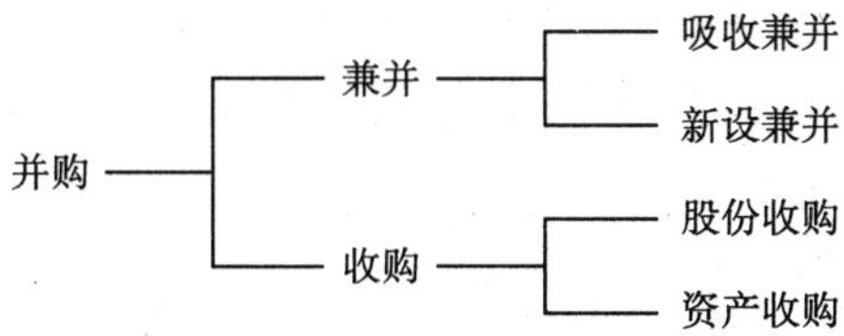

图 1　并购的分类

2. 跨国并购

跨国并购（Cross-border M&A）是企业并购行为跨国界的延伸，它需要由两个或两个以上国家或地区的企业参与，其结果是产生跨越国界的对目标企业的兼并和控制。同时跨国并购也是一种复杂的投资关系，属于国际直接投资的一种方式。具体地说，所谓跨国并购是指一国企业（并购企业）为了某种特定的目的，通过一定的渠道和支付手段，取得另一国企业（目标企业）的部分或者全部资产或股权，对另一国企业的经营管理实施一定或完全的控制行为。联合国贸易与发展会议（UNCTAD）《2000 年世界投资报告》关于跨国并购的定义中，将控股比例超过 10%的股权收购或合并行为称为跨国并购，控股比例低于 10%的则归为跨国股权投资行为。

与一般的企业并购行为不同，跨国并购具有跨国性，其行为受到东道国经济与制度环境的影响。在并购目标上，并购方根据自身发展的需要，并主要参考东道国的产业发展与国际分工状况，来选择并购目标。在跨国并购交易的支付方式、交易流程等方面都要依据东道国的相关规定来进行。同时，并购的收益除了受到企业自身经营状况的影响外，还会随着东道国宏观经济的波动与汇率的起伏而变化。

3. 外资并购

所谓外资并购，就是基于东道国而言的跨国并购，具体是指外国投资者通过兼并和收购形式取得国内企业的控制权的行为。本书所指的外资并购，在本质上与跨国并购是相同的，只是侧重的角度有所不同。外资并购强调外国投资者（即外资）并购本国企业的行为，跨国并购站在东道国的角度来看就是外资并购。从我国的角度来看，所谓外资并购，是指外国投资者为了某种目的，通过一定渠道或支付手段，将我国企业的整个资产或超过 10%的股份购买下来，从而对我国企业的经营管理进行部分或完全的控制。

外资并购从字面上理解包括收购和兼并两层含义，但是实际上，外资并购只包含了收购这一个层次。因为外资并购的目的和最终结果不是改变公司的数量，而是改变目标企业的产权关系和经营管理关系。而兼并则意味着两个以上的法人最终变为一个法人，这种情况在外资并购中是十分罕见的，也是与跨国公司的全球战略不相吻合的。收购可以是少数股权收购（即外国企业拥有目标企业有投票权股份的 10%~49%）、多数股权收购（50%~99%）或全额收购（100%）。

在我国，由于外资进入上市公司存在各方面的限制，如行业限制、持股数量限制等，因此，外资收购上市公司的策略一般是，先收购上市公司的小部分股权或以战略投资者的身份参股到国内上市公司中，之后向目标上市公司注入资金、技术和管理等优势资源，做大做强目标企业的主业。在这个阶段，跨国公司虽然没有控股权，但它们可能拥有实际的控制权，因为企业运营的关键环节可能控制在外方手中，或者它们的目标是等到国内市场成熟或大规模外资并购时机成熟之时再通过增持股份的方式最终获取对目标上市公司的控股权。

按照我国 2006 年颁布的《关于外国投资者并购境内企业的规定》中的定义：

“所谓外资并购境内企业，外资并购是指外国投资者购买境内非外商投资企业股东的股权或认购境内公司增资，使该境内公司变更设立为外商投资企业（即股权并购）；或者外国投资者设立外商投资企业，并通过该企业协议购买境内非外商投资企业资产且运营该资产，或者外国投资者协议购买境内非外商投资企业资产，并以该资产投资设立外商投资企业运营该资产（即资产并购）。

其中外国投资者包括来自港、澳、台地区在内的海外投资者。”

四、研究思路与研究方法

（一）研究思路

首先，在对外资并购我国国有企业的发展进程、方式、特点等问题进行了回顾之后，本书对外资并购国有股权的定价机制问题进行了探讨，分析阐述了要约收购定价机制、讨价还价定价机制和拍卖定价机制的运用条件等，并指出证券市场股票全流通对外资并购方式和定价机制产生的影响。其次，本书针对外资并购国有企业的实际，以发生外资并购的国有企业为对象，通过问卷调查、信息披露跟踪与文献查询、典型案例剖析等方法，分析外资并购国有股权的定价方法及并购价格的确定方式，揭示我国外资并购国有股权定价方面存在的问题。通过对几种常见定价方法的比较和评价，对我国外资并购国有股权的定价方法提出选择思路和需要注意的问题。再次，本书实证分析了外资并购中影响上市公司国有股权转让价格的财务因素。在调查研究、数据收集和统计分析的基础上，一方面，通过因子分析，浓缩和提炼出影响外资并购上市公司国有股权转让价格的因子，并对这些影响因子进行命名；另一方面，构建多元线性回归模型，对模型中的参数做出估计和显著性检验，揭示各因素的影响程度，并给出合理的解释。之后，本书运用管理学、经济学等理论和博弈分析方法，深入分析了外资并购中影响国有股权定价的非财务因素。在以上分析的基础上，本书设计出符合我国国有企业特点的外资并购国有股权的定价模型。最后，针对外资并购国有企业时国有股权的定价机制、估值方法、信息披露及监管等问题，向相关部门提出有针对性的政策建议。

（二）研究方法

本书采用调查研究、比较分析、统计分析、实证分析和规范分析等研究方法，对外资并购国有股权定价问题进行探讨。在研究过程中，注重规范分析和实证分析相结合、定性分析和定量分析相结合。

在规范分析方面，本书运用博弈理论、制度经济学理论、委托—代理理论等理论和 SWOT 分析法及波特的五种竞争力分析框架，揭示外资并购的内在动因、外资并购国有股权的定价机制及外资并购中影响国有股权转让价格的非财务因素等问题。

在实证分析方面，本书采取问卷调查分析、案例分析等方法分析外资并购国有股权定价的现状和存在的问题；采用描述性统计、因子分析、多元线性回归分析等方法，实证分析外资并购中影响上市公司国有股权转让价格的财务因素。此外，还应用层次分析法建立外资并购国有企业的股权定价模型。

五、创新点

近些年来，随着我国资本市场的不断发展，我国学者对企业的并购定价问题进行了探讨，关于企业并购定价问题的研究数量不断增多，研究领域不断深入。但目前的研究仍然存在一些不足，主要有：

（1）在研究内容上，关于并购中目标企业定价问题的研究相对较多，但针对国有企业的并购定价问题，特别是外资并购中国有企业定价的专门研究尚不多见。

（2）在研究方法上，多数研究停留在定性方面的探讨上，理论分析和定性研究相对较多，相关的定量研究和实证分析较少；在理论分析方面，也缺乏对外资并购问题的深入理论分析，如博弈分析、制度经济学分析等，对外资并购国有企业的定价机制问题有待深入探讨。

（3）在研究特色上，多数研究没有提出适合中国国情和企业实际的定价方法，模仿引入的多，有特色研究的少，没有结合我国转轨经济的特殊背景、并购市场实际状况以及国有企业特殊性等特点进行有针对性的研究。

鉴于以上不足，本书力争在以下几个方面有所创新：

（1）本书将实证分析外资并购中影响国有股权转让价格的财务因素并建立模型。通过对影响国有上市公司股权转让价格的若干财务因素进行因子分析，本书提炼出七个影响因子；在初步建立外资并购国有股权定价的多元线性回归模型之后，本书运用SPSS统计分析工具对模型中的参数作出估计和显著性检验，最终建立外资并购国有股权定价的多元线性回归模型。

（2）本书揭示出外资并购中影响国有企业并购价格的主要非财务影响因

素。本书运用代理理论、博弈理论等理论知识及 SWOT 分析和波特五力分析等工具，详细阐述了外资并购中影响国有股权定价的非财务因素。本书还提出采用层次分析法和专家打分法来计算各非财务因素的权重。

（3）本书在研究方法上独辟蹊径，将讨价还价博弈模型引入外资并购国有企业股权定价的博弈模型之中。针对我国国有企业的特殊制度背景及其独特的委托—代理问题，本书将讨价还价博弈模型引入外资并购国有企业股权定价的分析过程中，构建了国有企业与外资方之间的讨价还价博弈模型，探讨了买卖双方讨价还价过程中影响价格形成的主要因素，并论述了国有企业经理层、中央政府、地方政府、中介机构等的参与对博弈过程和交易价格的影响。

素。本书运用代理理论、博弈理论等[illegible]

工具，并[illegible]阐述了外资并购中影响国有股权定价的非财务因素。[illegible]

[illegible]

（3）本书在研究方法上[illegible]引入外资并购国有

企业股权定价的[illegible]之中。[illegible]

[illegible]国有企业股权定价的

分析过程中，[illegible]

双方博弈过程中影响价格形成的主要因素，并论述了国有企业经理层[illegible]

[illegible]

第一章　相关理论回顾

第一节　有关跨国并购的理论解释

一、跨国投资的动因

（一）垄断优势理论

垄断优势理论是由美国麻省理工学院教授海默（Hymer S.H.，1960）提出来的。他通过对美国1914~1956年对外投资有关资料的实证研究得出结论，对外直接投资不仅仅是一个简单的资产转移过程，还包括非金融资产和无形资产的转移，是跨国公司使用和发挥其内在独特优势的过程。

海默认为，现实中完全竞争的市场是罕见的，不完全竞争才是市场的常态。在完全竞争条件下，企业并无垄断优势，企业不需要进行对外直接投资，因为这样不会给企业增加什么优势。而恰恰是由于市场的不完全性才使得企业具有了垄断优势，并能够通过对外直接投资加以利用。企业的垄断优势，可以从四种不完全市场中产生：一是商品市场的不完全性，包括产品差异、特殊的市场营销能力和价格联盟等；二是要素市场的不完全性，包括企业在特殊的管理技能、资本可获得性以及专利技术保护等方面的差异；三是由规模经济所导致的市场不完全性，如水平一体化和垂直一体化所导致的市场不完全、内部或外部规模经济可能引致的市场不完全竞争等；四是由政府政策和管制所导致的市场不完全性，包括政府的各种干预政策，如税收、利率和汇率政策及管制等。海默研究了美国企业对外直接投资的工业部门构成，发现直接投资与垄断的工业部门结构有关。据此，海默认为，美国公司对外直接投资凭借的是其特有的垄断优势。

垄断优势理论认为，导致企业对外直接投资的特定优势通常包括：

1. 资金、技术与管理优势

跨国公司的资金优势不仅表现为其自身拥有的巨额资产，还表现在其筹资渠道和筹资便利上。由于美国的大公司经营时间长、信誉度高、不动产多，与大财团有着密切的业务和人事关系，因而能够比较容易地从投资母国和东道国的金融机构获得贷款。除此之外，跨国公司还可以灵活地在总公司内部调动资金，这是一般公司无法比拟的。

在技术方面，跨国公司拥有强大的技术团队，并有能力投入大量的资金进行新产品、新技术的研究和开发。跨国公司虽然可以通过技术的许可证贸易将新技术转让给东道国使用，并从中获取销售利润，但是，这种方式只能获得一次性的利润，与之相比较，跨国公司利用技术优势进行对外投资所获取的垄断利润会更大。因此，技术的垄断优势是促使跨国公司对外投资的重要动因。

一般而言，跨国公司在其长期的经营过程中已经形成了一套先进和完整的管理模式和经验，在对外直接投资中可以通过管理能力的输出形成对其他企业的优势。

2. 信息与机制优势

跨国公司拥有分布广泛的分支机构，包括子公司、分公司和销售机构、办事处等，并通过统一的管理和全球一体化战略将这些分支机构连为一个有机的整体。各分支机构获得的信息首先汇入总公司，经过总公司的整合，然后再由各分支机构共享使用。相对于一般公司而言，这种信息整合与共享具有巨大的优势。跨国公司母公司与子公司之间的统一调控和独立经营的管理方式也在机制上保证了对这种信息优势的充分利用，即确保集团内各企业及时敏捷地对信息作出经营决策，在要素配置上作出快速反应。现代经济竞争的胜负在很大程度上取决于对市场信息的掌握，跨国公司的信息优势无疑有利于其在海外的投资和竞争。

3. 规模经济优势

在大规模制造的时代，经济规模往往是决定企业利润的关键因素，也是企业增加利润的通用方法之一。对外直接投资的公司除了在母国进行生产以外，还利用子公司从事国际生产与协作，以水平一体化和垂直一体化两种方式来扩大企业的生产规模。这既降低了产品成本，又保证了产品的高质量，从而能充分享受规模经济的益处。大规模的生产需要大规模的市场销售能力，跨国公司拥有广泛分布的销售机构和长期而稳定的销售渠道，能够实现产品的低成本、高速度和大规模的销售，最终实现规模经济带来的价值。

4. 信誉与商标优势

企业的垄断优势还体现在信誉和商标等无形资产上。大公司凭借自己长期经营所培植起来的信誉度，在巩固和开拓市场方面较其他企业更加容易，其产品中被广泛认可的品牌是商业竞争中的锐利武器。在产品的其他指标与竞争者相同或相近的情况下，企业的商标和信誉成为占领市场、赢得竞争的关键因素。企业的跨国直接投资行为正是这一重要垄断优势在海外的运用。

海默提出的垄断优势理论比较好地解释了国际直接投资的微观原因和动力，作为国际直接投资主流理论的基础被广泛接受。垄断优势理论认为，对外直接投资的决定因素是企业拥有垄断优势，只有具备垄断优势的企业才能在东道国市场的竞争中胜过同类企业，也才会作出对外直接投资的决策。这一理论可以解释发达国家对发展中国家以及发达国家之间的直接投资，也可以解释跨国公司对我国的直接投资。与我国企业相比，发达国家的跨国公司在技术、管理、资金、信息、商标等方面拥有优势，到我国进行直接投资可以利用这些优势，获取利益。但该理论建立在发达国家跨国公司实践的基础上，难以解释中小企业和发展中国家企业的对外直接投资行为。

（二）国际产品生命周期理论

美国经济学家维农（Vemon，1966）在《产品周期中的国际投资与国际贸易》一文中，通过对美国跨国公司对外直接投资行为的实证研究，提出了国际直接投资的产品生命周期理论。他认为，对外直接投资是产品生命周期特定阶段演进的结果。

维农将产品生命周期划分为三个阶段：产品创新阶段、产品成熟阶段和产品标准化阶段，并分析了在每一个阶段产品创新企业的技术优势、产品的供需特点、对市场和资源的需求、国际贸易和直接投资模式。在产品创新阶段，新产品主要在发达国家生产，一部分出口到收入水平相似的发达国家。在产品成熟阶段，国内外出现了技术模仿者，企业选择到与本国经济水平相近的国家投资，就地生产和销售或向其他国家出口。在产品标准化阶段，企业的技术垄断优势消失，因而选择到劳动力成本低的发展中国家生产。后来，维农进一步将跨国公司定义为寡占者，将产品生命周期定义为以创新为基础的寡占阶段、成熟的寡占阶段和衰退的寡占阶段。在以创新为基础的寡占阶段，企业有技术创新的垄断优势，以国内为主要生产基地。在成熟的寡占阶段，跨国公司以创新为基础的垄断优势消失，规模经济成为垄断优势的基础，选择到对方市场直接投资以削弱对方的份额。在衰退的寡占阶段，跨国公司以规模经济为基础的垄断优势也消失，选择到发展中国家投资以降低成本。

国际产品生命周期理论认为，产品的比较优势和竞争条件的变化是促使企业对外直接投资的决定性因素。它能较好地解释技术创新国企业的对外直接投资行为，也可以部分解释发达国家跨国公司对我国的直接投资。由于技术水平的差距，很多技术含量高的新产品（如汽车）都是先在发达国家出现，然后才逐渐转移到不发达国家进行生产。但该理论难以解释国际直接投资的新现象，例如，随着技术进步加速，许多新产品在多个国家同步生产。

（三）市场内部化理论

市场内部化理论是解释跨国公司海外直接投资动机的另一个重要的主流理论。内部化的理论渊源可以追溯到科斯（Coase，1937）和威廉姆森（Williamson，1971、1975、1979）关于交易成本问题的研究。科斯等人认为，企业和市场是指挥和协调生产的两种不同机制，这两种协调机制都会产生成本。只要企业内部组织交易所需的成本比利用外部市场的交易成本低，企业便会通过内部机制使交易内部化。

在科斯理论的启发下，英国里丁大学学者巴克利和卡森（P. J. Buckley & M. Casson，1976）明确提出了内部化理论。他们认为，只要国际资源的内部配置成本低于市场配置的成本，企业就会通过跨国直接投资来运用其所拥有的特殊优势，获取内部化的好处。换言之，跨国公司是市场内部化的产物。

具体来看，市场内部化理论的基本要点包括：

（1）不完全竞争市场的存在是市场内部化理论的关键前提。在完全竞争的市场条件下，内部化并不能创造高于外部市场的效率。巴克利等人继承了海默的不完全市场假说，他们进一步认为，市场不完全并不是来源于规模经济、寡占、关税壁垒等，而是源于某些产品的特殊性质或垄断势力的存在。企业内部的生产经营活动是相互依存并通过中间产品联系在一起的，但是，一些重要的中间产品，如人力资本、知识技术、营销和管理技能等是难以依靠市场来组织的。比如，就知识产品而言，其市场组织的难度在于定价困难，买方会因此面临巨大的不确定性，而知识产品的卖方则可以通过差别定价来形成垄断。要探究跨国公司对外投资的动因，必须考虑除生产以外的许多其他活动，如研究开发、市场营销、就业培训、管理机构等。这些生产以外的活动与诸如专利权、人力资本等中间产品密切相关，而这类中间产品尤其是知识产品的市场是不完全的。如果通过外部的中间产品市场来联结企业的不同经营环节，则会产生过高的交易成本和时滞，这一点是促使企业产生内部化动机的重要前提。

（2）当企业内部交易成本低于市场交易时，企业内部各单位间的交易将代替市场交易。市场内部化也不可避免地带来相应的成本，如计算成本、通信联络成本、管理成本等。因此，内部化是有条件的，即内部化的收益（包括避免交易时滞损失和讨价还价的不确定性损失、利用价格歧视的收益等）要大于内部化的成本（包括远距离管理和协调费用等）。换言之，只要内部化所节省的成本大于所增加的相应成本，市场内部化就会实现。而当内部化的边际成本和边际收益相等时，跨国公司的规模就达到了均衡。

（3）一旦市场内部化的范围超越国界，就产生了跨国公司。为了克服外部市场的不利因素，企业会建立内部市场以替代外部市场。而跨越国界的市场内部化会导致 FDI 和跨国公司的产生。但巴克利等人强调，内部化优势并不是一种可以给企业带来特殊优势的资产，而是指将企业资产加以内部化使用的过程（即相对于将该资产出售给外国生产者而言）。进一步说，进行海外直接投资的企业并不一定需要拥有某种垄断优势，而只需要创造比外部市场更有效的行政机构或内部市场。跨国投资作为跨国公司的内部化行为，是以高效的内部行政机构代替低效的市场，其意义不仅在于使跨国公司获得高额利润，而且也是一种使国际资源得以有效配置的社会生产组织方式。

（四）国际生产折衷理论

1976年，英国里丁大学教授、国际投资领域的著名学者邓宁（Dulming, J.H.）将不同的对外直接投资理论综合在一起，提出了国际生产折衷理论，用于解释各个种类和各个阶段的跨国公司海外直接投资行为。

邓宁认为，20世纪60年代以来有关国际生产的理论主要有金融理论、厂商理论和产业组织理论，这些理论都只是对国际生产的动力机制进行了片面的解释，而且不能很好地将国际生产与国际贸易或其他资源转让方式有机结合起来。为了使理论更具涵盖力和适应性，邓宁将上述各种理论的基本观点和有关投资区位选择的分析结合起来，形成了一种迄今为止被学术界广泛接受的国际生产理论模式。邓宁认为，任何国际直接投资的发生必须由三个方面的因素同时决定，即从事海外投资的企业必须同时拥有所有权优势（Ownership Advantage）、区位优势（Location Advantage）和内部化优势（Internalization Advantage）。这就是跨国公司海外直接投资的所谓OLI模型。

所有权优势是指企业所拥有的或能够获得的而国外企业没有或难以获得的无形资产或规模优势。如果没有所有权优势，跨国投资的企业将不能弥补海外生产所带来的额外成本，从而不能成功地进行对外投资。所有权优势可以分为两类：一类是通过贸易、技术转让和FDI等方式可以加以利用的优势，但由于市场不完善性的存在，通过FDI的方式运用这些优势比起通过贸易方式运用更有利；另一类是只有通过FDI的方式使其内部化才能实现的优势。具体而言，邓宁定义了四种类型的所有权优势：①技术优势，包括专门技术、专利和商标、生产诀窍、营销技能、研究与开发能力以及产品特异化能力等；②企业规模优势，指的是由规模、垄断和获得资源的能力所产生的优势，比如：规模巨大的企业研究与开发能力强，具有产品创新优势，寡占企业容易控制原材料和产品市场，大企业能充分利用在要素禀赋、市场和政府干预方面所存在的国际差异，以分散企业风险，获取规模经济等优势；③组织管理优势，由于大企业拥有完善的生产管理体系和销售系统，管理经验丰富并拥有大批各类专业人才，从而容易形成组织和管理方面的优势；④资金优势，这是因为大公司拥有雄厚的资金势力，并有着较高的信用等级和业务关系网络，筹资渠道广泛，筹资成本相对低廉。

内部化优势是指由于外部市场不完全，企业将所拥有的所有权优势内部使用要比将其转让给外国企业使用更加有利，能带来更多的利益。在一个完善的市场中，企业可以将所有权优势出售给其他企业以获取利益。而现实的市场是不完善的，存在着市场失效。市场失效既会造成企业的交易成本过高，又会给企业带来风险。这时，跨国公司可以通过 FDI，用内部交换机制代替外部市场机制，以克服外部市场失效带来的过高的交易成本和市场风险。

邓宁所定义的区位优势变量主要有：要素投入与市场的地理分布状况、生产要素成本和质量、运输成本与通信成本、基础设施、政府干预和调节举措的范围和力度、金融状况和金融制度、与他国市场差异程度，还有与他国物质条件的差距以及由于历史、文化、语言、风俗、偏好、商业习惯等形成的心理距离。以上各因素可以概括为市场因素、贸易壁垒、成本因素和投资环境。区位优势是一个相对概念，包括直接区位优势和间接区位优势。直接区位优势是指由于东道国拥有某些有利因素而给跨国投资企业带来的区位优势，间接区位优势是指由于投资母国具有某些不利因素而给跨国投资企业造成的区位优势。区位优势不仅决定着一国企业是否进行对外直接投资及其投资的地理位置，还决定了对外直接投资的类型和部门结构。因此，区位优势是跨国公司在选择海外投资的东道国时必须考虑的优势。

根据国际生产折衷理论，如果企业只拥有所有权优势，它只能进行对外技术转让；如果企业拥有所有权优势和内部化优势，进行出口贸易比较合适；如果企业同时拥有所有权优势、内部化优势和区位优势，进行对外直接投资是参与国际经济的最好形式。折衷理论所提出的关于跨国直接投资的三个优势概念之间的关系是互相依赖和融合的，如内部化优势的具体内容是针对所有权优势的内部使用而言的，而区位优势也要通过内部化来实现。

发达国家的跨国公司在我国的直接投资正是它们所具有的所有权优势、内部化优势与我国的区位优势相结合的结果。但该理论认为对外直接投资是企业运用所有权优势的行为，难以解释那些以获取其他企业优势为目的的对外投资，也难以解释跨国公司之间的强强联合问题。

虽然上述各种国际直接投资理论均从某一角度解释了企业从事对外直接投

资的决定因素，具备这些因素的企业才能进行成功的对外直接投资，但它们未能说明企业是采取新建方式还是并购方式进行直接投资。

二、一般企业的并购动因

企业并购是外部环境与内部因素共同推动的结果，分析研究企业的并购动因及其决定因素，对于研究并购问题起着基础性作用。国外学者对此进行了广泛而深入的调查研究，从不同的角度揭示了隐藏在大量并购活动背后的真正动因。其中具有代表性的理论观点主要有：

（一）规模经济理论

新古典经济理论将企业视为一个生产函数，认为企业的边界主要由规模和范围决定。规模经济主要包括两个方面的内容：一是企业的生产规模经济；二是企业的经营规模经济。施蒂格勒（Stigler，J.）认为，“随着市场的发展，专业化厂商会出现并发挥功能，在这方面，规模经济是至关重要的，一个厂商通过并购其竞争对手来成为巨型企业是现代经济史上的一个突出现象”。

企业并购的生产规模经济主要体现在三个方面：第一，企业可以通过并购对企业的资产进行补充和调整，达到最适度经济规模，降低企业的生产成本；第二，并购可以使企业在保持整体产品结构的情况下在各个工厂或车间中实现产品的单一化生产，提高专业化水平；第三，并购中的纵向并购可以有效地解决由于专业化生产所带来的一系列问题，诸如生产流程分散、生产环节间隔、操作及运输成本较高等，使各生产过程之间有机地配合，减少生产中的环节。

企业并购的经营规模经济具体表现为：首先，通过并购，企业可以为细分市场提供有针对性的专业化管理和服务，可以大大降低单位产品的管理费用；其次，可以利用同一销售渠道推销各个分厂的不同产品和服务，实现最大的销售效果和较高的利润；再次，并购使企业可以集中足够的人力、物力、财力从事新产品、新工艺的研究和开发，加快成果转化速度和技术创新速度；最后，企业生产的相对扩大，使企业获取良好的信誉度和较高的资信度，这有利于企业融资。

（二）交易成本理论

以科斯（Coase，R. H.，1937，1972）、威廉姆森（Williamson，O.，1973，1975）和克莱因（Klein，B.，1982）等为代表的经济学家研究了交易成本对企业边界的影响，指出，纵向并购的一个很重要的原因就是降低了高额的交易费用。

市场机制和企业组织是可以相互替代的，且都是资源配置的有效调节者。无论运用市场机制还是企业组织来进行资源的配置与调节，都要发生成本。市场机制配置资源的成本就是市场交易费用，企业组织配置资源的成本就是企业内部管理费用。用企业组织的内部交易代替市场交易，虽然会增加企业内部的管理费用，但有可能节约交易费用。当企业内部管理费用的增加额与市场交易费用的节约额数量相当时，企业的边界趋于平衡。当一个企业的规模还没有达到这个边界时，企业就应当从节约交易费用的角度出发，考虑进行适当的兼并和收购，以便使得市场交易费用可以内部化。该理论对于解释纵向一体化具有较强的说服力。

影响交易费用高低的因素包括资产专用性、交易的不确定性和交易发生的频率。因此，专用资产投资、不对称信息、签订与监督及执行合约关系的成本是解释纵向一体化的关键因素。

（三）经营协同效应理论

安索夫（Ansoff，1965）的研究表明，一个公司通过收购另外一家公司，可以使公司的整体业绩好于两个公司原来业绩的总和，他把这种现象解释为经营协同效应。经营协同效应可以通过横向、纵向或混合并购获得。该理论认为，由于企业间存在着生产要素和企业职能的互补性，使两个或两个以上企业合并为一家企业时，可以共同利用对方优势而产生“1 + 1 > 2”的整合效应。

例如，通过企业并购，企业原有的品牌、销售网络等有形资产或无形资产可以在更大的范围内共享；企业的研究开发费用、营销费用等投入也可以分摊到大量的产出上，这有助于增大单位投入的收益，从而实现专业化分工与协作，提高企业整体经济效益。

克莱因、克罗弗德和阿尔钦（Klein，Crawford & Alchian，1978）和威廉姆森（Williamson，1975）认为，行业中处于不同发展阶段的企业联合在一起可能会获得不同水平的更有效的经营协同，因为通过纵向联合可以避免相关的联络费用和各种形式的交易成本。

（四）财务协同效应理论

如果企业在投资机会和内部现金流量方面存在着互补性，那么，这两个企业的并购就可以产生财务协同效应。财务协同效应是指并购给企业财务方面带来的种种效益，它是由于税法、会计处理惯例以及证券交易等内在规律的作用而产生的。

尼尔森（Nielsen，1973）认为，并购可能源于财务方面的动机，财务协同效应主要来自于较低成本的内部融资和外部融资：①通过企业并购，可使资金在企业内部低成本的流动，节约了外部筹资成本和交易费用，即内部资本市场理论；②并购后企业负债能力大于并购前单个企业举债能力之和，由于债务融资具有抵减公司所得税的作用，从而并购可以降低外部融资的成本。

（五）目标企业价值低估理论

该理论将企业并购动机归因于目标企业的市场价格低于其真实价值。目标企业价值低估的原因可能有以下几种情况：并购公司拥有外部市场所未知的关于目标公司的一些重要信息；目标公司的经营管理能力有充分的潜力；由于通货膨胀的原因使得目标公司的账面价值大大低于其实际价值。这时，并购方可以通过购买目标公司的股票来获得扩张所需要的资产，因为这比购买或重新建造相关的资产速度更快，也更便宜。

托宾（Tobin，1977）以 Q 值来反映企业并购发生的可能性，其中 Q 为企业股票的市场价值与实物资产的重置价值的比值。在不考虑资本利得税的条件下，当 $Q<1$ 时，并购将更可能发生；当 $Q>1$ 时，发生并购的可能性很小。

（六）代理理论

穆勒（Mueller，1969）、詹森和麦克林（Jensen & Meckling，1976）从企业所有权结构入手，用“代理理论”来解释企业的并购行为。他们提出，并购公司的管理人员在进行公司收购时，不是追求本公司股东的财富最大化，而是追逐管理人员自身的利益，即分散经营风险、扩大控制权。

他们认为，当公司的所有权与控制权分离后，企业的控制权主要掌握在管理层手中，管理层可能会更多地追求自身的目标，如更多的收入、更少的工作，并更注重企业的稳定发展。也就是说，经理们更多的是关心自身的权力、收入、社会声望及职业地位的稳定性。通过并购，可以给经理带来以下几个方面的利益：第一，当公司规模扩大时，公司管理层尤其是公司总经理的威望也随之提高；第二，随着公司规模的扩大，经理人员的报酬通常也得以增加；第三，在并购活动高涨时期，管理层希望通过并购的办法来发展壮大，使公司能在瞬息万变的市场中立于不败之地，或抵御其他公司的并购。因此，经理有扩大企业规模的内在愿望，一旦有可能，他们就会通过并购来扩大企业规模，并借此来增加自己的收入和提高职业保障程度。

（七）市场势力理论

市场势力理论的核心观点是，企业可借助并购活动增加其自身的规模，从而增强企业对经营环境的控制，扩大企业的市场势力，提高市场占有份额，并增加长期的获利机会。在市场竞争中，当行业内存在着较多数量的竞争者并且彼此势均力敌时，各企业只能保持较低的利润水平。这时，优势企业通过行业内的并购，可以有效地减少竞争对手的数量，增强对企业经营环境的控制，增加剩余企业“合谋”创造垄断利润水平的可能，从而使行业内保持一定水平的利润率，并提高市场占有率。

市场势力理论认为，以增强市场势力为目的的并购活动多发生在以下几种情况下：当行业生产能力过剩、供大于求时；当国际竞争激烈，使国内市场遭受外商势力的强烈渗透和冲击时；当法律法规对企业间的各种合谋和垄断市场行为认定为非法时。这时，企业可以通过并购达到继续控制市场的目的。

马克汉姆（Markham，1973）通过对混合并购活动的研究发现，并购可以有效地降低进入新行业的障碍，利用目标企业的资产、销售渠道和人力资源等优势，实现企业低成本、低风险的扩张；企业并购还可以提高行业集中度，减少竞争者数量，从而凭借垄断地位获得长期稳定的超额利润。

（八）信息与信号理论

信息理论从信息不对称角度来研究信息对并购的影响。多德和鲁贝克（Dodd & Ruback，1977）以及布雷德莱（Bradley，1980）的研究表明，目标企业的股价总体上呈现上涨趋势。原因在于：一方面，目标公司被收购的消息会向市场传递该公司“坐在金矿上”的信息，即目标公司的股票价值被低估了，因此，市场会对其进行调整；另一方面，兼并方的收购发盘使目标公司的管理者受到“背后的鞭策”，因而会提高管理效率，从而催动股价上涨。

信号理论是信息理论的一个变形，该理论认为，各种特定行为都会向市场传递特定的信息。罗斯（Ross，1977）将信号概念与并购活动联系在一起，认为，并购活动会向投资者传递这样一个信号：该公司拥有迄今为止尚未被认识的额外价值，或者企业未来的现金流量将会增加，从而引起股价上升。

（九）自由现金流量假说

詹森（Jenson，1988）通过对 20 世纪 80 年代并购活动的研究发现，并购是解决公司股东与管理者之间利益冲突的一种有效工具。他认为，企业要使其效率及股价最大化，就必须将自由现金流量支付给股东，但是公司的管理层往往没有积极性向股东支付这些剩余现金流，这时，只有为公司寻找到更多的投资机会，以降低管理者所控制的现金流量，从而削弱他们的权力。

（十）公司资源理论

巴尼（Barney，1991）将资源定义为公司所有的资产、能力、组织程序、公司特性、信息、知识等。他认为，企业是各种资源的集合体，由于不同原因，企业拥有的资源各不相同，具有异质性，而这种异质性决定了企业竞争力的差异。该理论认为，并购活动是公司传递和利用各种过剩资源的一种方式。

（十一）其他观点

除了以上各种理论可以解释企业的并购动机外，发生在我国的企业并购还存在一些特殊动机。

如郑海航、李海舰等（1999）提出，我国企业的并购是政府出于消除亏损的考虑，即通过并购以好带差，救助困难企业，带动劣势企业的发展，减小社会动荡。

陈璐（2000）将我国企业的并购活动分为效率改进型并购和非效率改进型并购，其中，效率改进型收益主要来自规模经济、管理协同效应和多角化经营效应，非效率改进型收益包括市场份额和财务协同效应。

王宏利（2005）认为中国企业的并购动因除了体现在获得协同效应和实现规模经济外，还包括“买壳”上市进入资本市场，避免亏损摘牌或丧失配股资格等。

三、跨国并购的动因

由于跨国并购行为涉及不同国家的企业，其动因同一般的国内企业之间的并购存在着较大差别。应该说，跨国并购是多种动因综合推动、动态平衡的结果。西方学者对跨国并购动因的解释，可以概括为以下五个方面：

（一）目标企业价值低估

目标企业价值低估是指目标企业股票的市场价格由于某种原因而未能反映其真实价值或潜在价值，从而导致其股票价格低于其资产的重置成本。Pedro Conzalez，Gerado M. Vasxoncellos 和 Richard J. Kish 于 1998 年发表的《跨国并购：价值低估假说》，分析证明了目标公司价值低估是跨国并购的动因之一。他们利用 Q 比率，采用 1981~1990 年外国投资者并购的美国 76 家企业样本，研究价值低估学说对跨国并购价值低估学说的适用性。通过建立企业并购可能性的对数模型，以企业被并购前的账面价值为基础，考虑新建设备、通货膨胀率、技术进步带来的费用节省率等因素，计算出该企业的重置成本；然后用该企业在股票市场上的股票市值代表其市场价值。结果表明，被并购者的 Q 比率同该企业并购的可能性存在着负相关关系，即该企业的 Q 比率越低，就越有可能被并购。另外，并购者的 Q 比率同其实施并购的可能性之间存在正相关关系，即该企业的 Q 比率越高，就越有可能进行并购扩张。这些基本结论证明，目标公司价值低估是跨国并购的一个动因。

大量事实也表明，由目标公司价值低估推动的跨国并购在一定时期、一定国家大量存在。例如，20 世纪 80 年代，美国经济疲软，股市低迷，吸引了大量的外国投资者；亚洲金融危机后的 1998 年，发生在韩国、马来西亚、印度尼西亚等国的跨国并购大量增加，表明外国投资者正利用东道国货币严重贬值，大肆低价收购目标企业，获得价值低估的资产。

（二）获取市场势力

市场势力论认为，通过企业并购可以减少竞争对手，提高市场占有率，增强企业对市场环境的控制能力和长期获利能力。这突出反映在横向并购上，企业通过横向并购，可以减少竞争对手的数量，促进行业相对集中，增强对采购市场和销售市场的控制力。在企业产品占据绝对多的市场份额时，可能行使某种程度的独占或垄断。

1987~1999 年，全球跨国并购中的 54.4%是横向并购，其增强市场势力的动机十分明显。根据欧洲共同体委员会的调查资料，1990~1991 年，在欧共体 12 国发生的 491 起跨国并购中，出于加强市场地位的动机有 174 起，出于扩张势力范围的动机有 100 起。也就是说，在这些并购中，有 55.8%是为了加强市场势力范围和市场地位。随着全球竞争的加剧，超过 10 亿美元的大型跨国并购频频发生，特别是一些行业巨头之间的并购，例如英国沃达丰电讯（Vodofone）收购美国 Airtouch 电讯、德国大众汽车公司收购英国劳斯莱斯汽车公司。这表明获取市场势力是跨国并购，尤其是一些大型跨国并购的一个重要动因。日益国际化的市场和竞争环境要求跨国公司在世界范围内获取更大的市场势力，而跨国并购是企业短期内获取市场势力的最佳途径。

（三）取得规模经济效益

规模经济是由生产最小有效规模、生产的规模经济、技术的规模经济、生产的经验曲线以及范围的经济性体现的。通过并购，企业可以扩大经营规模，企业的成本费用可以分摊到大量的产出上，这有助于降低单位成本，增大单位投入的效益，实现规模经济，从而实现利润最大化。因此，获得规模经济效益是跨国并购的重要动因之一。

例如，克鲁格曼（Krugman，P.）用规模经济理论解释了 20 世纪 80 年代末期欧洲跨国并购浪潮的动因；沃尔夫（Wolf，B. N.，1975，1977）用规模经济理论解释了美国工业部门大企业跨国公司并购的现象。

Richard E. Cause（1982）通过对生产同一产品的 6 个不同国家的 6 个企业进行调查，研究了技术的规模经济性问题。他发现，其中一个企业在技术上的突破带来生产成本的降低，但是价格上的优势却被运输成本抵消，这家企业只有通过兼并另外 5 个国家的企业，形成统一的跨国公司，才能更为有效地利用新技术，提高企业的效率。目前，跨国公司的 R&D 支出较高，一般占其销售收入的 5%~15%，庞大的技术开发费用促使许多跨国公司通过跨国并购，扩大生产规模，在更大规模的基础上分摊技术开发成本，实现技术的规模经济性。

（四）获取财物协同效应与合理避税

财务协同效应理论认为，获取财务协同效应是国内企业间进行并购的一个重要动因。由于税收、会计处理方法以及有关企业并购的法规不同，企业可以从一些并购中获得财务协同效应。例如，通过对亏损企业的并购，在合并财务报表时将母公司的盈利和被并购企业的亏损相抵扣，从而实现减少应缴税款的目的；在并购盈利企业时，通过互换股权或股权和现金收购结合的方式，或是在企业扩张的同时减少开办费、投资收益所得税等，实现避税。

在企业跨国并购中，财务协同效应不仅体现在以上几个方面，还包括基于东道国和母国的税率差异、会计政策差异给企业跨国并购带来的影响。曼森和戴维等学者（Gil B Manzon JR，David J Sharp & Nickolaos G Travelos，1994）对美国企业跨国并购的研究表明，以其他主要发达国家相比，20 世纪 90 年代以来，美国实行的海外税收抵扣政策和允许分期摊销商誉的会计政策是促使美国企业寻求海外并购的重要因素之一，刺激了美国企业跨国并购的发展。

许多国家的税法和会计制度存在某种漏洞，使企业通过并购便能合理避税，获取较大的利益。所谓合理避税，主要是指并购方用自己的普通股换取被并购方的旧股时可以免税；同时又能以被并购企业亏损为理由，利用税法中规定的亏损递减条款降低应纳税款的数量。而且，不同国别间税率的差异也会导致跨国公司通过并购当地企业的方式进入低税率的国家，以获取比本国更为优惠的税率。这种并购活动发生的动机在于税收最小化的诱惑，因此，有节税潜力的公司往往是并购者追逐的对象。

（五）寻求投机

寻求投机主要体现在两个方面：一是股票预期效应，它是指由于并购后的新公司通过重组调整，规模扩大，资源增加，引起股价上扬，股票预期盈利率升高，使投资者可以通过投机活动获取巨额的资本收益；二是收购低价资产，由于资本市场不完全、企业经营管理不善以及汇率安排等因素的作用，导致并购企业以低于目标企业经营价值的价格获得目标企业，从中盈利，如东南亚金融危机以来西方跨国公司大量并购东南亚地区企业就有这个方面的原因。

第二节　有关并购定价问题的理论研究

并购中目标公司的定价问题是并购理论与实践的核心。它关系到并购活动能否真正发生，对并购双方均产生重要影响。

一、有关目标公司并购定价方法的研究

国外对公司定价理论的研究有比较悠久的历史，研究内容较丰富。与并购中目标公司定价问题相关的研究主要有以下几个方面：

（一）早期的企业定价方法

企业价值评估的思想源于20世纪初经济学家费雪（Fisher，I.）的资本价值论。1906年，费雪出版了《资本与收入的性质》一书，完整论述了资本与收入的关系以及价值的源泉问题。1907年，费雪在其另一部专著《利息率本质、决定及其与经济现象的关系》中，分析了利息率的本质和决定因素，进一步研究了资本收入和资本价值的关系。他从人们对收入的感觉入手，分析了资本价值的形成过程，说明了资本价值的源泉，从而为现代财务估价理论奠定了基础，初步形成了资本价值评估框架。

（二）资本资产定价方法

20世纪50~70年代，美国著名的财务学家莫迪利安尼（Modigliani，F.）和米勒（Miller，M. H.）先后发表了多篇文章，研究公司价值与资本结构之间的关系。莫迪利安尼和米勒第一次精辟论述了企业价值与企业资本结构之间的关系，后来被人们称为MM理论，创立了现代企业价值评估理论。根据MM理论，在不考虑公司税的情况下，公司的价值与其资本结构无关，即不论公司采取何种资本结构，都不会影响到公司的价值，公司价值只与其投资收益能力有关。当考虑公司所得税时，由于债务的利息是在公司上缴所得税之前支付的、具有抵减所得税的作用，公司的债务资本所占比重越高，就越能够发

挥债务的税盾作用，抵减更多的所得税，因此，公司的价值就越高，用公式表示为：

$$V_L = V_U + B \cdot i \tag{1.1}$$

其中，V_L 代表杠杆公司（即有负债的公司）的价值，V_U 代表无杠杆公司（即无负债的公司）的价值，B 代表公司债务资本的数额，i 代表公司的权益资本成本。

20 世纪 60 年代美国经济、金融学家夏普（Sharp，W. F.）在马科威茨（Markowits，H.）的研究成果——投资组合定理的基础上，创立了著名的“资本资产定价模型”（简称 CAPM）。根据资本资产定价模型，一项资产的预期价值是由两部分构成的：一部分是持有该资产所获得的无风险报酬，它取决于货币的时间价值；另一部分是持有该资产所获得的风险报酬或风险溢价，它取决于该资产的风险报酬率，即：

$$R = R_F + \beta \cdot (R_M - R_F) \tag{1.2}$$

其中，R 表示一项资产的期望收益率，R_F 表示无风险收益率，R_M 代表市场投资组合的平均收益率，β 表示该资产的系统风险程度。

鉴于米勒、马科威茨和夏普对财务学的重大贡献，他们三人于 1990 年同时获得诺贝尔经济学奖。后来，许多经济学家对资本资产定价模型做了较为深入的研究，主要集中在对风险溢价率的研究上，代表人物有法玛和弗伦奇（Famas & French，1988）、波特巴和萨默斯（Poterba & Summers，1988）等。

（三）以收益贴现为基础的企业定价方法

收益贴现估价方法是西方国家对公司定价的基本方法。耶鲁大学教授费雪（Fisher，I.，1930）提出资本预算的净现值法则，在红利永续的前提下，公司的价值可表示为：

$$EV = \frac{DPS}{K} \tag{1.3}$$

即公司的价值等于人们期望得到的红利的净现值。其中，DPS 表示每年从公司获得的固定红利，K 表示折现率，EV 表示对目标公司的估价。这个简单的数学公式解决了如何将未来收益折现为现值，从而决定公司价值的问题。

戈登（Gordong，M. J.，1962）通过进一步研究认为，如果预期红利是以固定的年速度 g 无限的增长，公司的价值可表示为：

$$EV = \frac{DPS}{Ke - g} \tag{1.4}$$

戈登还从食品行业和机械制造业中选取了一些公司进行回归分析，结果表明，该模型对公司估价具有相当强的解释能力。

1953 年，威斯通（Weston，J. F.）在《公司价值评估》一书中提出以自由现金流量评估公司价值的四种模型，即零增长、固定增长、超常增长紧随零增长和超常增长紧随固定增长，后被称为“威斯通模型”。

美国经济学教授拉巴波特（Rappaport，A.，1986）对贴现方法进一步发展，提出了公司估值的未来现金流量方法，被称为拉巴波特模型。该模型的基本思路是：将持续经营的企业的现金流量预测分为前后段，在企业发展的前一阶段，企业处于不稳定状态，企业的现金流量也是不稳定的；在后一阶段，企业处于稳定状态，具有稳定的销售增长率，该增长率大约等于宏观经济的名义增长率，同时，企业还具有与资本成本接近的稳定的投资回报率，其现金流量基本稳定。将企业加权平均资本成本作为现金流量的折现率，对两阶段的现金流量进行贴现再求和得出企业价值。企业价值可分为两部分：预测期内的现金流量的现值和预测期后的现金流量的现值。即：

企业价值 = 预测期内的现金流量现值 + 预测期后终值的贴现值

用数学式表示为：

$$EV = \sum_{t=1}^{n} \frac{FCF_t}{(1+K)^t} + \frac{V_n}{(1+K)^n} \tag{1.5}$$

其中，EV 为目标企业的价值，FCF_t 为各年的自由现金流量，K 为加权平均资本成本，V_n 为企业的终值。

1990 年，三位美国经济学家科普兰（Copeland，T.）、科勒（Koller，T.）和默林（Murrin，J.）合著了《价值评估——公司价值的衡量与管理》一书，明确提出，公司价值源于它产生的现金流量和基于现金流量的投资回报能力，公司的市场价值是基于公司未来的预期绩效，而不是公司的历史绩效。后来许多经济学家对公司估价问题进行了较为深入的研究，进一步完善了收益贴现评估理论，如奥尔森（Ohlson，J. A .，1991）利用股利、现金流和盈利对公司价值进行了综合分析。

（四）以财务指标为基础的定价方法

财务指标定价法最初是由美国投资理论家格雷厄姆（Graham，B.）于1934年创立的。他提出，以每股盈利、投资回报、市盈率等财务指标为标准对股票价值进行分析评估。

1969年，美国经济学家托宾（Tobin，J.）提出了Q模型（即Q=V/K，其中，V表示目标公司的市场价值，K表示其重置成本），他认为，厂商是否对投资和并购目标公司感兴趣，要根据目标公司资产的市场价值是否超过其重置成本而定。当Q>1时，并购可行；当Q<1时，并购不可行。后来，怀特（White，H.）等人拓展了托宾的Q比率模型，将其修改为Q=P/C（其中，P代表目标公司的并购价格，C代表目标公司资产的重置成本）。他认为，公司并购时主要应考虑公司之间交换资产的动力。也有人把托宾模型修改为Q=R/C（其中，R表示公司的盈利率，C表示筹资所需支付的利率），认为只要以股票价格表示的公司盈利率大于新建一个同等规模公司时筹集资本所需要支付的利率，并购就比新建更合算。爱德华兹（Edwards，W. J.，1994）从企业并购的战略动机出发，对目标企业进行财务指标分析和评价，评价体系中的指标包括股票价格、企业盈余、有形资产和无形资产等。

弗莱纳根（Flanagan，D.，2004）等指出，选取一些财务比率，然后运用层次分析法可以对目标企业价值进行有效评估，这些财务比率包括短期偿债能力比率、企业资产流动状况比率、长期偿债能力比率和盈利能力比率等。

（五）目标企业定价方法的最新研究进展

目标企业估价方法的最新发展当属期权思想和博弈理论的引进与应用。新经济时期的市场特征和高科技企业发展的实际，使人们对企业价值有了创新性的认识。于是，出现了一种建立在期权定价理论基础上的企业价值观点，即企业价值是现有各种经营业务所产生的未来现金流量的贴现值之和，再加上企业所拥有的潜在获利机会的价值。在这方面取得突破性进展的当属美国的布莱克（Black）和舒尔斯（Scholes）于1973年提出的Black-Scholes期权定价模型，该模型对以后的相关理论研究和投资实务操作都产生了巨大的影响，同时也对现代经济理论和财务理论产生了广阔和不可估量的深远影响。

为了解决期权定价问题，布莱克和舒尔斯假设期权及其标的证券处于以下这种理想状态的市场：①市场无摩擦，即在金融市场交易时无交易费用，并且是连续的；②在短期内无风险利率为已知常数，并且对所有到期日而言都相等；③在衍生证券有效期内，股票无红利支付；④所研究的期权是欧式期权，也就是只能在到期日执行；⑤股票价格在期权有效期内服从几何布朗运动。

B–S 期权定价模型是目前估算期权价值最好的模型之一，该模型得到了实证研究的有力支持，其定价结果与期权的市场价值相差很小，模型具有相当好的应用性。由于 B–S 期权定价模型的推导过程过于烦琐，不是项目投资决策者所需要关心的内容，所以在此我们仅简单地介绍一下 B–S 期权定价模型的基本思路，直接得到 B–S 模型在实物期权价值评估中的最终形式，如下：

$$C = SN(d_1) - Ke^{-rT}N \tag{1.6}$$

其中：

$$d_1 = \frac{\ln(S/X) + (r + \sigma^2/2)}{\sigma\sqrt{T}}$$

$$d_2 = d_1 - \sigma\sqrt{T}$$

公式（1.6）中，S 表示标的资产的价值，K 表示期权预定价，r 表示期权有效期内的无风险利率，T 表示距离期权到期时间，σ 表示标的物的波动率。

博弈是指局中人在一定的规则约束下，依靠所掌握的信息，选择自身行为策略的过程。博弈论又称对策论，是研究决策主体行为发生直接作用时的决策以及这种决策的均衡问题。许多经济活动，如经济决策、市场竞争、企业联盟、谈判等，都可以归结为博弈问题。

涉及定价问题时，交易价格的形成可以看做是买卖双方讨价还价的博弈过程，因此，可以借鉴讨价还价理论研究探讨企业定价问题。纳什（Nash，1950，1951）研究了博弈论中的讨价还价模型，被称为“纳什讨价还价解”。他指出，纳什讨价还价解应该满足四条公理，而且纳什讨价还价解是唯一的。夏普里（Shapley，1953）也研究了讨价还价模型，并提出了夏普里值的概念，即某个参与人在讨价还价中取得的收益等于其对所有可能的联盟的边际贡献的平均值。泽尔滕（Selten，1965）建立了动态博弈精炼均衡，被称为“子博弈精炼纳什均衡”。海萨尼（Harsanyi，1967）建立了不完全信息下的“精炼贝叶斯纳什均衡”。鲁宾斯坦（Rubinstein，1982）建立了轮流出价的讨价还价模型，用子博弈精炼均衡的概念成功解决了完全信息下的谈判问题。克瑞普斯、米尔格罗姆、罗伯茨和威尔逊（Kreps，Milgrem，Roberts & Wilson，1982）在子博弈精炼均衡的概念的基础上，提出了“序贯均衡”的概念，这对不完全信息谈判问题的研究具有重要的作用，他们提出的模型被称为“四人帮模型”。为了奖励纳什、泽尔滕和海萨尼对博弈论的贡献，1994 年的诺贝尔经济学奖授予了这三位博弈论专家。

20 世纪 90 年代中后期以来，随着我国资本市场和企业并购实践的不断发展，我国的一些学者开始对并购中目标公司的定价问题展开研究。目前的研究成果还比较零散，研究工作多为介绍、引入国外的定价理论。如孙耀唯（1997）在《公司并购合谋》一书中介绍了目标公司的评估方法，并专门研究了换股比率问题。郑厚斌（1998）探讨了并购中目标公司的评估及其定价条件，并分析了产权形式对并购的影响。席彦群和岳松（2000）较为深入地研究了目标公司定价的现金流量贴现法。王丰和宣国良等人（2001）对比了经济利润和现金流量在企业价值评估中的不同作用，并利用折现经济利润建立了企业价值评估模型。朱宪辰和吴道明（2001）提出，将博弈论思想运用到定价策略中，将加深企业对并购中沟通与合作的认识，促成并购的成功。王性玉（2002）分析了上市公司壳资源形成的条件，并运用博弈方法建立了一个价格模型。周琳和张秋生（2003）对现有的企业并购价值评估方法进行综述，并比较了各种方法的优点和不足。萧松华等（2004）利用现金流量方法进行公司价值估值，并对相应的协同效应价值进行了分析。黄晓楠等（2007）通过研究企业的并购动机与 EVA 及并购定价方法的联系，提出了基于 EVA 的并购定价改进模型。

二、有关国有股权定价问题的研究

20 世纪 80 年代以来，欧洲等地区出现了大规模的国有经济民营化改革浪潮，国外学者开始关注国有企业问题，并集中研究了国有经济民营化对企业绩效和公司治理的影响。国外没有人专门研究国有股权定价问题。目前，我国学者关于国有股权定价问题的研究主要集中在两个方面：一是管理层收购中的国有股权转让价格问题；二是股权分置改革过程中非流通股的对价问题。由于股权分置改革中非流通股的对价问题与本书的内容关系不大，因此，本节仅介绍管理层收购过程中有关国有股权定价问题的研究。

在西方，管理层收购（MBO）作为一种风险资本退出的机制，其转让价格的确定有成熟的企业价值评估体系。而在我国，管理层收购是为解决长期以来困扰中国的国企改革中产权不清、主体缺位的问题而产生的。我国对 MBO 定价问题的研究主要集中在两个方面：

一是探讨以净资产作为 MBO 定价的主要依据是否公平的问题。我国学者的实证研究表明，大部分目标公司的转让价格都低于其在收购前的每股净资产，有的甚至差别较大，如特变电工在 2002 年以每股 1.24 元的价格进行收购，此时公司的每股净资产为 3.36 元，折价比率为 63.1%。但当所收购的目标是国有股时，这种收购价低于每股净资产的现象有所改变，都是以略高于或等于收购前每股净资产的价格完成收购的。这是由于，根据相关文件的规定，“股份有限公司国有股股东行使股权时，转让价格不得低于公司每股净资产”，由于这条政策红线的存在，国有股在转让时不得不按照这个最低标准进行。蒋顺才（2003）提出每股净资产不宜作为我国上市公司 MBO 定价的标准，他认为 MBO 的主要目的是取得企业的控制权，因此，其定价应着眼于企业的整体价值。熊剑和李务贤等（2002）提出，每股净资产不是衡量股份内在价值的理想指标，MBO 的转让定价应该考虑公司股份的内在价值和并购双方的谈判过程。张蔚然（2003）则认为，以每股净资产作为定价基础，操作比较简单，既防范了国有资产的流失，又将收购管理层的利益考虑在内，是国有股减持以及 MBO 过程中作为定价基础的有效方法。董辅礽（2003）也支持以每股净资产作为评估标准。

二是 MBO 定价中应否考虑管理层的历史贡献的问题。蒋顺才（2003）、钟伟（2003）认为 MBO 必须考虑管理层对公司的历史贡献和公司控制权的价值这两个因素，好的管理层应该享有较高的出让折扣率，这与国有资产流失全然无关。反对者认为，以较低的转让价格来补偿管理层的历史贡献是低价转让的借口。例如，邹德英（2003）认为，MBO 的定价方式缺乏市场机制，很容易出现贱卖国有股和侵害中小股东利益的行为。反对者则认为，承认管理层的历史贡献，并对他们的经营贡献作出补偿的应该是公司，而不是公司的某个股东。张玉珍（2006）的统计分析显示，我国已实施MBO的上市公司中，股权转让定价均以企业每股净资产为基准。张玉珍指出，这种定价方式有失公允，建议由独立的中介机构采用自由现金流量法评估企业价值，并对管理层人力资本历史贡献进行量化。陆跃祥和王延明（2005）以1999~2003年发生的MBO案例为样本，实证检验了管理层贡献和控制权溢价与MBO价格的相关性。回归结果表明，我国上市公司的MBO都是围绕每股净资产进行定价，而且，政府在出让股份时考虑到管理层的历史贡献，给予了一定程度的“抵扣”。但是，这种“抵扣”并没有得到科学的量化，说明在价格谈判时受其他非市场因素影响较多。

第三节 有关外资并购相关问题的理论研究

国外并没有人专门研究中国的外资并购问题，对这类问题进行研究的都是国内学者。2000年以来，随着我国外资并购活动的频繁发生，国内学者对外资并购国有企业的研究逐渐增多。研究内容主要集中在：外资并购国有企业中的法律问题、外资并购的动因、外资并购国内企业的绩效、外资并购国有企业的影响和规制等几个方面。由于外资并购国有企业的法律规制问题与本书的研究内容相关性不大，在此不作介绍和阐述。

（一）外资并购的动因

在研究外资并购动因问题时，众多国内学者站在外资方的角度，对外资并购行为的动机进行解释。例如，对外经济贸易大学桑百川教授（2002）认为，外资并购中国上市企业一般出于两类动机：战略性并购动机和财务投机性并购动机。战略性并购动机是指外资为了获得高收益而进行战略性并购投资，具体包括：目标市场导向型投资、全球战略导向型投资和竞争领先导向型投资；财务投机性并购动机则是外资为了获得股权或资产转让溢价而进行的一种短期投机行为。黄海霞（2004）把外资方的并购动因划分为战略性动因、投机性动因及介于二者之间的战略—投机性动因和投机—战略性动因四种类型。她对1995~2004年发生在我国的57宗外资并购上市公司案件进行了统计分析，结果显示，在此期间，我国上市公司外资并购案例绝大多数（占92.98%）是实质性的战略性并购，外资的主要目的是比竞争对手更快速地占领我国市场和利用我国企业的劳动力等优势资源；仅有较小部分的外资并购（占7.02%）是出于投机性动因或部分出于投机性动因。李俊芸（2005）认为，与其他企业相比，上市公司在制度和资源方面具有明显的优势，特别是，目前我国的上市公司基本上都处于所属行业的龙头地位，拥有大量的无形资产，诸如良好的企业形象、较高的品牌知名度和产品知名度等，这是其吸引外资并购的重要原因；也有部分外资是基于投机目的进行并购，先低价出资购买上市公司（尤其是已沦为壳资源的上市公司），然后，或者对其稍加整改之后转卖给境外买主，或者将其改造包装之后到海外上市，抛售股票套现，牟取暴利。桑百川（2006）认为，外资并购国有企业是希望占有国有企业拥有的一些优势资源，这些资源主要包括在本土的良好的客户关系、广泛的分销网络、同上下游关联企业建立的良好合作以及对政府政策的更准确的把握等。魏成龙、张彦（2007）运用规模经济理论、追求内部化理论、国际生产折衷论、协同效应理论，从四个角度对外资并购我国国有企业的动因作出了具体解释。

也有一些学者从国内企业的角度出发，来解释国有企业参与外资并购的动因。例如，桑百川（2002）提到了外资的管理优势，认为通过外资并购，可以引进外商先进的管理理念，来改变我国行业骨干企业的管理落后现状。李俊芸（2005）的研究认为，对于上市公司而言，其最根本的动因是通过主动或被动、有意或无意地嫁接外资，实现技术创新和制度创新，从而提高其核心竞争力。由外资并购带来的产权交易可以导致上市公司治理结构的继续完善和效率的改进，从而提高其盈利能力。同时，利用国际资源和国际市场增强我国工业的国际竞争力，推动工业经济的国际化将成为我国工业化发展战略的重要内容。因而，对于上市公司而言，外资并购是一件既有战略意义又有商业利益的行为。

（二）外资并购的绩效

我国学者对外资并购绩效的实证研究普遍支持这样的观点，即外资并购后上市公司的绩效均有所改善。例如：

卢文莹（2004）以航天长峰、赛格三星、ST 科龙等六家发生外资并购的上市公司为研究对象，实证检验了六家公司的超常收益率和累积正常收益率，发现，外资并购的后续财务业绩好于当前存在的大量的短期并购。

李俊芸（2005）详细分析了格林柯尔收购科龙电器 20.6%股权的案例，发现收购完成后科龙电器的经营绩效得到明显好转。

陈继勇和潘勇辉（2006）运用多指标财务评价法和主成分分析法衡量和检验了我国汽车业上市公司并购后的绩效，发现在我国汽车行业，外资并购绩效不仅明显优于内资并购，而且这种业绩改善具备明显的持续性。

胡霄峰（2006）选择沪深两市 1995~2003 年发生外资并购的 40 家上市公司为研究样本，运用数据包络分析模型（DEA 模型）进行实证分析，发现外资并购总体上能够显著提高上市公司的经营绩效，改善上市公司的管理水平；在行业分布上，外资并购能够显著提高制造业上市公司的经营绩效；在并购类型上，采取增资扩股的并购方式对上市公司经营绩效的改善要优于股权收购的并购方式；在行业相关性上，上市公司与外资之间的行业相关性越高，则外资并购绩效越好。

王彤彤（2007）以 11 家发生外资并购的上市公司为样本，选取样本公司并购前一年和并购后至今的财务数据（单位资产创造的营业利润、单位资产创造的经营现金流量、每股经营性活动净现金流量净额、净资产经营性现金比率四个指标），通过样本公司并购前后财务指标数值的变化趋势来衡量外资并购产生的绩效。结果发现，并购后第一年，被外资并购的上市公司绩效普遍变化不大，部分公司还出现幅度较大的下降。但随着时间的推移，由于并购方实力强大，一些公司的资源整合效率提高；一些公司虽然绩效提升不够明显，但基本保持平稳，并未出现大起大落迹象。

（三）外资并购中的定价问题

目前，我国专门研究外资并购定价问题的文献尚不多，主要研究有：

叶厚元、沈君玉（2004）认为，外资并购交易涉及资产和股权的转让，目标企业和优质资产转让的价格最容易引起争议，因此，估价是关键。他们讨论了国际通行的几种资产评估价值标准，如账面价值法、可比公司法、可比交易法、清算价值法、现金流量折现法等，提出外资并购中应对企业价值进行合理的评估和有效的区间控制，使外资并购得到健康的发展。

赵丹（2004）认为，在外资收购国有股权时，转让价格是有关各方关注的焦点，因此，她以赛格三星并购案为出发点，利用案例分析法探讨了外资并购中的国有股定价问题。她分析了此次并购对有关各方（包括外资方——三星康宁、出售方——赛格集团和最终的出售方——深圳市投资管理公司）带来的影响，揭示了影响外资方溢价收购赛格三星的几个原因，并强调地方政府受利益驱动而在并购谈判中的议价动机和能力。

段爱群（2002）、李友元（2007）从理论和实践两个方面探讨了外资并购国有企业中的资产评估和企业定价方法存在的诸多问题，如评估定价的方法、土地的定价、上市公司国有股转让的定价等。李友元认为，外资并购国有企业定价要与国有企业产权改革的目标进行综合考虑，同时要以科学务实的态度看待并购价格与国有资产流失的关系问题，在此基础上，他提出了规范外资对国有企业并购定价的对策。

李裕凤（2007）对企业价值评估方法按照并购后目标企业的不同经营状态进行介绍、比较和应用条件分析，提出在并购时针对不同经营状态（持续经营状态和非持续经营状态）和不同行业的企业进行价值评估时应该分别采取不同的企业价值评估方法。他结合外资对青岛啤酒、重庆啤酒这两家上市公司实际并购案例的研究，初步形成了一个可供国内企业参考的价值评估体系。

第二章　外资并购我国国有企业问题概述

第一节　跨国并购浪潮与国有企业改制

一、第五次跨国并购浪潮与经济全球化

跨国直接投资（FDI）通常有两种方式：一种是绿地投资，即跨国公司通过新建企业的方式在东道国进行投资；另一种是跨国并购。20 世纪 90 年代以前，国际直接投资一直是以绿地投资为主，以跨国并购的方式进行国际直接投资并非主流。1995 年，跨国并购总额以 2290 亿美元首次超过“绿地投资”，占当年外国直接投资流入总额的 68%。在随后的几年中，跨国并购数额逐年攀升，迅速发展成为跨国直接投资的主要方式。

从 20 世纪 90 年代中期以来，经济全球化和信息技术革命导致国际竞争白热化，而竞争的压力又迫使世界各国放松监管，企业内部压力的加剧与外部环境的宽松，为跨国公司全球并购创造了有利条件。跨国公司纷纷制订并执行新的全球经营战略，把企业并购活动从国内扩展到国外，在国际市场上增强竞争优势和巩固战略地位。这种趋势导致的跨国并购在汽车行业中显得尤为突出。例如，1998 年，德国戴姆勒—奔驰公司与美国第三大汽车制造商——克莱斯勒公司宣布，两公司合并组成戴姆勒—克莱斯勒公司；1999 年，法国雷诺汽

车公司与日本日产汽车公司签署协议，雷诺汽车公司向日产汽车公司投资 54 亿美元，成为日产汽车公司最大的股东。与此同时，跨国并购也迅速扩大到其他行业。2000 年 2 月，全球最大的移动电话公司英国沃达丰公司以 1860 亿美元的总价收购德国老牌电信和工业集团曼内斯曼。2000 年 10 月，英荷消费品集团联合利华股东批准收购美国的贝斯特食品公司，使得联合利华食品业务跻身全球食品行业联盟第 2 位，仅排在瑞士雀巢公司之后。

根据联合国贸发会议《世界投资报告》统计，20 世纪 90 年代以来，国际生产的增长主要是由跨国并购而不是由新建投资推动的，全球跨国并购从 1996 年的 2750 亿美元增加到 2000 年的 1.14 万亿美元，占当年全球外国直接投资额 1.271 万亿美元的 90%。受世界经济不景气的影响，2001 年，跨国并购金额下降为 5940 亿美元，即便如此，跨国并购占 FDI 总量的比例仍然高达 81%。2002 年，全球经济增长速度继续放慢，跨国并购金额下降为 3678 亿美元，占 FDI 总量的 57%。2003 年，跨国并购金额继续下降到 2970 亿美元，占全球 FDI 总量的 53%。全球 FDI 总量在经历了 2001 年以后的下降之后，从 2004 年起出现止跌回升的迹象。尽管全球 FDI 较 2000 年出现大幅度下降，跨国并购占世界 FDI 总量的比例仍然是相当高的，仍然占据主体地位（见表 2–1）可

表 2–1　全球 FDI 与 M&A 增长情况

年　度	全球 FDI 流入总量（亿美元）	增长比例（%）	M&A 总量（亿美元）	增长比例（%）	M&A 总量/FDI 总量（%）
1990	2090	—	1510	--	72
1995	3387	62	2290	52	68
1996	3589	6	2750	20	77
1997	4643	29	3420	24	74
1998	6439	39	4110	20	64
1999	8655	34	7201	75	83
2000	12708	47	11438	59	90
2001	7350	–42	5940	–48	81
2002	6511	–11	3698	–38	57
2003	5600	–14	2970	–20	53
2004	6120	9	3810	28	62
2005	9160	50	7160	88	78

资料来源：联合国贸发会议《世界投资报告》。

见，跨国并购已经成为当代国际直接投资高速增长最主要的支柱。

长期以来，跨国并购一直集中在发达国家，主要是美国、欧盟各国和日本之间。美国和欧洲是全球并购的两个主战场。随着发展中国家的迅速崛起，跨国并购活动开始在发展中国家迅速展开，如拉美的巴西、墨西哥等，特别是亚洲地区由于其经济发展和吸收外资新一轮增长势头的出现，跨国并购的发展速度大大加快。

以银行业为例，2001 年 5 月，美国花旗银行宣布以 125 亿美元并购墨西哥国民银行，并购后的花旗—墨西哥国民银行资产超过 430 亿美元，存款总额逾 5000 亿美元，市场占有率为 26.4%，成为拉丁美洲地区最大的金融集团。2004 年，花旗银行又斥资 27 亿美元收购韩国韩美银行 37%的股份。2007 年 4 月，花旗银行以 4.26 亿美元的价格收购台湾华侨银行，花旗银行成为中国台湾资产规模最大的外资银行。2004 年，由于流向发展中国家的外国直接投资强劲增长，全球外国直接投资流量在连续三年下滑之后略有回弹，2004 年世界各国的外国直接投资流入量为 6120 亿美元，跨国并购额为 3810 亿美元，同比增加 28%。

在欧美等发达国家的跨国公司加紧步伐收购新兴国家和发展中国家的公司的同时，后者也将自己的目光瞄准了发达国家的大型跨国公司，企图以跨国并购的方式进入国际市场。2004 年 12 月，联想集团在北京宣布以 6.5 亿美元现金及价值 6 亿美元股票（总价值约 100 亿元人民币）拿下了 IBM 的 PC 业务（个人电脑事业部）。收购完成后，IBM 持有 18.5%的联想集团股份，而联想控股将在联想集团中占有 45%左右的股份，成为世界上仅次于戴尔、惠普之后的第三大 PC 厂商。2006 年 1 月，全球最大的钢铁生产商、印度的米塔尔钢铁公司宣布，以现金及换股方式，出价 230 亿美元收购其主要竞争对手——欧洲排名首位、全球排名第二的钢铁企业阿塞洛钢铁集团。目前，亚洲的并购市场已呈现出快于其他市场的势头，特别是中国，已经并将继续成为具有成长性的并购市场。无论是四川腾中重工准备收购通用汽车旗下的悍马品牌、吉利竞购沃尔沃，还是中铝集团斥巨资收购澳大利亚铁矿石企业力拓，跨国并购行为越来越呈现出一种双向的互动趋势。

二、跨国并购发展的原因

跨国并购是跨国公司全球化发展和国际化经营的一种有效手段。跨国公司利用跨国并购，通过对资本的分割、剥离、组合，实现了对全球资本、人力、物力等要素的重新分配。跨国公司为了追求满意的利润，在世界市场上寻找最有利的经营场所，并把触角伸到世界的广阔角落，同时，也不可避免地把国内市场的竞争推延到世界市场。而面对全球市场的竞争，企业比以往更多地依赖于海外市场，通过对外投资，在全球整合资源。

就每一个具体的跨国公司而言，对外投资的目的和原因是不尽相同的，其具体的投资动机可以归纳为：①根据产品生命周期对外转移投资，以降低生产经营成本；②为了实现跨国公司拥有的知识资产和规模经济等垄断优势；③克服外部市场不完全的缺陷，实现内部化优势；④绕过高关税壁垒和非关税壁垒，寻找最有利的投资场所和成本最低的投资环境；⑤分享某个国家或某个地区经济高速成长的机会和利益；⑥在世界各地寻找核心资产和补充战略性资源，以增强跨国公司自身的国际竞争力，获得竞争优势。

中国社会科学院研究员江小涓认为，跨国并购之所以能够取代绿地投资，是因为与绿地投资相比，跨国并购具有以下几个方面的优势：①

第一，跨国并购具有时效快、成本低的特点。在竞争激烈、技术变化迅速的行业，时间的压力与紧迫感尤其突出，这要求企业对于转瞬即逝的商机作出迅速反应。绿地投资需要跨国公司在东道国经历完整的生产与销售流程，涉及谈判、审批、投资、动工建设、调试运营等多个阶段，手续繁杂，耗时较多。因此，整个绿地投资的前期投入较大，投资周期跨度较长，市场进入缓慢。而并购交易则不同，跨国公司可以借助被并购企业原有的厂房、设备投入生产，减少前期的资金和时间投入。同时，跨国并购公司的新产品也可以依托东道国被并购企业已有的销售渠道，以最快的速度在东道国实现一定规模的市场份额。此外，在国外投资新建企业会增加东道国的生产能力，加剧企业之间的竞

① 江小涓. 跨国公司在华并购投资：意义、趋势及应对战略 [J]. 管理世界，2001 (3)

争，往往会遭到当地企业的强烈排斥，从而提高外国投资者的进入成本。而跨国并购并没有明显增加东道国市场的生产能力，相比之下，遇到的排斥情绪会较小，进入成本也会相对低一些。

第二，跨国并购“化敌为友”的策略能减少东道国的竞争对手，降低市场进入的难度。绿地投资是跨国投资者在东道国建立全新的企业，并以此与东道国原有的本土企业展开激烈的竞争，而竞争的加剧并不符合跨国公司的利益。跨国并购则不同，它可以通过并购把竞争对手变为自己的一个部分，既能减少竞争对手，又能获取本土企业已有的资源，甚至拥有一定的市场势力。特别是在已有市场饱和的情况下，跨国并购是迅速获取新的市场机会的最佳方式。此外，合并后所获得的市场控制进一步提高了市场的进入壁垒。

第三，跨国并购能使并购方获取东道国目标企业的特有资产，使跨国公司更具竞争实力。企业的特有资产包括研究与开发能力、技术、品牌、专利、当地特许权、共营或分销网络、产品管理方面的专长以及有效的企业文化等。这些资产是并购方本身所不具有又无法在别的市场中获得的，但它们往往对企业的生产经营发挥着重要作用，而自行开发既需要时间又要承担较高的风险。通过并购方式将目标企业的这些优势资产与本企业的资产融合在一起，可以实现优势互补的效果。绿地投资中的合作、合资形式能在一定程度上使投资者享用东道国企业的无形资产，但其获取程度受到投资性质、份额等诸多因素的限制。而并购是跨国公司直接进入目标企业内部的交易模式，它对被并购企业产权和股权的控制使其不仅能免费利用原有企业的专利技术等无形资产，也能充分享用被并购企业长期以来建立的市场商誉，借助原有的技术、品牌、销售网络快速拓展东道国市场。

第四，跨国并购相对于绿地投资更能防范各类风险，增加投资的灵活性。在东道国境内全新的环境中进行生产和销售存在着诸多不确定的因素，跨国直接投资面临着系统性风险和非系统性风险。系统性风险分为两个层次：一是东道国国内本身的经济周期波动以及法律环境的变化；二是世界经济运行状况和汇率风险。系统风险通过宏观经济因素直接影响跨国直接投资的盈利能力。非系统性风险来自微观主体，取决于具体投资项目的运营情况，独立于整体经济背景。由于绿地投资周期较长，应对各类风险的能力也相对较弱。跨国公司在投资前进行全面、系统的可行性分析可以在一定程度上防范系统性和非系统性风险，但一旦发生无法预见的变化，绿地投资的反应速度较慢，投资收益的回收将因时间的延续而面临持续的风险。而跨国并购则不同，在面临各类风险时，由于涉及的前期投入成本较小，可以相对迅速地实现战略转移，避免风险的延续。

表 2–2　跨国并购与绿地投资的比较

比较内容	跨国并购	绿地投资
时间与成本	降低进入成本，节约时间	进入缓慢，成本较高
市场竞争	化敌为友，减少竞争对手	加剧市场竞争
资产利用	能充分利用目标企业的特有资产	对目标企业资产的利用程度有限
投资风险	灵活性强，风险小	投资周期长，风险较大

三、中国经济体制转轨与国有企业改革：跨国公司并购的新契机

跨国并购不仅比绿地投资具有许多优越性，中国特殊的转轨体制和国有企业改革的契机也为跨国并购提供了机会。

一方面，在体制转轨的过程中，我国经济始终保持快速而稳定的发展势头，GDP 持续保持高速增长。稳定发展的宏观经济局面增强了海外投资者的信心，而分享中国经济又快又好发展带来的收益成为跨国并购的重要推动因素。为了保持跨国公司的"垄断优势"，降低市场交易成本，实现知识产品的价值，克服不完全的外部市场缺陷，充分利用内部化优势和区位优势，跨国公司希望以并购国有企业的方式对华投资。

首先，一些跨国公司并购国有企业不是为了填补空白市场，而是为了开拓自身的市场领域，占领国内市场，甚至达到控制某行业市场的目的。中国持续 20 多年的高速经济增长，使之不再仅仅是一个潜在的市场，而是一个现实的巨大市场，孕育着无限的商业机会。许多跨国公司把中国作为目标市场，希望"在中国生产、在中国销售"，分享中国发展带来的经济利益。

其次，一些跨国公司从未来全球市场竞争的角度出发进行对外投资，目的在于拥有或维持未来的市场份额，以防止被其他竞争者独占，从而保证获得长

期的最大利润。一家跨国公司对外进行扩张性投资，则该行业其他跨国公司就会“跟随投资”，以保持寡头之间的竞争均势。在中国的电子、汽车、制药、金融保险等领域，都先后有众多跨国公司投资，这与跨国公司的全球战略导向投资是分不开的。

最后，一些跨国公司希望领先进入中国市场，以取得在中国市场的领先竞争优势。由于跨国公司一般具有寡占特征，一个行业能够容纳的跨国公司数量有限，领先进入者对后进入者的进入造成障碍，对后进入者具有排斥作用。

另一方面，为了实现国有企业产权的多元化，增强国有产权的流动性，加快国有资产重组，完善社会保障制度，吸收外商投资，拉动经济增长和发展，国有企业也会积极寻求新的投资渠道。

1978 年改革开放以来，我国经济持续健康发展，制度环境也日益改善，涉及国有企业的改革改制工作也在向纵深发展。在调整国有经济原有布局、对国有资产进行战略重组的过程中，必然涉及大量国有资本的退出，原国有资产或者国有股权需要优质的收购主体。而国内非国有投资者无论是从资金规模、资本运作经验，还是从企业经营实力来看，尚不足以独立担当并购国有企业的重任。相比而言，外商投资者凭借其雄厚的资金实力、先进的管理技术与经验成为各级政府青睐的受让主体，我国国有企业的改革客观上为外资并购创造了条件。

正如学者桑百川在《外资控股并购国有企业问题研究》一书中所说：“在国有经济应该退出的领域和企业中，鼓励外资控股并购国有企业，既是国有企业改革、经济体制创新、对外开放和社会经济发展的需要，也迎合了外商寻求新的投资方式、扩大对华投资的需要，是中外双方供求均衡的结果，更是进行国有资产战略性重组，调整国有经济布局，发挥国有经济主导作用的需要。”

第二节　外资并购发展历程回顾

随着我国经济的不断发展，外资并购由最初的自发状态逐步进入有序发展阶段，我国相关政府部门对待外资并购国有企业也曾先后采取了“既不鼓励也不支持——严格限制——政策鼓励”的不同态度，至今外资并购国有企业已经经历了近20年的风雨历程，并不断走向成熟。本书将这一历程划分为四个阶段，即萌芽期、初步发展期、快速增长期和规范发展期。

（一）第一阶段：萌芽期（1992~1997年）

20世纪90年代，外资收购我国国内企业发展成为一股潮流。其中，最为典型的是20世纪90年代初的香港中策公司。1992年8月，泉州市政府与香港中策公司达成协议，将泉州市37家国有企业的全部资产与中策公司合资成立泉州中侨集团股份有限公司，合资公司由外资实际控股。这个协议的实质是外资对这37家国有企业实现整体收购。之后中策公司继续通过低价购入国内啤酒、轮胎等行业的多家企业资产，经过包装，在美国、加拿大等地上市，实现在资本市场上的大幅增值；然后再把资本市场上募来的资金继续投入并购，控制了众多国内企业。

中策公司的这种行为实质上是利用国际财团的资金实力和金融操作手段，对中国国有企业进行“打捆式”的并购，然后通过在国际资本市场上出售来谋求利益，人们把它称为“中策现象”。[①]

这段时期，有关外资并购的法律法规处于真空期，没有统一的文件来规范外资并购行为，国家对外资并购的态度是既不表示鼓励，也不明确反对。

1995年，随着上海和深圳两个证券交易所的建立和不断完善，外资开始通过收购上市公司国有股的形式收购我国的国有企业。1995年6月，日本五十铃汽车公司联合伊藤忠株式会社以协议方式一次性购买北旅股份4002万股国有法人股，占其总股本的25%。这是外资首次收购中国上市公司的股份，开创了外资并购我国上市公司的第一案。随后，1995年9月，美国福特汽车公司以4000万美元认购江铃汽车1.39亿新发行B股，占江铃汽车发行后总股本的20%，成为江铃汽车的第二大股东。

但是，首度在证券市场亮相的外资并购并非一帆风顺。“北旅事件”引发出一系列的问题，包括税基确认、评估方法以及信息披露等方面，引起了有关部

① 桑百川. 外资控股并购国有企业问题研究［M］. 北京：人民出版社，2005

门的不安。加上相关立法不健全、证券市场规模较小、发展还不够完善等因素，1995年9月23日，国务院发布了《暂停向外商转让上市公司国家股和法人股的通知》，明确规定："在国家有关上市公司国家股和法人股管理办法颁布之前，任何单位一律不准向外商转让上市公司的国家股和法人股"。这使悄然兴起的外资并购戛然而止。

1996年1月，广华化纤（600672）在其公告中宣布拟将3500万国家股（占总股本的60.5%）转让给美国的凌龙公司，但中国证监会立刻宣布这一股权转让违规，并会同有关部门对"广华事件"进行了严肃查处。由于广华化纤的"前车之鉴"，外资被彻底隔离在上市公司并购门外。而北旅股份本身在引入外资方后，公司业绩并没有大的改观，该公司连续亏损，其后，外资方黯然退出。

1997年5月和9月，我国先后颁布的《外商投资企业投资者股权变更的若干规定》和《中外合资经营企业合营各方出资的若干规定的补充规定》对外商投资企业股权变更和出资时限作出了明确的规定，力图避免在"中策现象"中出现的外商投资者利用股权变更的法规缺失和缴款期限的松动，对我国企业实施低成本的并购。

（二）第二阶段：初步发展期（1998~2001年）

1998年3月，柯达公司得到中国政府的特别允许，以合资、合作形式收购了中国感光行业除乐凯以外的其他六家大企业。柯达入主之前，由于引进技术和汇率变动，中国感光行业的负债已经达到十分惊人的程度，仅汕头公司一家的负债就达到40亿元人民币。中国政府承诺协议签订后三年内，不允许其他外资进入中国的感光领域。这次收购是外资第一次对中国整个行业的收购，也是至今唯一发生过的一次。

1998年9月，国家经贸委发布《关于国有企业利用外商投资进行资产重组的暂行规定》，以柯达案为例，初步确立了利用外资重组国有企业的政策方向。这是国家在外资并购国有企业问题上，第一次以法律文件的形式予以肯定。1999年8月，原国家经贸委颁布了《外商收购国有企业的暂行规定》，明确外商可以参与并购国有企业。这两个规定使外资并购活动开始回暖，外资并购活动又重新开始活跃。

在此之后，外资并购的企业从汽车行业拓展至电子制造、玻璃、橡胶、食品等行业。例如，2000 年、2001 年，比较有影响的外资并购有法国达能食品收购正广和、法国米其林轮胎收购轮胎橡胶、法国阿尔卡特通信收购上海贝尔等案件。

如果说第一阶段的外资并购带有“浅尝辄止”的意味，而这一时期的外资并购已经将目光集中在实质性的操作之中。在这个阶段，外资方进入国内企业一方面是出于战略性的考虑；另一方面，外资方通过并购直接切入国内市场的目的更加明确。一个鲜明特点就表现在，第一大股东位置成为外资关注的焦点，一些外资通过并购成为上市公司的第一大股东。如日本的五十铃、伊藤忠通过再次增持 B 股，成为长安汽车的大股东；皮尔金顿国际控股公司在原先持有的发起人股的基础上，通过协议受让部分股权成为耀皮玻璃的第一大股东；格林柯尔以协议转让方式获得 ST 科龙 20.6%的股权，成为科龙的控股股东。随着上市公司第一大股东变化以及外资方在流通股股权方面的动作，也使得外资并购有了一定的“火药味”。

（三）第三阶段：快速增长期（2001~2005 年）

2001 年以后，为适应国际形势的发展变化、兑现加入 WTO 承诺以及深化国有企业改革的需要，我国放松了对外资开放领域的限制，出台了一系列有利于外资参与国有企业改组改造的法律法规。

2001 年 11 月，由证监会和原对外经贸部联合颁发了《关于上市公司涉及外商投资有关问题的若干意见》，对外商投资股份有限公司发行 A 股或 B 股和允许外商投资企业受让上市公司非流通股作了原则性规定。外资并购有了操作依据和路径。但这些规定缺乏可操作性，程序透明度也不强。

2002 年，党的十六大明确了国有资本从一般竞争性行业退出的基本原则。大批国有企业包括很多上市公司纷纷出售国有股权和资产，引入多种经济成分参与企业改制。而外资不仅可以解决国有企业所有者缺位的问题，改善公司治理结构，而且可以凭借其雄厚的资金实力、先进的管理经验和技术优势，把长期以来缺乏活力的国有企业带入快速发展的新轨道。因此，外资成为各级政府青睐的国有资产受让主体。

2002 年 11 月，证监会、财政部和原国家经贸委联合颁布了《关于向外商转让上市公司国有股和法人股有关问题的通知》，明确规定可以向外商转让上市公司的国有股和法人股，并规定了相应的原则、条件和程序，对转让加以规范管理。这个通知被广泛认为是向外资开放并购上市公司的正式宣言，成为我国引入外资参与国有企业战略性改组的规章依据，暂停多年的外资并购上市公司国有股和法人股得以重新启动。

2002 年 11 月，中国证监会、中国人民银行联合发布《合格境外机构投资者境内证券投资管理暂行办法》，容许合格境外机构投资者（QFII）参与投资过去只开放给境内投资者的国内 A 股和债券市场，通过 QFII 收购上市公司流通股成为外资并购的一个新途径。

随后，2003 年 1 月，原国家经贸委联合四部委出台了《利用外资改组国有企业暂行规定》，规定了国有企业（金融企业和上市公司除外）可以向外资转让国有产权、股权、债权和资产，或接受外资增资，改组为外商投资企业的有关政策，进一步扩大了对外资收购开放的渠道。

2003 年 4 月，原外经贸部联合四部委颁布了《外国投资者并购境内企业暂行规定》，对外资并购的含义、产业范围、债权债务处理、持股比例、交易价格、并购支付、市场过度集中等诸多问题都作出了比较具体的规定，使外资并购具有了很强的可操作性，成为外资并购境内企业的基本法律依据。它的推出标志着我国基本形成了一个较为完整的外资并购法律框架。

政策法规的不断完善，为外资并购在政策上的放开扫清了障碍，客观上积极、有效、稳健地推动了外资并购的展开。这一时期，外资并购案件的数量和并购金额明显上升，外资并购活动的规模明显增大，外资的并购领域也已经延伸到国民经济的各个方面，如化工、公用事业、食品、酿酒、制药、零售等等，其中不乏关系国计民生和国家安全的重大投资领域，如公用事业、金融以及零售业等。

随着 2004 年底国内大部分产业的“入世”保护过渡措施到期，外资并购案件的数量和并购金额明显上升。从 2005 年开始，强大的外资挟带着雄厚的金融资本或产业资本在神州大地攻城略地，一系列大动作的并购活动令人目不暇接，外资并购呈现井喷式的发展态势。美国私募基金巨头凯雷（Carlyle Group）拟将徐工机械揽入怀中，全球钢铁巨头米塔尔（Mittal Steel Company

N.V）入股华菱管线，比利时英博集团（Stella Artois Brewer InBer.）将福建雪津啤酒以天价收入囊中，疲软多年的水泥业也已成为外资青睐的香饽饽……

在啤酒行业中，外资并购活动十分显眼。2005 年，美国 AB 公司（Anheuser-Busch Ltd. Company）以 57 亿元收购哈啤股权，每股出价高出哈啤每股净资产的 5 倍，成为这段时期最著名的案例。2006 年，全球第一大啤酒巨头比利时英博啤酒集团以人民币 58.86 亿元，收购净资产 6.19 亿元的雪津啤酒100%的股权，溢价率达到 11 倍。英博啤酒还在 2002 年收购了珠江啤酒 24%的股权，并于 2006 年以 12493 万元人民币增持珠啤 1.31%的股权。①

在钢铁行业，产能规模全球排名前两位的巨头——米塔尔和阿塞洛都已基本完成了在中国的布阵。2005 年 7 月，印度米塔尔钢铁公司以 26 亿元完成对湖南华菱管线股份公司 36.67%的股权的正式收购，成为外国企业第一次收购中国钢铁类国有上市公司的股份，米塔尔在拿下华菱管线后，又把目光瞄准了八一钢铁和包头钢铁。2006 年 2 月，全球第二大钢铁生产商阿塞洛（Arcelor Steel）以 20.86 亿元的价格收购莱钢 38.41%的股份。② 阿塞洛虽然没有取得控股地位，但是已经与莱钢股份的另一大股东莱钢集团的股份持平，并列莱钢股份第一大股东。米塔尔、阿塞洛等还广泛接触国内地方钢厂等二线企业（如包钢、昆钢等），大有"誓将并购进行到底"的势头。

在机械行业，2005 年 10 月，国际著名私人股权投资基金——美国凯雷集团宣布以 3.75 亿美元的价格收购徐工集团工程机械有限公司 85%的股权。③ 徐工集团是中国最大的工程机械开发、制造和出口企业，徐工机械是其最核心的企业。而全球最大的工程机械制造商卡特彼勒（Caterpillar Inc.）也已收购了山东山工机械有限公司 40%的股份，并先后与广西柳工、潍柴动力、三一重工、厦工等一大批中国工程机械行业的龙头企业展开收购谈判。

在水泥行业，并购风潮也不断涌起。2006 年 1 月，海螺水泥发布公告称，摩根士丹利（Morgan Stanley）旗下添惠亚洲有限公司与国际金融公司分别买下海螺集团持有的海螺水泥 10.51%和 3.82%的股权。2006 年 3 月初，世界第

①② 资料来源：中国并购交易网 http：//www.mergers-china.com
③ 资料来源：深交所网站，徐工科技（000425）公司临时公告。

二大水泥企业瑞士豪西蒙（Holcim B.V）宣布以 1.25 亿美元接下华新水泥为其定向增发的 1.6 亿股，并将对华新水泥绝对控股。2006 年 4 月，世界水泥业老大拉法基公司（Lafarge）一举收购了贵州 3 家大型水泥厂，此外拉法基还控制了四川双马 89.72%的股权①……中国前五大水泥企业中，除了浙江三狮外，其他四家企业已悉数打上了外资的烙印。

在流通业，2005 年商务部共批准流通业外资企业并购项目 24 个。其中，上海永乐电器公司一次性向外商转让 61 个店铺；英国 TESCO 公司在境外收购了国内“乐购”25 个大型超市 50%的股份②……

最引人注目的是，外资在金融、保险、证券业的集中并购不但数量多，而且涉及金额相对庞大。2005 年 6 月，美洲银行以 25 亿美元收购了建设银行 9%的股份；同月，苏格兰皇家银行以 31 亿美元收购了中国银行 10%的股权；中国最大的五家银行，外资已经进入三家。其他引人注目的并购还有香港名力集团控股爱建信托；瑞银集团通过收购成为北京证券第一大股东；汇丰控股通过旗下汇丰保险增持平安保险股份，成为其最大股东等。

这一时期，外资并购的速度和规模一案高过一案，外资企图控制中国主要行业和主要企业的雄心暴露无遗。这一现象使国内许多人士惴惴不安，激发了一场关于外资并购危及国家安全、外资并购中贱卖了国家资产的大讨论。

（四）第四阶段：规范发展期（2005 年以后）

面对证券市场全流通后出现的新格局，商务部、证监会、税务总局、工商总局和外汇管理局等主管部门于 2005 年 12 月联合发布了《外国投资者对上市公司战略投资管理办法》，并于 2006 年 2 月 1 日正式实施。该办法明确规定，外资可对已经完成股改的上市公司和股改后新上市公司的 A 股，进行一定规模的中长期战略性并购，并且持股比例在该办法中不设上限。这意味着外资通过投资 A 股实施并购的政策条件已经具备，外资投资国内上市公司有了顺畅的进入和退出机制。2007 年底，国际家电巨头法国 SEB 集团要约收购浙江苏泊尔 22.72%的流通股份，苏泊尔成为国际公司通过要约收购方式取得控股地

① 资料来源：搜狐财经网站。

② 资料来源：转引自胡杰武、张秋生等. 外资并购中国企业实务指南［M］. 北京：中国经济出版社，2006.

位的第一家 A 股上市公司。

2006 年 2 月，中国证券登记结算有限责任公司发布了《关于外国战略投资者开立 A 股证券账户等有关问题的通知》，为外国投资者收购上市公司提供了进一步的法律支持。

2006 年 7 月 31 日中国证监会颁布了新的《上市公司收购管理办法》，对上市公司的收购制度作出了重大调整，为全流通时代的并购市场制定了新的规则。一方面，新修订的办法赋予了收购人更多的自主空间，规定收购人可以采用现金、证券、现金与证券相结合等多元化的方式支付收购上市公司的价款。这不仅扩充了投资者的支付手段，也使我国资本操作模式进一步与国际接轨。另一方面，监管部门的监管方式由过去的事前审批转变为适当的事前监管与事后监管相结合，将间接收购和实际控制人的变更一同纳入上市公司收购的监管体系，加大了持续监管的力度。由此可见，新办法在增加收购主体自主性的同时，强化了收购过程的监管，体现出我国上市公司收购制度改革的市场化取向。

2006 年 8 月，商务部、国务院国有资产监督管理委员会、国家税务总局、国家工商行政管理总局、中国证券监督管理委员会、国家外汇管理局等六部委联合颁布了《关于外国投资者并购境内企业的规定》（以下简称《规定》）。新《规定》的特点之一是细化了反垄断审查的规则，并且明确指出外国投资者并购境内企业并取得实际控制权，涉及重点行业、存在影响或可能影响国家经济安全因素或者导致拥有驰名商标或中华老字号的境内企业实际控制权转移的，当事人应就此向商务部进行申报。新《规定》的特点之二是首次在法规中允许境外公司的股东以其持有的境外公司的股权或者增发股份作为支付手段，购买境内公司股东的股权或者境内公司增发的股票。《规定》的出台弥补了我国在换股并购操作上的法律空白，加大了未来巨型外资并购案发生的可能性。

2006 年 11 月 9 日，国家发改委发布了《利用外资“十一五”规划》，从该规划提出的政策措施，我们可以看出我国政府未来在利用外资问题上的态度：一是公平性，给予内外资平等待遇，建立更加公正、公平、完善的外商投资环境；二是安全性，维护国家经济安全和公共利益，加大反垄断工作的力度。

2007 年 8 月 30 日我国第十届全国人大常委会第二十九次会议表决通过了

《中华人民共和国反垄断法》，它的通过对于完善我国市场经济的制度建设具有里程碑式的意义，为不同性质的企业公平地参与市场竞争提供了法律依据。对于外资并购而言,《反垄断法》进一步明确了相关审查规定，指出“对外资并购境内企业或者以其他方式参与经营者集中，涉及国家安全的，除依照本法规定进行经营者集中审查外，还应当按照国家有关规定进行国家安全审查”。至此,《关于外国投资者并购境内企业的规定》与《中华人民共和国反垄断法》一并成为我国外资并购的反垄断审查依据。

2007 年 9 月 17 日，中国证监会同时发布了《上市公司重大资产重组管理办法（征求意见稿)》、《关于规范上市公司信息披露和相关各方行为的通知》等六部法律法规。其中,《上市公司重大资产重组管理办法（征求意见稿)》从多个角度、不同层面对现有上市公司并购重组的规则体系作出了梳理和创新的制度安排，它与 2006 年颁布的《上市公司收购管理办法》共同成为了我国上市公司并购重组的制度框架，也成为外商投资者对国内目标公司进行并购重组的法律依据。

此外，经国务院批准，国家发改委和商务部联合颁布的《外商投资产业指导目录（2007 年修订)》（以下简称“新目录”）在之前多次修改的基础上，根据我国经济发展的需要，作出了符合国内外趋势的修订。首先，新目录明确指出一些国内已经掌握成熟技术、具备较强生产能力的传统制造业不再鼓励外商投资，而高新技术产业、装备制造业、新材料制造等行业继续得到政策支持。同时，新目录加大了我国服务业的对外开放，体现出我国产业结构升级的需求和我国承接世界产业链条的动态过程。其次，新目录不再鼓励外商投资我国稀缺或不可再生的重要矿产资源，限制或禁止高物耗、高能耗以及高污染的外资项目；鼓励外商投资有利于发展循环经济、能源节约、环境保护和资源综合性利用的项目。这些调整是我国经济可持续发展的需求在外资利用方面的集中体现。同时，新目录适当调整了部分涉及国家经济安全的战略性和敏感性行业的相关条目，力求国内外经济在平衡中持续发展。

这个时期，美国凯雷集团与徐工的并购一波三折，先后两次修改并购协议，但仍未获得政府的最终批复，不得不以失败告终。新加坡三家企业收购东方航空公司、可口可乐收购汇源果汁案等也都在人们的一片争议声中黯然退出市场。

总体而言，从这一阶段出台的一系列法律法规我们可以看出，在充分利用外资的基础上，正确对待外资并购造成的经济安全、资源耗费、环境污染等问题成为这一时期利用外资的主体思路，我国外资并购的法律环境伴随着我国监管体制的日益成熟开始逐步与国际接轨。

从 1995 年至今，外资并购我国上市公司已经走过了十几年的历程。在此期间，“外资并购既有初期进入时的大刀阔斧，也有因政策限制而导致的坚冰寂寞；既有一拍即合的顺利，又有多次尝试未果的坎坷，体现出螺旋式上升的趋势”。[①] 在中国经济高速增长和日益融入全球化的背景下，外资并购正在全方位地发展。与此同时，政策法规的不断完善，也积极、有效、稳健地推动着外资并购活动的展开。

第三节　外资并购我国国有企业的方式、特点及其影响

一、外资并购我国国有企业的方式

在我国股权分置制度改革之前，协议收购始终是我国证券市场上最主要的收购方式。这是因为占据控股地位的国有股、法人股不能流通，无法通过二级市场进行买卖；同时，由于要约收购的操作程序烦琐、收购成本高、监管严格等原因，而不被并购主体广泛采用。在协议收购方式下，各种非市场化因素，比如行政干预、以净资产为参照的定价、管理层利益等，成为影响收购的主要力量。

而在股权分置制度改革以后，协议转让、要约收购、证券市场竞价收购、

① 桑百川. 外资控股并购国有企业问题研究［M］. 北京：人民出版社，2005

定向增发等都成为可供选择的收购方式，并购方式呈现出明显的多样化趋势，这为并购主体提供了更大的选择空间。

（一）直接收购

即外资通过协议收购上市公司的非流通股股权（国有股和法人股），或在二级市场上收购流通股，来实现对上市公司的参股或控股。具体的做法包括：

1. 协议收购上市公司国有股或法人股

协议收购是指在证券交易所之外与目标公司的主要股东进行私下协商，达成一致意见后购买目标公司的股份，以控制或兼并目标公司的一种并购方式。如 1995 年 7 月 5 日北旅股份与日本五十铃自动车株式会社和伊藤忠商事株式会社签订合作经营协议，五十铃自动车和伊藤忠商社一次性购买北旅未上市流通的国有法人股 4002 万股，占北旅总股本的 25%，成为北旅的第一大股东。

类似的例子还有华润集团通过受让遂宁兴业资产经营公司 4898 万股国有法人股入主四川锦华（000810）；韩国三星康宁以协议方式受让了深业集团持有的赛格三星 21.37%的股权，成为该公司第二大股东等。

在我国国有股、法人股和流通股分割的情况下，外资协议收购上市公司非流通股份是并购活动中最简单有效的方式，也是最主要的外资并购方式。

2. 通过拍卖获得公司股权

例如，2001 年 1 月 17 日，深圳市中级人民法院公开拍卖 ST 中华（000017）的股份，香港卓润科技有限公司成功竞拍 ST 中华的 62003890 股，从而持有 ST 中华 12.94%的股份。但这种方式一般适用于 ST 类上市公司。

此外，我国的四大资产管理公司在处置国有企业的不良资产时，也会采取打包拍卖的方式，部分外资方就是通过这一渠道取得国有企业股权的。

3. 收购流通股

耀华玻璃（600819、900918）就是其中的一个典型。如皮尔金顿国际控股公司作为耀华玻璃的外资发起人之一，在该公司上市时即持有 8.35%的股份，是耀华玻璃的并列第二大股东。

1999 年，皮尔金顿从另一外资发起人联合发展手中收购 8.35%的股权，成为耀华玻璃的并列第一大股东（皮尔金顿国际控股公司与中国无机材料科技实业集团公司、中国银行上海信托咨询公司、上海耀华玻璃厂持股数相同，均为 81399100 股，占总股本的 16.70%）。

由于看好中国玻璃业的发展，皮尔金顿并未就此住手，更进一步在 2000~2001 年一年半的时间内，两次通过二级市场买入耀华玻璃的 B 股股票。至 2002 年 6 月底，皮尔金顿的持股数已增至 92507100 股，占耀华玻璃总股本的 18.98%，成为第一大股东，从而取得相对控股地位。皮尔金顿也从此成为我国证券市场上第一例通过收购流通股取得控股权的“食螃蟹者”。

毕竟，在我国证券市场股权分置制度改革以前，外资通过直接收购上市公司流通股进而取得控股权还很难实现。2005 年股权分置制度改革以来，这种情况已经有所改变。

（二）增资认购

即外资通过收购上市公司新发或增发的 B 股、H 股股票，或者其他双方认可的金融工具，来达到并购的目的。具体包括：

1. 认购上市公司定向增发的 B 股、H 股等股票

在我国早期的外资并购中，增资方式通常采用定向增发 B 股的做法。例如，1995 年 8 月，美国福特公司与江铃汽车达成协议，以 4000 万美元认购江铃汽车新发行的 1.39 亿股 B 股，占其新发行 B 股总量的 80%。新股发行完成后，美国福特公司成为江铃汽车的第二大股东，拥有江铃汽车总股本的 20%。

再如，1999 年 3 月，全球最大水泥制造商 Holderbank 集团的全资子公司 Holcim B.V.以每股 2.16 元购买华新水泥向其定向增发的 7700 万股 B 股，使前者持股比例超过 20%，成为其第二大股东。

这种并购方式的限制条件较少，外国投资者可以通过购买上市公司发行的 B 股、H 股等股票达到参股控股的目的。但这种方式只适合于已发行 B 股、H 股等股票的公司，对于众多未发行 B 股、H 股等股票的公司而言，这种方式并不适用。

2. 认购上市公司定向增发的可转换债券

2002 年 9 月，青岛啤酒与美国 AB 集团签署战略合作协议，青啤分 3 次向 AB 集团定向增发可转换债券，债券将在 7 年内根据双方的转股安排全部转成青岛啤酒的 H 股。全部股权转让完成后，AB 集团将持有青啤 27%的股份，仅比其第一大股东青岛国资局的持股量低 3.6%。

青啤定向增发可转换债券案例，是一次金融工具使用的创新。增发可转债券避免了青啤因一次性增资额太大导致业绩摊薄，可转债的低利率也大大降低了公司的融资成本。对外方而言，可转债的安排也使其在中国的战略布局更具有灵活性。

（三）间接收购

间接收购是指外资通过收购上市公司的母公司或与上市公司母公司合资的方式，间接持有上市公司的股权，成为上市公司的实际控制人。通过间接收购的方式控股上市公司，可以避免上市公司管理层的抵制和各种政策法规的限制。因此，这种方式也是外资并购中较常采用的一种方式。

1. 由合资公司反向收购上市公司

这种方式是外资先与上市公司组建合资公司，并约定由外方控股，然后由合资公司反向收购上市公司的核心资产或核心业务，从而达到间接控制上市公司。

如 2001 年 3 月，轮胎橡胶（600623、900909）与米其林（法国的世界上最大的轮胎生产跨国公司）组建合资公司——上海米其林回力轮胎股份有限公司，公司由米其林控股 70%。之后，合资公司斥资 3.2 亿美元反向收购轮胎橡胶核心业务和资产。由此，米其林公司间接进入我国证券市场。

2. 收购上市公司母公司

收购上市公司母公司是指外资通过收购上市公司的母公司，或大股东的控股权从而达到间接控制上市公司的目的。

例如，1996 年 3 月，法国圣戈班工业集团在中国香港收购了福耀玻璃的两家发起法人股东——中国香港三益发展有限公司和中国香港鸿侨海外发展有限公司，从而间接持有福耀 42%的股份，成为福耀第一大股东。

再如，2002 年 3 月，中国香港德富集团有限公司通过收购中国香港运盛公司的母公司 WINSANBVI CO.Ltd，成为运盛实业的间接控股股东。

3. 收购上市公司大股东

如阿尔卡特从中方股东手中收购上海贝尔 10%加 1 股的股份，同时买断比利时公司拥有的上海贝尔 8.35%的股份，从而对上海贝尔所持股份增加到 50%以上（即 50%的股权加 1 股）。由于上海贝尔由中外合资企业改制为外商投资股份有限公司，因而其所持有的上市公司上海贝岭25.64%股权，也转由合资公司上海贝尔阿尔卡特持有。通过这种方式，阿尔卡特不仅打破了电信领域外资不能控股的禁令，而且实现了持股上市公司的目的。这种方式的最大好处在于规避现有政策限制。

二、外资并购我国国有企业的特点

(一) 并购速度加快、规模扩大

近年来，发生在中国的并购虽然不能与发达国家的跨国并购相提并论，但对中国来说，发展规模和速度如此之快确实惊人。根据联合国贸发会议的统计资料，2003年外资并购中国企业的总金额为38.2亿美元，占当年吸引外商直接投资额的7.1%；2004年外资并购中国企业的金额为67.7亿美元，占当年吸引外商直接投资额的11.1%；2006年外资并购金额为82.6亿美元，占当年吸引外商直接投资额的11.4%。[①] 可见，在我国，外资并购的发展速度是飞快的。

外资并购境内企业的规模扩大趋势也日渐明显。据粗略分析，2000年以前的大型外资并购金额多数在数千万美元以下，例如，1995年福特收购江铃为4000万美元，1998年美的并购东芝万家乐案例中购买股权的金额为5435万元；而进入2001年以后大型并购的金额多在1亿美元以上，阿尔卡特并购上海贝尔的交易额为3亿美元，新桥控股深发展交易额为15亿元。金额最大的要算中国移动收购母公司8省市资产，交易额高达103亿美元，并首次入选2002年全球十大并购案例。2002年中国十大并购案例中有6例属于外资并购，2003年中国十大并购案例中有8例属于外资并购（其中有两例是中国企业海外收购）；2004年1月5日，日本朝日株式会社和伊藤忠株式会社分别持有80%和20%股权的合资公司，宣布收购新成立的康师傅饮品50%的股权，注入31844亿美元。

(二) 发生外资并购的行业相对集中

目前，外资对国有企业的并购以传统行业、服务业和部分新兴行业为主，

① 资料来源：UNCTAD，World Investment Report，2006.

国内重点行业及其龙头企业是外资并购的重点。具体来看，外资并购主要集中在以下几个行业：

（1）工程机械等机械制造业。最近几年，国外大型工程机械巨头，如卡特彼勒、小松山推、韩国现代等大举进军我国机械制造业，并购重点锁定为工程机械领域的骨干、龙头企业。在油嘴油泵行业，德国博世公司（Bosch）收购我国排头企业无锡威孚后，我国的油嘴油泵行业几乎全部被跨国公司并购、控股，多年建立的技术中心被撤销合并。在化工机械制造行业，锦西化机已与跨国巨头西门子（Siements）合资。在轴承行业，美国铁姆肯公司（Timken）收购烟台轴承、托林顿（Torrington）收购无锡轴承、德国舍弗勒（Schaeffler）收购西北富安捷轴承。

（2）水泥等基础产品制造业。2005~2006 年，外资利用我国水泥行业处于低谷期的时机，逐渐加大对区域性垄断企业的并购力度。短短几个月内，就有 5 家外资机构入股国内水泥类上市公司。① 2006 年 10 月，外资又并购了 4 家水泥类公司。这对我国水泥行业的竞争格局产生了重大影响。

（3）钢铁行业。2006 年 1 月，国际钢铁巨头米塔尔钢铁公司协议受让华菱管线的股份，成为华菱管线并列第一大股东。2006 年 2 月，欧洲最大的钢铁商阿塞洛与莱钢股份签订收购股权的协议。2006 年，法国圣戈班集团（Saint-Gobain）完成了对徐州钢铁总厂的全资收购。

（4）银行等金融业。近几年，外资以参股等方式迅速进入银行业。2004 年，美国新桥投资集团（Newbridge）以每股 3.5 元收购深圳发展银行，汇丰集团（HSBC Group）持股交通银行 19.9%的股权。2005 年 6 月，美国银行（Bank of America）、新加坡淡马锡（Temasek Holdings）分别以 25 亿美元、14 亿美元入股建设银行。2005 年 8 月，苏格兰皇家银行（Royal Bank of Scotland）以 31 亿美元获得中国银行 10%的股份。2006 年，花旗财团（City Bank）以 31 亿美元购得广发银行 85.6%的股份。同年，美国高盛集团（Goldman Sachs）投

① 指全球第二大水泥企业瑞士豪西盟控股 G 华新、全球第四大水泥企业德国海德堡（Heidelberg）集团拟收购冀东水泥、全球最大的建材生产企业拉法基控股四川双马（000935）、摩根士丹利附属公司（MS）与国际金融公司（IFC）入股 G 海螺和拉法基与中国西南地区最大的水泥生产企业瑞安建业有限公司宣布组建合资企业。

资 25.8 亿美元取得工商银行 7%的股权。在保险业，汇丰、高盛、摩根于 2005 年联合收购平安保险集团 19.9%的股份。①

（5）其他行业。由于中国百姓的消费水平不断增长，食品饮料行业成为巨大的消费市场，因此也是外资并购的重点行业之一，外资加速了对啤酒、饮品、肉类加工业龙头企业的并购。在电信、媒体和科技等行业方面，外资并购力度也正在加大，如 2005 年西门子并购北京港湾网络、2006 年 Monstermob 收购北京万讯、2006 年韩国 SK 电信收购联通等。

（三）外资并购的战略意图日益明显

外资并购的目的已从过去希望分享中国经济改革发展的成果，逐渐向实现其全球战略布局的意图演变。它们利用我国的资源和人力成本优势，把我国企业纳入其全球化战略，以追求产业整合、资源控制、垄断地位、消灭潜在竞争对手等战略目的，从而实现中长期发展。外资并购的"斩首"策略已经在许多外资并购案例中得到证实。仅以机械制造业为例，在凯雷收购徐工案中，徐工集团是目前我国最大的工程机械制造企业。②

中央财经大学教授李炳炎将外资并购国内企业的策略总结为"三光政策"：一是瞄准我国行业的龙头企业进行"斩首行动"式的并购，把龙头企业砍光；二是把我国的民族自主品牌"消灭光"；三是把我国自主研发力量"收编光"。

外资的战略并购意图一般是借助以下五个行动实现的：

其一，实施"全面压迫行动"。这主要表现在并购条件越来越苛刻。外资必须控股、被并购方必须是行业龙头企业、收益必须超过 15%，这三条已经成为外资并购策略的基本点。以控股权为例，外资从最初的参股、相对控股到现在绝对控股的要求，暴露出其试图控制中国企业的销售权、财务权和品牌使用权的野心。

其二，实施"整体蚕食行动"。外资并购从过去单向选择，演变为有计划、有步骤的整体行动。比如，美国卡特彼勒公司于 1995 年与"徐工"建立的第一个合资企业，从部分控股开始，又吞并了山东工程机械厂。近几年，在收购

① 资料来源：中国并购交易网 http://www.mergers-china.com

② 中国机电数据显示，2006 年我国工程机械行业生产企业 1008 家，资产亿元以上的企业只有 30 家，10 亿元以上的只有 4 家，30 亿元以上的仅徐工科技 1 家。

厦门工程机械有限公司的同时，全力谋求并购三一重工股份有限公司、广西柳州工程机械集团、河北宣化工程机械集团。

其三，实施“重点斩首行动”。目前，外资专门选择我国产业龙头企业作为并购重点，利用国有企业改制和地方国有产权改革的时机，不遗余力、不惜血本，加速并购步伐，意在实现对整个中国市场的控制。

其四，实施“联合并购行动”。比如，在美国卡特彼勒大举进军中国机械工程行业的同时，与美国凯雷投资集团联合行动，2005 年该集团拟以 3.75 亿美元收购徐工集团 85%的股权。实际上凯雷的意图是，并购后经过资本运作再把股份转卖给卡特彼勒公司。

其五，实施“分步到位行动”。外资在与中国企业进行合资以后，往往采取分步手段，让中资一步步陷入亏损，直到将中方拖垮，迫使中方将整个企业拱手相让，变成外方独资企业。例如，富安捷（宁夏）铁路轴承、威斯特（大连）电机、大连伯顿电机、佳木斯联合收割机等企业，外商都是首先成立合资公司，然后逐步收购合资公司中的中方股份，最后将其转变成了外商独资企业。

（四）外资并购的主要方式是股权收购和资产收购

外资收购国有企业股权时通常采取以下形式：协议收购国家股和国有法人股，如外资进入北旅汽车、赛格三星、ST 科龙、深万科等；通过参股上市公司母公司从而间接控制上市公司，如阿尔卡特（Alcatel）通过 50% + 1 股控股上海贝尔，间接成为上海贝岭的第一大股东；上市公司向外资定向增发 B 股，如福特汽车（Ford Auto）收购江铃汽车、瑞士豪西蒙并购华新水泥时均采取定向增发的做法；外资先认购上市公司发行的可转换债券，然后实施转换，如美国 AB 公司并购青岛啤酒的案例；外资以参与国有企业债转股的方式并购上市公司，如印度尼西亚的韩氏集团并购济南轻骑。

外资以收购资产的方式并购国有企业时主要采取两种形式：一种是外资与母公司成立合资公司，然后反向收购其子公司的资产，如米其林轮胎与轮胎橡胶的合作就是这种方式的典型；另一种是外资与上市公司及其关联公司（如母公司、子公司）成立合资公司。

外资对非上市公司的并购一般采取收购资产的方式，主要有：一是增资并购，目前合资企业“独资化”现象越来越普遍；二是直接收购股权和资产，特别是一些大型跨国公司和私人投资基金以战略或财务投资者的身份收购具有良好发展前景的企业，推动这些企业海外上市，上市以后再退出套现。

(五) 外资对我国很多行业的控制不断加大

外资并购我国企业不是仅仅出于眼前利益的考虑，而是谋求占领我国市场，加强对我国市场的控制力度。国家工商总局调查显示，美国柯达早在2003年就已占有中国感光材料市场至少50%的份额，2004年法国米其林占有中国子午线轮胎市场的70%，米其林及其旗下品牌在各自的细分市场上处于主导地位。此外，在手机、电脑服务器、网络设备业、计算机处理器等行业，跨国公司均在我国市场上占有绝对垄断地位。在我国轻工、化工、医药、机械、电子等行业，跨国公司子公司的产品已占据我国 1/3 以上的市场份额。

三、外资并购国有企业带来的影响

(一) 影响国家经济安全

2006年，中国社会科学院的一份题为《开放环境中的中国经济安全》的研究报告指出，现在外资倾向于利用其资本实力，一般采用大量注册资金或增资扩股等方式，迫使中方放弃多数股权或稀释中方股权比例，从而达到占据合资企业多数股权、控制国内企业，进而达到控制某些产业的目的。

（1）打压国内企业，挤占民族企业发展空间。实力雄厚的跨国公司收购国内企业后，大多既不输入先进技术，也不进行大规模投资，而是设法将原有企业的核心技术和品牌控制在手里。跨国公司采取的具体做法有两种：一是终止企业运营；二是把并购企业转变成跨国公司的一个加工厂，成为其全球生产链上的一环。同时，跨国公司利用其自身巨大的品牌优势、雄厚的资本实力、先进的管理和技术优势，对我国其他企业展开攻势，挤占民族企业的发展空间。

例如，法国达能集团在中国扩张的脚步一刻不停。这家来自法国的食品饮料界大佬批量并购中国著名食品饮料企业。娃哈哈、光明乳业、乐百氏、梅林正广和、深圳益力、汇源、蒙牛无不与达能扯上了资本关系。2002 年 3 月，达能收购当时中国市场饮用水领域的王者——广东乐百氏集团，控股 92%，一年后，以何伯权为首的乐百氏创业元老被迫全部出局。此后乐百氏总裁人选频频变动，但是公司业绩却不断下滑，2005 年，乐百氏亏损 1.57 亿元，2006 年乐百氏又亏损了 1 亿多元人民币。而“乐百氏”这个曾经在中国饮料市场上响当当的民族品牌已不复存在。

（2）控制知名品牌，消灭竞争对手。与知名品牌相联系的往往是成熟的销售网络、可观的市场份额、忠诚的顾客群体和良好的社会形象。因此，通过控制知名品牌，就可以达到控制市场份额和增强竞争主动权的目的。

从近年来发生的外资并购案例来看，外资并购我国企业表现出获取知名品牌的强烈动机，愿意为知名品牌支付高额溢价。由于我国的许多著名品牌价值较大，外资并购后一般并不买断其所有权，而是以较少的资金买断其使用权。之后，外资会采取两种方式使这些知名品牌在市场上消失：一是对国产品牌进行“冷藏”或封存；二是利用我国知名品牌嫁接外国知名品牌。

外资采用并购的方式将中方品牌纳入自己麾下，可以轻而易举地“收服”我国的竞争对手，并在短期内占领我国的市场。大连机电厂、西北轴承厂、佳木斯联合收割机、无锡威孚、锦西化机等都是因此导致民族品牌消亡的例子。

（3）控制关键技术，占据产业发展制高点。对国外资金和技术的过分依赖，可能导致企业生存能力下降。依靠跨国公司的技术转移和外溢可以迅速缩小技术差距、节约技术创新成本，但是，决定产业发展的关键因素在于能否将转移技术迅速在当地产业中消化、扩散并不断加以提升。单纯依靠跨国公司的技术转移，没有形成自己的技术创新能力，会很快在国际竞争中丧失竞争优势。

外资并购我国企业后，主要通过两种方式摧毁企业的技术研发能力：一是获得被并购企业的关键技术。我国发生了许多企业的核心技术在并购中流失的例子，如锦西化机在被西门子并购中，西门子轻易拿走了该厂的核心技术。二是限制被并购企业的研发活动。我国企业被外资控股并购以后，外商大多都取消原有企业的研发机构，减少研发费用，限制企业的技术开发活动。有关资料表明，我国 “三资企业”的平均研发费用仅占其销售收入的 0.4%，其中合资企业为 0.08%，外资企业为 0.03%。

国有企业特别是骨干企业是我国自主创新的市场主体和主要载体，大量的民族企业丧失自主研发能力后，国家自主创新的基础和路径被破坏，我国企业将被锁定在国际产业分工格局的不利地位，长期处在国际产业分工的低端，只能承诺充当打工者的角色。这从根本上动摇了我国产业的国际竞争力，影响我国产业发展和产业安全。

（4）控制市场，取得行业垄断地位。外资并购控股的最大负面效应在于，导致跨国公司控制我国市场，取得行政垄断地位。事实上，外资大举进入后，我国局部领域已经形成了外资相对或绝对垄断的趋势。外资方的“天性”是追求垄断地位，运用资本、技术、管理等优势，通过对重点行业、重点企业的并购来减少竞争对手，以增强对企业经营环境的控制，提高市场集中度，使企业获得某种形式的垄断。

在几十年的生产经营中，我国的一些国有产品品牌、技术工艺、企业名称等，不仅在国内市场上占有重要地位，而且在国际市场上也很有竞争力。近年来，外资正是看清了中国市场的巨大潜力，利用国内企业的市场意识和品牌意识不强的弱点，通过低价收购国内企业的股权、品牌或专有技术，吞食排挤我们苦心经营多年的民族品牌。如果按销售收入计算，目前外资在电子及通信设备制造、皮毛制造、服装生产、文体用品制造、仪表仪器制造 5 个行业中所占比重均已超过 50%。

外资形成垄断局面后，不仅可以控制市场，制定垄断价格和瓜分市场策略，破坏市场秩序，损害消费者利益，而且挤压民族企业生长空间，压制民族企业生长和技术进步，制约国内产业发展，对我国产业安全构成威胁。

（5）加剧产业结构和地区结构的不平衡。目前，外资并购主要集中于发展前景较好的制造业、流通业和金融业，对于国家大力发展的农业、基础设施和基础产业、高新技术产业的直接投资较少，并且强化了技术和专利上的保密性。我国在《外商投资产业指导目录》中规定了禁止外商设立独资企业和外商控股的产业内容，但可操作性不强，目前并没有单独制定外资并购的产业政策。

同时，绝大部分的投资集中于我国经济较发达的东南沿海地区和各经济特区，经济相对落后的中西部地区和东北老工业基地吸收的外资较少，这也加剧了我国经济发展的地区性不平衡状况。

（6）破坏产业生态系统，削弱国家对产业发展的规划和控制能力。一个国家的产业生态系统是经过长期演变逐步形成的。我国现有的产业和行业布局是起源于计划经济时代，经过改革开放 30 年来的市场化进程逐渐形成的。在这一进程中，产业与产业之间、行业与行业之间逐渐形成了共生相融的产业生态系统。而产业生态系统的协调运行需要较长的演变过程，如果在短时期内，大量外资并购众多重点行业的龙头企业，产业生态系统遭到严重破坏，将威胁到同行业和相关行业企业的生存。如果我国的产业体系被不同跨国公司根据各自的需要分别整合，产业生态系统遭到破坏，国家对产业发展的规划能力和控制能力将被削弱，最终也会影响到我国的产业发展和产业安全。

（二）诱发金融风险

外资并购涉及国际资本的流动，而国际资本流动与我国国际收支密切相关。外资并购后通过转移价格、利润集中汇出以及金融投机等方式，对我国国际收支平衡构成威胁；而金融投机又对我国金融市场稳定性构成冲击，引发金融危机。同时，国际金融本身就具有较强的投机性，如果外商并购以金融性投机和变相投机为目的，投机性外资的涌入和撤走会进一步放大国内资本的流量变化，导致金融动荡，引起经济失控。当前的跨国并购中往往都会夹杂着投机性并购的影子，因此要提高对投机性并购的警惕。

外资并购的跨国性涉及国际金融问题，正是由于国际金融市场和国内金融市场的差异，给一些恶意并购以可乘之机。它们利用汇率升降、国际金融市场和商品市场行情的变化，通过不同时期的投机买入和卖出，从中赚取差价。这种投机性外资的大量涌入，将会使外汇储备超常增加，加大了对人民币的升值预期，不利于保持货币投放和信贷扩张的相对合理，不利于防止通货膨胀，而且还易引发资本泡沫和资本市场的虚假繁荣，从而加剧宏观经济波动。

（三）加剧国有资产流失

在20世纪90年代，外资并购缺乏法律依据，基本处于自发状态，导致外资并购过程中国有资产廉价出让现象较为普遍。国有资产流失的渠道很多，主要是由以下几种原因造成：①地方政府给予外商的优惠政策过多，导致国有资产流失；②国有企业产权不清，企业法人治理结构不健全，导致在并购重组的产权交易过程中国有资产监管不力，国有资产流失严重；③由于国有企业股份化程度较低，产权市场发育不全，资产评估体系不健全，在并购重组过程中，企业股权无法得到动态的价值评估，国有资产价值被低估；④长期经营中形成的商标、商誉等无形资产的价值被忽视，国有资产中的无形资产流失严重；

⑤管理层趁企业出售之机谋取私利，使得并购中存在国有资产流失的问题；⑥由于存货积压变质，应收账款无法收回，固定资产对外投资大幅减值等，国有企业不良资产的市场价值低于其账面价值，因此外商不会接受我方的账面价值评估，会尽可能压低价格，充分利用当地政府吸引外资的各项政策，实行低成本收购；⑦外商投资中的资产价值被高估；⑧外商通过进出口环节转移利润，侵害中方利益；⑨外商并购的“虚入效应”导致国有资产流失，等等。

（四）影响社会稳定

外资并购引起的失业问题也不容忽视。增加就业与提高就业质量，是发展中国家引进外资过程中必须重视的考核目标。在提高就业质量方面，外资可以凭借资金技术等优势，增加员工的工资、提高就业技能和改善工作环境等。但在增加就业问题上，只有跨国投资中的绿地投资才会起到积极作用，而跨国并购投资将对就业产生一定的负面影响。

一般来说，外资并购不仅不能产生新的劳动力需求，反而会导致立即或滞后的裁减劳动力。在全球争夺资本的博弈过程中，跨国公司处于战略主动地位，它们以追求利润最大化为目标的对华投资，决定了外资方往往是选择国内较优秀的企业作为并购对象，这对增加就业的积极作用十分有限。而且，外资也不会接受中国“企业办社会”的做法，在并购后对并购企业进行重组和整合时，往往通过裁减冗员的形式提高劳动生产率，减轻企业负担。

总之，跨国公司并购通常选择效益较好的企业或企业中效益较好的部分，把原有的债务、富余人员的安置包袱留给社会，使这部分国有企业更加难以生存，职工处境更加艰难，增加了社会的不稳定因素。

第三章　外资并购国有股权的定价机制设计

第一节　企业并购定价机制及其比较

在市场经济中，并购可以看做是一种商品交易，但与一般的商品交易相比，并购交易的对象具有特殊性，为目标公司的资产或股权。一般商品交易的定价机制分为三类，即标购、讨价还价和拍卖。借鉴一般商品的定价机制，并购定价机制也可以分为三种类型，即要约收购定价机制、讨价还价定价机制和拍卖定价机制。

一、要约收购定价机制

（一）要约收购的含义及其分类

要约收购（Tender Offer），也称为发盘收购，指收购方不是直接向目标公司董事会或管理层发出收购要约，而是直接向目标公司的全体股东发出收购要约，表明收购方将以一定的价格在某一有效期内买入全部或一定比例的目标公司股票的收购行为。

我国《上市公司收购管理办法》（2006 年）第二十四条、二十五条规定：

“通过证券交易所的证券交易，收购人持有一个上市公司的股份达到该公司已发行股份的 30%时，继续增持股份的，应当采取要约方式进行，发出全面要约或者部分要约。"

"以要约方式收购一个上市公司股份的，其预定收购的股份比例均不得低于该上市公司已发行股份的5%。"

我国《证券法》(2006年)第八十八条规定：

"通过证券交易所的证券交易，投资者持有或者通过协议、其他安排与他人共同持有一个上市公司已发行的股份达到百分之三十时，继续进行收购的，应当依法向该上市公司所有股东发出收购上市公司全部或者部分股份的要约。

收购上市公司部分股份的收购要约应当约定，被收购公司股东承诺出售的股份数额超过预定收购的股份数额的，收购人按比例进行收购。"

我国《上市公司收购管理办法》(2006年)第二十六条、三十九条明确规定：

"以要约方式进行上市公司收购的，收购人应当公平对待被收购公司的所有股东。持有同一种类股份的股东应当得到同等对待。"

"收购要约提出的各项收购条件，适用于被收购公司的所有股东。"

可见，要约收购具有两个显著的特征：一是只有一个并购方，即不存在竞争；二是并购方对企业的并购是针对目标公司全体股东，而非某一部分股东。

根据收购目标公司股份的多少，可以将要约收购分为全面要约收购与部分要约收购。全面要约收购是指投资者向目标公司所有股东发出收购其所持有的全部股份的要约，以购买其所持有的股份。部分要约收购是指投资者向目标公司所有股东发出收购其所持有的部分股份的要约，但部分收购要约应当约定，目标公司股东承诺出售的股份数额超过预定收购的股份数时，应当按比例进行收购。部分要约收购成功的标准是接纳的股份达到要约预定的数量，而全面收购的目的在于取得目标公司的相对控制权，后者则是兼并式收购。

根据要约收购是否具有强制性，即是否构成法律义务，可以将要约收购分为强制性要约收购和自愿要约收购。强制性要约收购是指收购人持有一个上市公司已发行的股份达到法律规定的一定比例后，就应当依法向该上市公司的所有股东发出收购要约，购买其手中所持有的股份，除非经法定机关豁免。我国《上市公司收购管理办法》第二十四条规定："持有、控制一个上市公司的股份低于该公司已发行股份的百分之三十的收购人，以要约收购方式增持该上市公司股份的，其预定收购的股份比例不得低于百分之五，预定收购完成后所持有、控制的股份比例不得超过百分之三十；拟超过的，应当向该公司的所有股东发出收购其所持有的全部股份的要约；符合本办法第四章规定的，可以向证监会申请豁免。”而自愿要约收购是收购方自愿向社会公众发出收购要约以增持目标公司股份而进行的收购。强制性要约收购和自愿要约收购的划分在某种意义上是相对的，因为上市公司收购从法律上说是以行为人的自愿为基础条件，同时又以合法为根本特征。因此，任何一次收购，都是收购人依法实施的有计划的购买目标公司股票的行为，即使是持股比例达到强制收购的程度，多数情况下也是收购者计划中的事。

根据收购方式的不同，要约收购还可以分为条件要约收购和非条件要约收购。条件要约收购的要约规定，预售的股份必须达到某个最低的限额，如果预售的股份没有达到规定的最低限额，则收购方无须购买任何股份，要约收购失败。非条件要约收购则没有任何的限制，即使只有一股股份愿意出售，收购方也要按要约规定买入。我国现在的要约收购都属于非条件要约收购。

要约收购通常是在要约人希望获得或加强对目标上市公司控制权的情况下，在证券集中交易市场公开发出要约，以买入目标公司的股票。要约收购主要发生在目标公司的股权相对分散，公司的控制权与股东相分离的情况下。它具有市场化程度高、透明度好的特点，是英美等证券发达国家的主要收购方式。

（二）要约收购下的定价机制

从要约收购的定义可以看到，严格意义上说，要约收购并不是并购双方博弈产生均衡交易价格，而是由并购方单方报价，目标公司股东只需选择接受或者不接受即可。要约收购并不是双方相互博弈的过程。要约收购时的并购价格类似于商品明码标价的方式，即并购方明码出价，而目标公司股东选择是否按标价出售自身持有的股份。

在股权分置条件下，要约收购往往会出现市场价格高于要约收购价格的问题。从要约收购的定价机制来看，原《上市公司收购管理办法》规定，收购人确定要约收购价格，应当遵循收购未挂牌交易股票的价格不低于下列价格中较高者：在提示性公告日前六个月内，收购人取得被收购公司未挂牌交易股票所支付的最高价格；被收购公司最近一期经审计的每股净资产值。由于非流通股都是不挂牌的，所以要约收购价格普遍低于市场价格。而且，我国现行上市公司要约收购临界线的水平界定为30%，在股权分置条件下，国内上市公司非流通股比例平均在60%左右，因此对于外资而言，如果仅仅收购目标公司股本总数的30%，是难以取得上市公司实际控制权的。而在发达的市场经济国家和地区，收购者一般都是以高出流通市场价格10%~15%的比例来收购股票，获取上市公司的控制权。

而当股票可以全流通时，市场定价是要约收购价格的唯一依据，真正的要约收购将出现。例如，修订后的《上市公司收购管理办法》关于要约价格明确规定，收购人对同一种类股票的要约价格，不得低于要约收购提示性公告日前6个月内收购人取得该种股票所支付的最高价格。股权分置改革后，由于上市公司股权较分散，且全部都是流通股，收购比例甚至远低于30%就可以实现控股权的转移，因此，30%的要约收购临界线将有利于外资并购。

根据我国《上市公司收购管理办法》第三十五条的规定，要约收购的价格确定按如下规则执行：

（1）收购人按照本办法规定进行要约收购的，对同一种类股票的要约价格，不得低于要约收购提示性公告日前6个月内收购人取得该种股票所支付的最高价格。

（2）要约价格低于提示性公告日前30个交易日该种股票的每日加权平均价格的算术平均值的，收购人聘请的财务顾问应当就该种股票前6个月的交易情况进行分析，说明是否存在股价被操纵、收购人是否有未披露的一致行动人、收购人前6个月取得公司股份是否存在其他支付安排、要约价格的合理性等。

并购方在确定要约收购价格时，往往需要考虑并购公司和目标公司在市场中所处的地位以及各自的生产经营状况。如果并购公司在收购过程中具有明显的优势，目标公司为获得较好的未来发展前景、解决目前的市场经营困境或达到其他的目的愿意接受并购公司的收购，双方达成的收购价格可能会低于目标公司股票的市场价格。这是并购公司所期望的。如果目标公司在市场中表现出比较好的业绩，而且目标公司的经营者和股东均不愿意接受并购公司的收购，为了完成这种强制性的收购，并购公司一般会支付很高的溢价。

要约收购定价方法在国际上已经十分流行。随着我国证券市场的不断完善，要约收购定价机制正逐渐走向规范化，要约收购定价机制将广泛应用于未来企业并购过程中。

二、讨价还价定价机制

（一）协议收购的含义

协议收购是指收购公司和目标公司在证券交易所之外，以双方协商的方式，对股权转让的数量、价格、付款方式、交割时间及过户手续等具体事项进行议定，在双方意见一致的基础上，通过签订协议的方式转让股权，实现公司并购的行为。一般而言，股权分散型目标公司主要采用要约收购的方式，而股权集中型目标公司主要采用协议收购的方式。由于我国的国有企业普遍存在国有股权比较集中的问题，对国有企业的收购主要采取的是协议收购方式。

协议收购是收购者与目标公司的控股股东或大股东本着友好协商的态度订立合同收购股份，以实现公司控制权的转移，所以协议收购通常表现为善意的收购。而要约收购的对象则是目标公司全体股东持有的股份，不需要征得目标公司管理者的同意，因此要约收购一般为敌意收购。但是，由于协议收购是仅发生在收购人与目标公司少数大股东之间的行为，而将大多数中小股东排除在外，这就导致了大多数中小股东在并购中容易处于被动的局面。

在我国证券市场全流通之前，协议收购是主要的收购方式。这是因为：①国有股和法人股的非流通性，使其游离于证券交易市场之外，其股权转让行为和交易价格与流通市场没有直接关系；②由于上市公司的大部分股份都是非流通股，往往只有收购上市公司的非流通股才能达到控股目的，所以并购的焦点就集中在持有这些非流通股份的大股东身上；③由于股权高度集中且较高比例的股份不能流通，协议收购流通股不仅不经济，而且难以达到控股的目的；④协议收购的交易程序和法律规制相对简单，相对于要约收购而言，其手续简便、时间快捷、成本节省，可以用较低的代价迅速取得目标公司的控制权。

协议收购中最重要的一个环节是股权转让价格的确定，定价过高或过低都会影响到协议双方的利益关系。在协议收购方式下，各种非市场化因素，比如行政干预、以净资产为参照的定价、管理层利益等，都成为左右收购的主要力量，并购行为往往要经历漫长谈判，并且需要付出相当大的成本，非市场化的具有“暗箱”操作性质的并购不可能具有高的效率。

而在证券市场全流通以后，尽管要约收购的案例会逐渐增多，但是，由于国有经济在我国经济中占据相当重要的地位，协议收购仍将是收购国有企业时采取的主要交易方式。协议转让主要受《上市公司收购管理办法》和《上市公司流通股协议转让业务办理暂行规则》等的规范。特别是,《上市公司流通股协议转让业务办理暂行规则》在操作层面上对协议转让提供了框架。而且，随着相关法律法规的完善和规范，协议转让的并购效率将明显提高。

（二）协议收购下的讨价还价定价机制

讨价还价定价（Bargaining Offer），又称为协议定价或议价，指的是在并购过程中，并购双方轮流出价，就价格进行协商谈判，寻求双方都能接受的均衡价格的行为。在我国，讨价还价定价在并购实践中占绝大多数，是我国并购定价机制的主要形式。在现实生活中，讨价还价是一种十分常见的经济行为，小到集贸市场上的农产品买卖，大到我国为加入 WTO 与各成员国的谈判。讨价还价的本质是交易双方对利益分配进行的谈判，所以可以将讨价还价的方法引入并购定价中，实际上就是并购双方对各自利益进行谈判的过程。

讨价还价定价机制主要表现出两个特点：第一，由于参与双方有共同的兴趣点和利益点，皆可通过合作获得收益；第二，参与双方的利益是相互冲突的。

根据并购双方掌握信息的情况，讨价还价定价机制可以分为完全信息下的讨价还价和不完全信息下的讨价还价。前者指的是并购双方对于对方的报价底价以及议价能力等信息均了解，并据此作出自己的最优策略；而后者指的是并购双方中至少有一方不了解对方的报价底线或者议价能力，只知道对方对该类信息的分布情况。

讨价还价机制是我国并购实践中应用最为广泛的一种定价机制方法。迄今为止，国内的大部分并购都是采用这种方法确定最终交易价格。因此，对这种定价的机制进行研究具有很强的现实意义。国内也有很多学者对这类问题进行了研究（房宏琳，2002；熊运莲、熊中楷等，2005；郭烯，2003），但是大多集中在完全信息条件下。由于本书将在第六章的第三节深入分析外资并购国有企业并购价格的讨价还价问题，在此就不再对这一定价机制详细阐述了。

三、拍卖定价机制

（一）拍卖的含义

拍卖（Auction）是一种投标机制，它由一组确定谁是赢者及其支付价格的拍卖规则组成。拍卖作为一种商品交易的机制，被广泛地用于许多交易中。最常见的是珠宝、古董、艺术品等有形资产的拍卖。此外，还有诸如石油开采权、土地使用权等无形资产的拍卖，一些金融资产的交易也采用拍卖的形式。拍卖的原意是价格上升，但并非所有的拍卖都采用不断抬高价格的投标方式。

拍卖的基本形式可以分为四种：英国式拍卖（English auction）、荷兰式拍卖（Dutch auction）、第一密封价格拍卖（First price sealed-bid auction）和第二密封价格拍卖（Second price sealed-bid auction）。

前两种形式属于公开拍卖的范畴。其中，英国式拍卖是增价拍卖，即拍卖经纪人"向上"报价。在英式拍卖过程中，拍卖标的物的竞价由低至高、依次递增，每个参与竞争的经纪人必须比上一个报价更高，同时对整个拍卖过程设置终止期限，在达到终止期限时，出价最高者成为最终的赢家，这时标的物由出价最高者所得。拍卖前，卖家可以设定保留价，当最高竞价低于保留价时，卖家有权不出售此拍卖物。当然，卖家也可以不设定保留价，此时，在拍卖期限截止时，最高竞价者成为买受人。也就是说，英式拍卖保留价的设定是十分灵活的，但是在实际情况中，通常都会设定保留价，特别是在国有企业产权交易过程中，由于国有资产数量大，并且国有资产具有公有性质，为了减少国有资产的流失，设置保留价是十分有必要的。荷兰式拍卖是减价拍卖，拍卖人事先设定一个起拍价格（拍卖的最高期望价格），拍卖开始之后，逐渐降低这个价格，直到有人愿意购买物品时中断拍卖。荷兰式拍卖的竞价是一次性竞价，即在拍卖中第一个出价的人成为最后的赢家，但仍是出价最高者获得标的物。荷兰式拍卖也可以设置最低保留价，在国有企业产权交易中采用荷兰式拍卖方式时设置最低保留价也是十分必要的，因为这样能够在一定程度上阻止国有资产的恶性流出。

后两种形式属于密封拍卖。与英式拍卖和荷兰式拍卖方式不同的是，这两种拍卖方式不需要竞标者到固定的拍卖场所进行报价拍卖。它采取的报价方式是，所有的竞标者以书面的形式在截止日期前将自己的报价写下来装入一个信封，密封后交给拍卖人，拍卖人打开信封，出价最高者是赢者，获得拍卖标的物。只不过，第一密封价格拍卖的成交价格是出价最高者本人的报价，即最高报价；第二密封价格拍卖的成交价格是各投标人中的第二高报价。这两种报价方式在一定程度上节省了竞拍者的交易成本，对整个拍卖的效率提高有着重要的作用。但是密封拍卖方式由于具有密封的性质，所以，每个竞标人既不知道参加竞标的总人数，也不知道竞争对手的竞标价格，这在信息公开方面似乎又不如前面两种拍卖方式。

不管采取何种拍卖形式，拍卖解决的核心问题是竞买者估价的不可知性，以及拍卖标的物的价格不确定性。拍卖过程是一个搜寻市场真实价值的过程。它为市场提供了较为准确的资源配置信号，特别是，企业作为一种市场资源，通过拍卖，资源配置效率将不断提高，使产业效率更加合理，从而最大限度地刺激社会经济效益的提高。拍卖还是消除和减少信息不对称的有效办法。竞买者公开、公平的竞争，对标的物的评价和私人真实信息会充分反映出来，从而增加市场信息的供应量，提高市场信息的准确性。

中国证监会、财政部和国家经贸委等部门联合发布的《利用外资改组国有企业暂行规定》中要求："企业改组以转让国有产权或出售资产方式进行的，改组方应当优先采用公开竞价方式确定外国投资者及转让价格。"采用公开竞价方式转让，应当依法履行有关手续，并将拟转让国有产权或拟出售资产的相关情况予以公告，向国内外发布拍卖信息，使相关优势企业了解拍卖企业的情况，有意向者制定标书、参加竞拍。可见，拍卖机制已经得到了我国政府主管部门的认可与鼓励。

（二）拍卖定价机制

拍卖机制具有搜索市场信息的作用，它为市场价格的形成提供了一种途径。拍卖的最大特点是价格由竞争的方式来决定，既不是由卖方说了算，也不是由双方讨价还价来确定。在信息不对称的情况下，通过竞争来决定价格更具优越性。在信息不对称时，卖方不知道潜在买方愿意给出的真实价格，这些信息是买方的私有信息，而买方也不知道其他买方的可能出价，拍卖的过程就是帮助卖方寻找最合适的买方，这不仅可以有效地配置资源，还为卖方带来了很好的收益。因此，拍卖定价机制具有一定的竞价优势，通过拍卖方式确定股权的价格是更趋于市场化的定价方式。

在要约收购和协议收购中，只有一个并购者。如果存在多个并购者，就会出现并购者相互之间的竞争。因此，与要约收购和协议收购相比，国有股权或国有资产拍卖可以给更多的潜在买主提供公平参与竞标的机会。对于被并购方来说，它只要选择出价最高的并购方的报价即可。拍卖是一种将目标企业股权分配给有最高估价的竞买人的一种最有效的资源配置工具。与其他并购定价方式相比，拍卖定价机制的优势主要体现在以下两个方面：

第一，拍卖能使目标企业的资源得到有效配置。目前，总体来看，作为国有企业在被并购的过程中很难使其资源达到最佳配置。一方面，并购往往是在小范围内进行，可能只有一家优势企业参与并购，不能形成竞争；另一方面，由于许多并购信息往往不敢公开披露，知道并购内情者不多，这样，并购过程缺少一种公共监督，并购过程中可能产生种种不规范的行为。而拍卖交易方式能发挥信息揭示功能，通过公开、广泛的信息传播，让众多的企业来参与并购，通过较为激烈的竞争达到并购交易价格的均衡，使拍卖方与竞买人之间达到帕累托效率状态，提高社会总福利水平。而且，通过拍卖方式，让实力强大、管理先进的企业或具有比较优势的国内外企业都有机会参与竞标，体现并购过程的透明性和并购参与者的广泛性，这既能更多地接受公共监督，对竞标企业来说，也可以体现公平，还可以保证目标企业的资源得到有效利用，从而使配置资源和整合资源达到效率最大化，实现并购收益的最大化。

第二，通过企业拍卖机制的合理设计和改善可以减少寻租，减少国有资产的流失。国有企业属于国家所有，但实际上所有者却是缺位的，企业经理、政府主管部门及各级政府的领导都只是国有资产的代理人，因此存在一定程度的委托代理问题。如果缺乏有效的约束机制，在并购的过程中，代理人很有可能损害所有者利益。并购方也可以通过寻租活动获得更多有利于自己的收益。这种寻租活动表现为两种情况：一是使企业的主管部门或企业本身低估目标国有企业的价值，从而获得更多的超额利润；二是寻求政府的干预，不对外公开并购信息，阻止其他企业加入并购竞争，以维护其独家并购的地位等。寻租的后果则是主管部门或企业本身低估目标国有企业的价值，造成国有资产的大量流失。而拍卖机制则要求信息公开，广泛征集竞买人参与竞购，这可以保证并购过程的公开、公正和公平，便于接受外界监督。如果拍卖机制设计合理，还可以减少寻租，使并购方在平等条件下竞争，最终促成目标企业被管理先进、经验丰富、资信较高的优势企业购买。

然而目前，我国采取拍卖方式进行国有企业并购的做法还不常见。这是因为，作为拍卖标的的国有企业，一般都存在着很多问题，其中尤为突出的是严重亏损、巨额债务和冗员问题。这往往造成国有企业的并购交易属于买方市场，如采用拍卖方式，流拍的可能性也很大。在买方市场的情况下，挑剔的并购方对目标企业的估价一般都会尽可能保守，而当所有并购方的保守估价汇聚在一起时，则可能导致目标企业的平均估价较低，从而使得目标企业的底价显得相对偏高。

如果在拍卖的过程中参与者不多，竞买人之间很容易串通。特别是对于国有股权或国有资产的拍卖，还存在着代理方与投标方串谋及投标者之间串谋的现象。当卖主是政府或国有企业时，负责销售的拍卖代理人更缺乏足够的激励去维护委托人的利益。在拍卖中特别容易产生拍卖代理人与竞买人串通来损害卖主利益的行为，可能达不到拍卖的预期效果。

四、定价机制的选择

不同的定价机制将决定最终的并购成交价格，所以选择恰当的并购定价机制是确定合理的并购价格的前提，是并购双方要考虑的一个重要问题。

当只有一个并购方的时候，并购双方可以在要约收购和讨价还价这两种方式之间作出选择；当存在多个并购方的时候，并购双方可以采用讨价还价的方式，也可以选择拍卖的方式。在现实应用中，要约收购定价机制大多是在目标企业管理层拒绝并购方的并购请求的情况下，并购方绕过目标企业管理层直接发动并购行为而采取的方式，即要约收购是并购方在讨价还价无望的前提下迫不得已实施的。所以，要约收购和讨价还价具有不同的适用条件，是不具有可比性的。但是当存在多个并购方时，对并购双方来说，使用讨价还价和拍卖定价机制都是可以接受的。

借助布洛和罗伯茨（Bulow & Roberts，1989）关于“最优拍卖问题本质上等价于标准的三级垄断价格歧视问题”的结论，布洛和克伦佩雷尔（Bulow & Klemperer，1996）推导出，在英式拍卖的前提下，多增加一个竞买者给拍卖方带来的收益将补偿讨价还价过程所减少的收益，或者说，n + 1 个竞买者参加的拍卖将比与 n 个参与方分别讨价还价带给拍卖方更大的收益。

然而，一些学者从实践统计中得出的结论显示，在很多情况下，讨价还价机制优于拍卖机制。如托马斯和威尔逊（Thomas & Wilson，2000）比较了第一密封价格拍卖和多轮的讨价还价过程，他们通过实证研究发现，在大样本空间的时候，两种机制没有显著的区别，但是随着参与人数的减少，讨价还价机制形成的最终价格会略优于第一密封价格拍卖，而当参与人数继续减少到只有 2 个买方参与人的时候，两者的结果又会趋于一致。梅耶（Mayer，1993）也指出，在房地产行业，拍卖不如讨价还价机制效率高，他还提出拍卖会有一个拍卖折价的问题。帕特里克、罗伯特和史蒂文（Patrick，Robert & Steven，2002）对 1995~2000 年加利福尼亚州北部地区的建筑合同进行了实证研究，发现应用拍卖机制具有很多局限性，特别是项目比较复杂而且信息不完全的时候，参与者之间的交流不够完善。

由于理论分析和实证分析得出的结论截然不同，因此，还需要对讨价还价机制与拍卖机制的效率问题进行深入的探讨。本节将主要讨论对讨价还价机制与拍卖机制这两种机制进行选择的影响因素问题。

按照我国学者骆欣庆（2008）的研究，本书将影响并购定价机制选择的主要因素归纳为四个，即并购的复杂程度、并购双方参与人的声誉、被并购方的有关搜寻成本以及目标企业是否涉及商业机密。

首先，从并购过程来看，对拍卖和讨价还价机制的选择依赖于并购的复杂程度。如果并购过程十分复杂，则应该使用讨价还价机制；如果并购比较简单明了，则应该使用拍卖机制。

在拍卖的过程中，目标企业及其出让方从并购方得到的信息可能仅仅是并购方提交的价格，至于其他更详细的信息（如并购方的战略意图等），目标企业及其出让方是无法获知的。而并购方对目标企业的具体情况，一般只能通过各种公开的渠道获得，并购方对受让方出让的真正目的也只能猜测。但是，在讨价还价的过程中，并购双方往往会对目标企业的一些细节进行详细的讨论，这会使得并购方对目标企业有更深入的了解，掌握目标企业更多、更详细的信息。而且，更为重要的一点是，目标企业及其出让方可以经过多轮深入的谈判和讨价还价过程弄清楚并购方的战略意图、关注焦点等情况。例如，被并购方可能会了解到目标企业对并购方的协同效应的情况，而并购方则可以进一步了解目标企业是否符合自己的战略需求等。在比较复杂的并购中，这种并购双方之间的交流显得尤为重要。因此，复杂过程的并购需要并购双方更多的接触，以期在并购合同最终签订之前解决并购中遇到的各类问题，沟通信息。显然，在这种情况下，讨价还价机制更符合双方的要求。而当并购过程涉及的内容相对较少时，由于并购双方需要协商的内容比较少，所以两种机制都可以选择。

其次，从主并购方的属性来看，如果主并购方的声誉很好，具有很强的实力，讨价还价机制就是一个好的选择；如果各个主并购方的声誉和实力都很一般，拍卖方式会是一个较好的选择，即拍卖与讨价还价机制的选择与参与并购的主并购方有关。

如果主并购方具有很好的声誉，就意味着其违约的可能性很小。双方签订并购协议后，执行条约往往需要一定的时间，特别是并购的款项支付等。此时对于被并购方来说，由于目标企业的有关权利已经移交，一旦主并购方违约，对被并购方是十分不利的。所以，被并购方就会更倾向于选择声誉较好的并购方。如果这时选择拍卖定价机制，由于拍卖是严格按照最高出价者中标的，没有考虑未来的履约风险，所以拍卖方式无法将并购方的声誉因素充分考虑进来，存在一定的局限性。而如果选择讨价还价机制，被并购方则可以从各个并购方中选择一个声誉较好、实力较高的并购方，与之签订详细的并购协议。尽管此时可能出现该并购方的出价不是最高的情形，但由于该并购方具有较好的声誉，将大大降低被并购方的风险。

再次，从目标企业的出让方的属性来看，拍卖与讨价还价机制的选择还与出让方选择潜在并购方过程中的搜寻成本有关。

这里的搜寻成本主要是指并购出让方将有关目标企业的信息传达给各个潜在的并购方，并从中选择合适的有实力的并购方所付出的代价或成本。当潜在的并购方较多时，出让方可以很容易地让所有的潜在并购方都了解到目标企业的信息（如目标企业为上市公司时，各种重大信息都已经公开披露），为了出让方的搜寻成本，这时就应该采用拍卖的方式。原因在于，在这种情况下，如果出让方单独与每个并购方谈判，可能会耗费大量的精力和时间。反之，如果出让方将目标企业信息传递出去非常困难（如目标企业为非上市公司时，不需要公开披露各种信息），而且，搜寻一个潜在的并购方要花费大量精力和成本，就不如将这部分成本花费在已知的并购方身上，通过反复的讨价还价来取得一个合适的并购价格了。

最后，拍卖与讨价还价机制的选择还与目标企业的属性有关，即并购的目标企业是否涉及商业机密。出于保守目标企业的商业和技术秘密的考虑，需要让尽可能少的参与者参与并购。因为通过并购过程，各个潜在的并购方都可以了解和认识到目标企业的某些商业机密和关键技术，那些未能并购成功的潜在并购方可能会在日后泄露这些商业机密，最终损害到并购成交的双方。所以，此时最好使用讨价还价的定价机制，以将信息限制在最小范围内。由于采取拍卖方式需要将目标公司的信息公布于众，所以不适合涉及商业机密的目标企业并购时采用。如果目标企业不涉及商业机密，同等条件下拍卖机制会是一个不错的选择。

在具体选择机制的过程中，以上四个因素是相互影响、共同发挥作用的（见图 3-1），因此，需要权衡四个因素的影响程度，对不同的因素赋予不同的权重，最终选择一种合适的并购定价机制。

第二节　外资并购国有股权定价机制的现状及存在问题

并购定价机制作为并购交易制度的核心，其合理有效与否直接关系到并购交易的公平和效率，影响着并购过程中各利益相关者的切身利益。

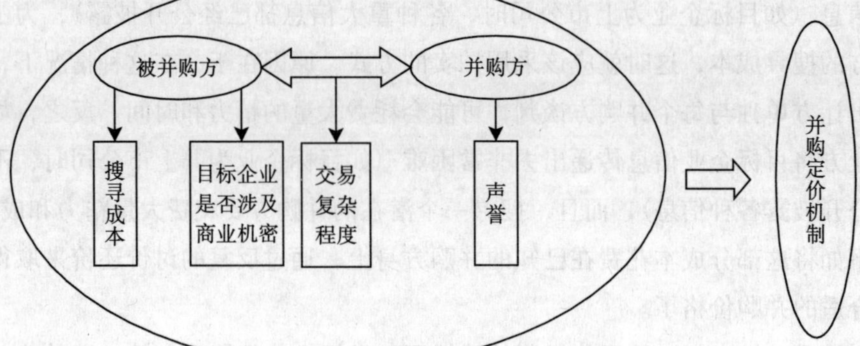

图 3–1　并购定价机制及其影响因素

一、外资并购我国国有企业采取的各种交易方式及其评价

关于外资并购国有企业的交易制度，我国于 2003 年 1 月 1 日起施行的《利用外资改组国有企业暂行规定》第 3 条规定，利用外资改组国有企业总体上包括四种情形：股权转让、债券转让、资产出售、增资扩股。但事实上，外资并购的交易方式远不止这些。按照 2006 年 9 月 1 日起施行的《上市公司收购管理办法》的规定，收购人可以依据收购股份的多少而采取多种方式收购上市公司，比如通过证券交易所交易（二级市场举牌收购）、要约收购、协议收购、定向发行、间接收购、行政划转等，这比以前主要依靠协议收购丰富了许多。近年来，随着我国政策法规方面的逐步规范和完善，特别是加入 WTO 后，我国对外资开放的领域逐步扩大，发生在我国的外资并购案例越来越多，外资并购的方式也在不断创新。另外，《上市公司收购管理办法》中对并购支付手段的制度创新，使换股并购、定向增发等成为并购支付手段，也促进了并购重组的进一步活跃。

（一）协议收购

协议收购可以分为狭义的协议收购和广义的协议收购。狭义的协议收购是指收购人与特定股东签订协议，从其手中取得目标公司股份。广义的协议收购除了包括协议转让以外，还包括无偿划转、通过司法拍卖取得等方式。简单地说，广义的协议收购是指并购方与被并购方通过谈判，达成协议进行收购的方式。

在我国，这种方式的外资并购开始于1995年的“北旅事件”。其后，2002年10月，格林柯尔通过协议受让科龙电器原第一大股东科龙（容声）集团所持有的20.6%的股权，顺利入主科龙电器；2003年2月华润轻纺受让中国华润持有的华润锦华51%的股份；花旗收购浦发银行原股东的部分股权，成为其第四大股东等。这些案例均是外资通过协议收购上市公司股权，实现参股、控股上市公司的目的。

协议收购向来是我国国有企业并购最简单有效的方式之一，这种方式适用面宽，几乎可以涵盖所有的大中型国有企业。特别是允许外资购买上市公司国家股法人股的有关政策出台后，国有股、法人股向外资转让的大门豁然打开，通过此种方式收购国有企业成为外资并购的主要方式之一。

由于协议收购是在证券交易所之外转让股权，隐蔽性好，手续简单，成本低；而且，在整个协议过程中，股市相对平稳，不会造成股价的大幅度波动，不会对股票二级市场造成直接的冲击。协议收购非流通的国家股或法人股的优势还表现在：由于非流通股的价格远低于流通股，相对于二级市场收购，协议收购的成本要低得多。另外，协议收购一般都是善意收购，有利于双方的合作和并购后的整合。

协议收购的缺陷主要表现在：第一，收购对价支付给了目标企业的受让方，无法留在目标公司内，收购方还需另外注入资源实现自己的重组计划；第二，由于我国国有企业股权结构中的国有股和法人股所占比例过大，这种收购方式很容易触发要约收购；第三，收购审批严格，虽然《关于向外商转让上市公司国有股和法人股有关问题的通知》原则上明确了允许外资直接收购上市公司国有股和法人股，但还需要经过国家主管部门的严格批复，目的是防止国有资产流失；第四，协议收购往往都是私下进行的，有关信息一般不公开或公开不充分，加之国有股股东实际上的“虚位”，在并购中极易导致内幕交易和非法交易，造成国有资产流失。虽然主管部门一再重申向外资转让上市公司股权的定价方式原则上采用“公开竞价方式”，但在实际中能否真正做到公开、公平、公正，以及公开竞价如何操作都是急需解决的问题。

（二）二级市场收购

这种方式是指外资直接在股票二级市场上出价收购国有企业的股权。由于我国国有上市公司的流通股包括 A 股、B 股、H 股、N 股等多种形式，这为外资并购提供了多种选择。二级市场收购的典型案例当属 1999 年皮尔金顿收购耀华玻璃。作为耀华玻璃的外资发起人之一，皮尔金顿在公司上市时即持股 8.35%，为并列第二大股东，另有其他 3 家中方发起人各持股 16.7%，为上市公司并列第一大股东。1999 年，皮尔金顿从另一外资发起人联合发展手中收购 8.35%的股权，也成为并列第一大股东，但看好中国玻璃业发展的皮尔金顿并未就此住手，在 2000~2001 年一年多的时间里，两次通过股票二级市场买入耀华玻璃，最终持股 18.98%，成为第一大股东。2002 年，中国证监会、中国人民银行发布了《合格境外机构投资者境内证券投资管理暂行办法》，该办法实施之后，外资通过 QFII 直接收购流通 A 股有了法律保障。同时，外资也可以通过直接收购上市公司发行的 B 股或 H 股等来实现并购上市公司的目的。

在实践中，通过收购流通股来实现企业收购有一定的局限性：长期以来，由于 A 股市场泡沫严重，如果外资在国内二级市场收购流通 A 股，会使收购成本过高。而国内发行 B 股、H 股的公司数量少，发行股数有限，且大部分公司 B 股、H 股所占的股份比例都无法对控股地位造成威胁。这些问题都限制了这一交易方式在实践中的使用。

（三）定向增发 B 股、H 股

所谓定向增发，是指国有上市公司通过向收购方定向增发新股，以获得收购方的优质资产，而外资收购方在向上市公司注入优质资产的同时，通过获得国有上市公司新发行的股票而获得控制权的收购方式。

定向增发是一种面向少数特定投资人发行证券的方式。对于国有上市公司而言，真正地做大做强可能需要引入国际化的战略投资者，它们可以和上市公司一起实现资源共享。外资股东购买企业的增发股份后，不仅可以为企业提供资金，还可以提供管理经验、技术、品牌以及产品的海外市场。而对于外资股东而言，通过这条通道可以迅速打入中国市场，占有中国的市场份额。

1995 年 8 月，福特汽车以 4000 万美元认购江铃汽车发行的 1.39 亿股 B 股，拥有其 20%的股权；1999 年 3 月，华新水泥向全球最大水泥制造商 Holderbank Financiere Glaris Ltd. 的全资子公司 Holcim B. V. 定向增发了 7700 万股 B 股，使后者成为华新水泥的第二大股东；茉织华（600555）的第二大股东日本松冈株式会社也正是先通过其全资子公司 TERUCOMCO 取得增发法人股，继而与后者合并，从而实现控股茉织华的。

通过定向增发 B 股、H 股和可转换债券等方式实现并购具有以下优点：第一，与股权协议转让相比，定向增发方式没有太多的法律障碍，易于实施，也易于监管；第二，对于外资而言，可以解决外资股东的股权流通问题，定价更加市场化，易于为外资接受；第三，对于我国国有上市公司而言，既有可观的资金注入公司，也改善了公司的资产质量和财务结构；第四，更重要的是，通过这种方式引入了有实力的国际战略投资者。以青岛啤酒定向增发可转换债券为例，增发可转换债券避免了青岛啤酒因一次性增资额太大导致业绩摊薄，可转债的低利率大大降低了公司的融资成本，大大提升了青岛啤酒的财务状况，也为青岛啤酒引入了美国 AB 集团这样有实力的战略合作伙伴。

这种方式的主要缺点在于：由于发行 B 股、H 股的公司只占国有上市公司总数的很小一部分，对于外资并购方来说，以定向增发方式实现并购，在并购对象的选择上受到了一定的数量限制。

（四）收购资产

利用协议方式或通过企业产权市场来收购国有企业的部分或整体资产，使目标国有企业变成中外合资或外商独资企业。外资可收购的资产除有形资产，即不动产、机械设备、原材料、生产成品等外，也包括卖方的一些具体的租赁权，如土地、建筑、机械设备的租赁，还包括无形资产，如商誉、专利许可、商标、技术等。资产收购的典型案例是香港中策收购杭州、泉州、大连等上百家国有企业。目前我国有产权交易市场近 200 家，它们将成为外资并购我国国有企业的重要媒介。以上海为例，至 2001 年底，通过产权交易市场成功的外资并购案 227 宗，累计交易金额达 50.63 亿元人民币。

与股权收购相比，资产收购的一个显著特点在于收购方不负担国有企业的债务。这样，对于国有企业而言，希望通过外资并购缓解企业债务压力、解决企业巨额债务负担的目标也就无法实现。特别是，外资收购的对象往往是有很大发展潜力和增值空间的资产，收购实现后，经过一定的运作，外资方就可以获得不菲的收益。

（五）间接收购

外资虽不是国有上市公司的股东，但可以通过投资于国有上市公司的母公司或与国有上市公司合资成立新公司来间接控股国有上市公司，即间接收购。间接收购又分为购买型的间接收购和新建型的间接收购。

购买型的间接收购指外资整体或部分买断上市公司的母公司或控股企业，再将该控股企业改组成外商独资企业或外商投资企业，从而最终间接控股上市公司。这种方式是指通过收购上市公司母公司的方式，间接持有上市公司的股权，成为上市公司的实际控制人。1996 年 1 月，世界玻璃行业最大的企业——法国圣戈班集团通过受让股权的形式控制了福建耀华玻璃工业集团下属最大的子公司万达工业公司的 51%的股权；3 月，圣戈班又在香港收购了福耀两家外资法人公司（香港鸿侨海外发展公司和三益发展公司），从而间接持有耀华玻璃 42%的股权，成为耀华玻璃的第一大股东。实践中，间接收购更多的是通过参与上市公司母公司的改制进行的。例如，拉法基收购四川双马，就是通过对双马母公司改制完成的，是典型的“通过投资关系”的间接收购。

新建型的间接收购，是指外资与上市公司组建一个由外方控股的合资公司，然后由合资公司反向收购上市公司的核心业务，从而间接控制上市公司，因此，又称为反向收购。中外强势企业间的合资或合作可以看做是并购的前奏，有合资或合作关系作为基础，中外双方可以相互了解和增加对彼此的信任，更有利于外方在适当的时候收购合资企业里中方的股份，从而顺利达到控股的目的。例如，2001 年 3 月，中国轮胎生产的龙头企业——轮胎橡胶与世界上最大的轮胎生产企业米其林组建合资公司，且由米其林控股，然后，合资公司斥资 3.2 亿美元收购轮胎橡胶的核心业务和资产。由此，米其林公司通过合资企业实质性的控股轮胎橡胶，间接进入我国证券市场。

这种方式的优势体现在：第一，不造成对国有上市公司股权的收购，避免了由并购带来的各种审批程序；第二，可以避免上市公司管理层的抵制和要约收购等法规的限制；第三，外资在获得优质资产的同时，不用直接面对国有上市公司的经营问题，不需要背包袱；第四，上市公司的母公司往往承载较多的历史问题，质量一般要低于上市公司，因此，其收购的现金成本不会太高。另外，通过收购母公司，不必像直接收购上市公司股权那样做过多的交易信息披露。

鉴于国有上市公司母公司的历史问题和资产质量，收购方需要非常熟悉具有中国特色的“间接收购”，对上市公司母公司的债务、人员等问题的处置要符合中国市场特色的安排。这种方式要求上市公司的大股东相对简单，特别是当原股东也是外资方时，这种并购方式最为有效。

（六）拍卖

外资还可以通过拍卖方式竞买国有企业的股权或资产实现并购。2003 年 7 月 13 日，新加坡佳通轮胎在 ST 桦林的第三次拍卖会上，以 0.648 元的最低价获得 ST 桦林的股权，成为我国证券市场上第一家通过司法拍卖方式获得上市公司国有股股权的外资企业。

在国际市场上，通过拍卖方式完成企业并购是一种十分常见的方式。采用竞标的方式，所有企业都有机会参与相对公平的竞争，通过市场定价机制，容易形成市场均衡价格，达到资源配置的帕累托效率。

但问题是，目前，我国国有企业的并购大多是通过政府的直接操作来完成，并购的交易价格在多数情况下通过“政府行为”来确定。政府的直接介入一方面可能加大寻租行为，导致国有资产的流失；另一方面，政府出于各种考虑，往往在并购前就秘密圈定了少数几个并购方，实力强大且管理先进的企业不一定有机会参与并购。

而且，国有企业的并购交易属于买方市场，如采用拍卖方式，流拍的可能性也很大。其原因在于，在买方市场的情况下，挑剔的并购方对目标企业的估价一般都会尽可能保守，而当所有并购方的保守估价汇聚在一起时，则可能导

表 3-1　各种外资并购方式的比较

外资并购方式	实现控股比例	法律法规限制	审批手续
协议收购	高	多	复杂
二级市场收购	低	少	简单
定向增发	较高	较少	较简单
收购资产	较高	较少	较简单
间接收购	较低	较多	复杂
拍卖	较高	较多	复杂

致标的的平均估价较低，从而使得目标企业的底价相对偏高。

二、我国外资并购定价机制存在的问题

虽然外资在并购我国国有企业时采取了多种并购形式，但是由于外资参与国有企业并购的行为具有一定的敏感性（如可能危及国家经济安全），作为目标企业的国有企业具有一定的特殊性，以及作为出让方的政府部门的独特身份，并购方式将在很长一段时间内以协议收购为主，讨价还价定价机制仍然是外资并购我国国有企业时的主要机制。然而，在目前条件下，讨价还价定价机制还存在着一定的问题和局限。

首先，科学合理的转让价格应该是在充分竞争的市场条件下形成的交易价格。我国国有企业并购交易定价中存在的一个主要问题就在于：市场机制、法律制度、商业规则方面的不完善造成技术操作方面的缺陷，并购交易不能按市场规律定价进行，特别是由于国有股权掌握在政府手中，国有企业转让时受到各种行政因素的干预，定价的主观色彩和行政色彩十分浓厚。

其次，协议收购和讨价还价为寻租提供了制度空间和实现途径。目前，外资并购国有企业过程中，只是由股权出让方和股权受让方通过一对一谈判的方式确定股权协议转让价格，使国有股权不能以其真实的价值出售，这为寻租留下了活动空间。作为国有企业代表的公司经理和政府官员可以充分利用这种寻租机会来弥补自己因并购而失去的控制权收益。为了寻求更多的租金，他们以尽可能低的价格转让国有股权，以实现租金收益。而收购方往往需要贿赂国有企业的代表才能获取交易资格。收购方之所以愿意支付租金，其目的在于，通过并购可以获取超过已付租金水平的更大的利益回报。这种回报往往通过五种“变本加厉”的途径得以实现：①操纵目标公司股票二级市场价格，通过内幕交易获取利益；②运用上市公司再融资所募集的资金收购收购方的自有资产，再通过高估资产价值的方式将资产高价卖给上市公司，从中谋利；③通过与上市公司进行资产置换的方式，收购方将自身资产价值高估、将上市公司资产价值低估后进行资产置换，从中谋利；④通过与上市公司进行关联交易的方式，把产品和劳务高价卖给上市公司；⑤非法占用上市公司的现金和其他资产，把

上市公司变成自己的谋利工具。其结果有两种：一是国有企业被低价出售，造成无法挽回的损失；二是收购方的购买成本增加（主要是租金成本增加），但却可以通过各种办法弥补自己的损失。

最后，在国有股权协议转让中，由于国有企业存在冗长的代理链和严重的委托代理问题，各级代理人缺乏真正代表国有企业利益与外资讨价还价的动力。由于国有企业很难找到真正的产权主体，作为国有企业出售方的权利代表，只要按不低于每股净资产值的价格出售股权就足以符合规定，以较高价格出售国有股权对权利代表并没有额外的好处，所以没有按超过净资产值的更高价格出售国有股权的激励，当然也没有在制定国有股权的出售价格时考虑公司盈利能力的激励。因而，国有企业的协议转让中，通常的定价原则是：对业绩较差甚至亏损的公司，按每股净资产值作为转让价格；对业绩较好的公司按每股净资产值上浮 10%~30%的溢价幅度作为转让价格。而在政府，特别是地方政府参与并制定的交易价格中往往体现着政府的意志，如国有资产的退出、地方经济结构的调整、地方性的就业与社会稳定等，这些政府目标的实现都有可能以降低价格为代价。所以协议收购的价格并没有反映国有股权的真实价值，往往定价偏低，国有企业的真实价值难以得到体现。

第三节　全流通后外资并购国有股权的定价机制选择

一、股票市场全流通对外资并购的影响

在我国股票市场成立之初，鉴于当时特殊的制度背景，将上市公司的股份按照所有者的身份分为国有股、法人股及个人股，而且限制国有股和法人股的流通，规定国有股和法人股不得上市流通，只能进行有限制的场外市场转让。这造成了我国股票市场长期的股权分置状况。为了消除非流通股和流通股的流

通制度差异，完善证券市场基本制度，实现上市公司与投资者的双赢，我国于2005年正式启动股权分置制度改革，即股票市场全流通的改革。

（一）全流通后股票市场出现的新变化

2005年4月29日，经国务院批准，中国证监会发布了《关于上市公司股权分置改革试点有关问题的通知》，启动了中国上市公司股权分置改革试点工作。在试点公司改革的基础上，2005年8月23日，中国证监会、国务院国有资产监督管理委员会、财政部和中国人民银行正式联合发布了《关于上市公司股权分置改革的指导意见》。2005年9月4日，中国证监会根据《指导意见》制定并颁布了《上市公司股权分置改革管理办法》，成为中国上市公司股权分置改革的法律依据。

与股权分置的资本市场相比，全流通市场具有以下变化：

1. 市场有效性大大提高，有利于发挥资源优化配置的功能

在股权分置市场中，资本市场的资产价值变动与实体经济变动基本上不存在正相关性，在相当长时期里，甚至呈现出某种负相关的关系：一方面是国民经济的快速成长，另一方面则是资本市场资产价值的不断缩水。而在全流通背景下，证券市场与实体经济的关联度会得到改善。市场对实体经济反映的敏感度会有所提高，“政策市”的烙印会随着市场功能的完善而慢慢淡去。

2. 全流通市场的资产定价与估值功能将日趋完善

资产定价和估值是资本市场最重要的功能之一。它是资本市场推动资源配置的基础，也是IPO、重组、并购活动有效进行的前提。在股权分置的市场上，由于流通的股份和不流通的股份在估值及定价方面存在扭曲，市场的定价功能难以实现，监管机构因此也不得不在定价方面采取一些行政化手段，例如规定市盈率和市净率要求等。在全流通背景下，资本市场的价格发现功能将得到真正体现，资产估值的核心理念将从“账面”转向“市场”。

3. 公司治理结构将得到进一步完善，追求市值最大化是全体股东的共同目标

在股权分置市场中，非流通股东与流通股东的利益博弈屡见不鲜，主要表现形式为大股东占用上市公司资金、过度再融资、关联交易等。而全流通市场形成了股东之间共同的利益机制和平台，股东利益趋向一致，上市公司信息披

露的透明度也将大大提高。因而，在全流通市场上，上市公司股东之间将实现从内部博弈到市场博弈的转变。此外，由于大股东的目标函数与公司的目标函数趋于一致，市值的最大化成为全体股东的共同目标，也成为考核经营管理层的核心目标，在此基础上实施的激励将从短期效应转向长期发展。

4. 兼并收购将更加活跃

在股权分置的市场上，由于行政干预、手段匮乏、流通渠道不畅以及工具不足等原因，压抑了市场上的并购和重组活动，协议转让是并购的主要方式，市场通过兼并收购进行资源配置的功能大打折扣。因此，在股权分置时代，相当多的并购重组伴随着疯狂的投机和寻租。由于全流通市场形成了市场化的资产估值标准，并购重组成本将完全市场化，程序也日渐透明，这更加有利于上市公司的资源整合和市场效率的提高。可以预见，在全流通市场上，并购将大量出现，更加畅通的渠道和市场化将成为全流通时代并购的基本特征。此外，外资并购上市公司将呈现出更加独特的亮点，外资可能将扮演产业整合、战略投资者等多种角色。

5. 全流通市场的各种制度将发生根本性的变化

中国证券市场的规则体系包括发行制度、交易制度、信息披露、购并规则以及退市机制等都将进行根本性调整，管理层必须制定与全流通相适应的证券市场规则体系，其基本方向是从中国特色走向国际惯例，从封闭走向开放。自2005 年 10 月以来，《证券法》、《公司法》、《上市公司证券发行管理办法》、《首次公开发行股票并上市管理办法》、《上市公司收购管理办法》、《关于外国投资者并购境内企业的规定》、《沪深证券交易所交易规则》等一系列重大政策法规颁布和实施，成为中国证券市场相关法律法规颁布和实施的最密集期。

（二）全流通推动我国外资并购的发展

在成熟的资本市场中，并购活动是频繁发生的。究其原因，完善的市场机制能够保证并购交易的有效进行。市场化是包括外资并购在内的所有并购活动顺利展开的前提。我国的股权分置改革正好解决了股权分置这一制度性的约束，它让我国的资本市场走向了市场化的道路，同时也促进了外资并购的发展。

而政策方面的解禁也成为外资战略并购的第二大推动力。2006 年 2 月，商务部、证监会等五部委联合发布了《外国投资者对上市公司战略投资管理办法》，明确规定，外资可对已经完成股改的上市公司和股改后新上市公司的A股进行一定规模的中长期战略性并购。这意味着外资通过投资A股实施并购的政策条件已经具备，外资投资国内上市公司有了顺畅的进入和退出机制。

1. 全流通后分散化的股权结构降低了外资方的并购成本

当前绝大多数上市公司都已通过支付对价完成了股权分置改革，大量的股票从大股东手中转移到原先的流通股股东手中，大股东对上市公司的控制能力由强变弱。以往整个市场的流通股本约占总股本的33%，如果按照每家公司平均10送3的对价水平来计算，原来的流通股东的持股比例已上升到43%左右。考虑到非流通股东也会有一定减持，因而将会有一批上市公司的大股东丧失绝对控股地位，上市公司股权结构出现分散化的趋势。公司并购作为一种特定的产权交易，其本质是对公司控股权的争夺。分散化的股权结构使得并购方付出少量资产就可以达到掌握被并购方控制权的目的。在上市公司的价格水平有一定吸引力时，并购成本与以往相对集中的股权结构相比要小许多。

2. 全流通增加了外资方的并购收益

价值发现是资本市场的核心功能。价格能够指引资源配置的流向，真实的价格能反映公司和市场的真实信息，从而达到发现资产公司价值的目的。在股权分置情况下，我国股市同股不同价、同股不同权，加上证券的垄断性发行，市场调节功能缺乏，股票的市场价格长期运行在其实际价值之上，交易价格与公司的治理、经营业绩和内在价值存在较大程度的背离。随着股权分置问题的解决，市场的定价将逐步基于一个全部可流通的平台，股票的市场价格也将逐步回落，以股票二级市场价格为基准的并购价格将给并购方带来更多收益。

上市公司管理水平可以影响公司对社会资本的吸纳能力，影响投资者对公司看好的程度和社会资本在公司内部的积聚程度，从而体现在公司的股价和市值上。公司的管理能力提高，会引起公司股价的上升和市值的增大。在股权分置条件下，非流通股股东和管理层想方设法利用其手中的控制权来为自己谋求利益。股权分置的问题解决后，非流通股与流通股股东之间的利益冲突减弱，全流通带来的外部的并购压力成为上市公司改进公司治理的推动力量。在全流通后，同一价值标准使非流通股股东有可能形成良好的自我约束，关注上市公司利润的提高、财务指标的改善，从而促使股票价格上涨，获取更大的利益。这也就为外资并购后协同效应的发挥创造了条件，提高了并购方的并购收益。

3. 全流通提高了外资并购的效率

在股权分置条件下，非流通股股东与流通股股东的利益存在本质差异。股权分置的情况下，由于国有股不流通，国有股股东往往不关心股价在二级市场的变动，而只关心净资产的增加。股权分置改革之后，非流通股的价值已不只是账面价值，而是市场价值，公司股价将成为公司股东统一的价值评判标准，上市公司流通股股东与非流通股股东的价值取向将趋于一致，全体股东的长远利益均取决于公司市场价值即股价的最大化，公司全体股东的财富都具备了统一、客观和动态的衡量标准。这会促使公司决策主体作出有利于公司发展的经营和投资决策，在并购问题上作出理性判断，并迅速采取行动，提高并购效率。

在股权分置时代，中国资本市场是一个投机的市场，其重要原因是这个市场由于股权分置的存在而缺乏科学的估值标准。因此，人们重视运用净资产这样的财务指标来评判资产价值的高低。股权分置改革完成后，净资产指标将不再成为企业价值判断的主要指标，持续成长能力、核心竞争力和未来现金流等将成为资产估值的核心变量。在全流通状态下，市场价格作为并购双方谈判的基准价格，有利于中外双方迅速、有效地统一议价。

我国的股权分置改革是对资本市场进行的市场化改革，它逐步恢复了市场定价与价值发现的功能。在此基础上，并购交易价格将会以二级市场的价格代替净资产作为依据进行衡量，大大提高了并购效率和预期收益，而且改革后企业分散化的股权结构也为外资控股国内企业提供便利。

二、全流通后外资并购定价机制的新变化

随着股权分置改革的完成，上市公司“同股不同权，同股不同价”的不合理现象得到改变，并购定价有了稳定统一的基础，并购双方对交易的价值判断

更趋合理。按照从2006年9月1日起施行的《上市公司收购管理办法》的规定，收购人可以依收购股份多少的不同而采取多种方式收购上市公司，比如通过证券交易所交易（二级市场收购）、要约收购、协议收购、定向发行、间接收购、行政划转等，这比以前主要靠协议收购丰富了许多。全流通背景下，外资通过二级市场收购和定向增发并购国有企业将会表现出一些新的特征，但协议收购仍将是主流的方式。

(一) 协议收购的新特点

股权分置条件下，协议收购国有上市公司的非流通股是外资并购国有企业的主要模式。在全流通背景下，协议收购既是对二级市场收购和定向增发的补充，又是传统转让方式的继承。与二级市场收购和定向增发相比，协议收购具有操作性强、交易价格较低等特点。

在全流通背景下，协议收购的流程模式可能将有一些改变，即股权过户由场外市场转到场内市场，大宗交易可能将成为其基本模式。大宗交易的突出特点是买卖双方可以场外协商、场内成交，是连接场外交易和场内交易的桥梁，它既满足了股份转让便捷性的要求，也满足了协议转让方式场外先期达成协议的需求，交易价格又更加市场化，从而实现了协议收购与大宗交易制度对接。

此外，流通股协议转让收购还将明显提高并购效率。协议转让主要受《上市公司收购管理办法》和《上市公司流通股协议转让业务办理暂行规则》规范，特别是《上市公司流通股协议转让业务办理暂行规则》在操作层面上对协议转让提供了框架。一方面，该规则未对转让价格和转让比例作出明确规定，给市场留下了想象空间；另一方面，流通股协议转让避免了在二级市场上慢慢吃进想要收购公司的股票，时间和资金花费都存在很大的弊端，提高了转让效率。

(二) 二级市场收购的新特点

在股权分置条件下，国内上市公司非流通股比例平均在60%，占绝大部分的控股权未流通，难以通过二级市场的要约收购方式实现控股。这是因为，我国上市公司要约收购临界线的水平界定为30%，对于外资而言，如果仅收购总股本的30%，是难以取得上市公司实际控制权的。

股权分置改革正在给上市公司的股权结构带来明显变化。由于绝大多数股改方案是送股或变相送股，非流通股股份稀释，公司股权分散化，一些公司的大股东面临控制权旁落的压力。这给外资通过二级市场收购上市公司股权提供了便利，使要约收购在全流通后更具可操作性。由于股权分置改革后上市公司股权较分散且全部都是流通股，收购比例甚至远低于30%就可以实现控股权的转移，因此，30%的要约收购临界线将有利于外资并购。

当然，目前外资在二级市场上直接收购还要受到各种法律法规和QFII额度的限制，大规模发生的概率还是很小。例如，2006年9月实施的《合格境外机构投资者境内证券投资管理办法》明确规定，单个境外投资者通过合格投资者持有一家上市公司股票的，持股比例不得超过该公司股份总数的10%；所有境外投资者对单个上市公司A股的持股比例总和，不超过该上市公司股份总数的20%。因此，外资二级市场收购还将结合协议收购来运用。但是即便如此，随着全流通的深入和QFII门槛的逐步降低，外资在二级市场直接收购的案例将越来越多。

（三）定向增发的新特点

通过定向增发方式进行并购是一种低成本的并购方式。外资通过定向增发可以在短时间内以较低的成本获得较多的上市公司股权；通过定向增发并购不涉及股权转让，不必经过漫长的审核时间；同时，定向增发还是一个很好的回避要约收购的手段。按规定，由定向增发导致的触发要约收购行为可得到豁免，操作上要简便得多。《上市公司收购管理办法》第62条规定："经上市公司股东大会非关联股东批准，收购人取得上市公司向其发行的新股，导致其在该公司拥有权益的股份超过该公司已发行股份的30%，收购人承诺3年内不转让其拥有权益的股份，且公司股东大会同意收购人免于发出要约，收购人可以向中国证监会提出免于以要约方式增持股份的申请。"

另外，股权分置条件下，外资能参与的定向增发仅限于B股与H股，无论是福特—江铃增发案、Holcim B.V—华新增发案，还是AB—青啤收购案，都为市场所熟知。因此，向外资定向增发可以看做是B股或H股上市公司的专利。全流通背景下，外资能参与到上市公司的全面的定向增发中来，包括A股、B股和H股，定价也越来越市场化。相比于B股市场，A股市场存在更高的流动性，相比H股市场，定向增发A股更加直接，因此，参与上市公司定向增发将成为外资的首选。

在其他各种外资并购方式中，通过收购目标公司的母公司进而间接收购目标公司的模式，过去在国内上市公司收购中曾一度被推崇，其主要目的是为了规避上市公司收购中诸如国有股权转让、要约收购等的审批。2008 年《上市公司收购管理办法》修改后，大股东豁免要约收购的申请由事前调整到了事后，上市公司控股股东的增持行为将更具有灵活性，这种间接收购模式已经失去往日的功能，预计今后将不会成为主要手段。

本章小结

企业并购中的定价机制主要分为三种类型，即要约收购定价机制、讨价还价定价机制和拍卖定价机制。要约收购是一种由并购方单方报价的定价机制，目标公司股东只需选择接受或者不接受并购方的报价即可，因此，要约收购下形成的并购价格并不是并购双方博弈产生均衡交易价格。讨价还价定价指的是在并购过程中，并购双方轮流出价，就价格进行协商谈判，寻求双方都能接受的均衡价格的行为。在我国，讨价还价定价在并购实践中占绝大多数，是我国并购定价机制的主要形式。但是，在协议收购方式下，各种非市场化因素，比如行政干预、以净资产为参照的定价、管理层利益等，都成为左右收购价格的主要力量。拍卖的最大特点是价格由竞争的方式来决定，既不是由卖方说了算，也不是由双方讨价还价来确定。拍卖机制具有搜索市场信息的作用，拍卖的过程就是帮助卖方寻找最合适的买方的过程，具有一定的竞价优势。然而，目前在我国，作为拍卖标的的国有企业，一般都存在着很多问题，如严重亏损、巨额债务和冗员问题等。这往往造成国有企业的并购交易属于买方市场，如果采用拍卖方式，流拍的可能性也很大。而且，国有股权的拍卖还容易出现代理方与投标方串谋及投标者之间串谋的现象。

随着我国股权分置改革的完成，并购定价有了稳定统一的基础，并购双方对交易的价值判断更趋合理。因此，全流通背景下，企业并购定价机制将更趋于市场化。但是，对于外资并购国有企业而言，由于人们对外资并购方参与国有企业并购的动机和行为具有一定的敏感性，作为出让方的政府部门存在身份的独特性，作为目标企业的国有企业具有一定的特殊性，导致讨价还价机制仍将是一种主要的定价机制。

第四章　外资并购国有企业股权定价方法的比较与评价

在外资并购国有企业的活动中，目标国有股权的评估价值是否公正是交易各方关注的焦点，直接涉及转让方和受让方的利益分配是否公平、合理。定价方法是定价的工具和手段，科学确定股权价格的前提是选择和使用恰当的股权定价方法。本章将对目前国际上常用的几种定价方法进行比较分析，揭示我国国有股权转让中定价方法方面存在的问题，进而对我国外资并购中的国有股权定价方法选择提出一些观点。

第一节　目标企业股权定价方法及其比较

在并购中，并购双方通过某种方法评估目标企业的总体价值，并以此作为并购交易的价格基础，其合理与否直接关系着并购活动的成败。由于目标企业的股权是市场经济中的一种特殊商品，其价值是由多种因素决定的，确定目标企业的价值是一个十分复杂的问题。因此，采取恰当的股权定价方法就显得十分必要。目前国际上主要有三大类方法，即资产价值法、市场比较法和收益贴现法。

一、资产价值法

资产价值法是通过对目标企业的资产进行评估，先求出目标企业的总资产或投资资本价值，再求得企业的净资产价值，进而确定企业的并购价值。这可以根据公司提供的资产负债表进行估算。这种方法的关键是选择恰当的资产价值标准，主要有以下几种：

（一）账面价值法

账面价值法是指按会计核算中账面记载的价值来衡量企业价值的方法。企业股票的账面价值也称账面净资产，它等于资产负债表所揭示的企业某时点所拥有的资产总额减去负债总额。

账面价值是以会计核算为基础的，其大小要受到会计政策和会计核算方法的影响。例如，企业选择不同的折旧方法或存货计价方法，企业的账面价值就会有所不同。而且，账面价值是历史成本，反映的是公司过去的投资和盈余状况，而公司的真实价值却体现在未来的盈余能力上。一般来说，无论出于何种目的购买目标企业，都是因为对目标企业有良好的未来预期，都是在买企业的“未来”，特别是未来潜在的市场价值。以会计核算为基础的账面价值不能充分反映企业未来的获利能力。另外，企业的一些无形资产（如品牌、技术、人力资源等）无法在资产负债表上表现出来。通常，这些无形资产对企业价值的影响要比有形资产重要得多。可见，资产账面价值很难反映出企业资产的真实价格。一般认为，用账面价值法评估出的价值只能作为企业并购的底价参考。

（二）重置价值法

重置价值法基于这样一种假设：企业是一系列资产的结合体，企业的价值是各单项资产的价值之和，即“1 + 1 = 2”。这种方法从企业重建的思路来考虑价值，即在评估时点重新建造一个与被评估企业相同或具有同样生产能力及获利能力的企业所需的投资额，作为判断整体资产价值的依据。

这种方法着眼于对实物资产（如土地、建筑物、机器设备等）的成本进行评估，适用于以获得资产为动机的并购估价。但它难以反映资产的收益特征，忽略了企业无形资产的价值（如顾客、公司声誉、品牌知名度等），也忽略了各单项资产整合所产生的系统性价值（1 + 1 > 2）。美国的价值评估理论专家布瑞德福特（Bradford，C.）认为，企业的价值不仅反映在资产的重置价值上，而且必须包括十分重要的“组织资本”，如经理和员工之间长期的融洽关系。[①]

① 布瑞德福特. 企业价值评估：有效评估与决策的工具 [M]. 张志强，王春香译. 北京：华夏出版社，2001

（三）清算价值法

清算价值法是在企业出现财务危机而导致破产或停业清算时，把企业中实物资产逐个分离并单独出售的价值。企业的清算价值是指企业不动产（包括厂房、机器设备、各种自然资源或储备等）的评估价值，扣除清算费用、税金、偿还负债和优先股的支出后剩余的部分。它衡量的是公司在偿还了所有负债、优先股及其他清算费用以后的价值。

在企业正常经营的情况下，清算价值法对企业没有多大的现实意义。在企业作为一个整体已丧失持续经营及获利能力的情况下，清算价值法通过估算目标企业的净清算收入来确定并购价格，它能够反映公司处于清算状态时市场对其剩余资产的估价。不过，清算价值有可能低估公司的实际价值，因为它是在假设公司进行清算的前提下，以“跳楼价”对公司的各项资产进行估价的。另外，清算价值也不能够很好地反映公司资产的盈利能力。不同的公司使用相同的资产会有不同的盈利能力，因此，如果公司能够有效地利用各项资产，那么公司的实际价值很可能高于清算价值。

二、市场比较法

市场比较法，又称相对价值法，其理论基础就是市场替代原则，即投资者对相同用途的替代企业应该支付相同的价格，所以，类似的企业应该具有类似的价格。这类方法是从市场角度出发，充分考虑市场因素，把目标企业放在市场竞争的环境中进行比较。在市场上找出一个或几个与被评估企业相似的参照企业，或找出市场上相似的并购交易，据此就可以分析计算出目标股权的价值。其基本公式是：

$$\frac{\text{目标公司并购价格}\ (V_1)}{\text{目标公司财务指标}\ (X_1)} = \frac{\text{可比公司并购价格}\ (V_0)}{\text{可比公司财务指标}\ (X_1)} \tag{4.1}$$

之所以可以通过参照企业的定价来评估目标企业的股权价值，其理论基础在于：其一，在竞争性的市场上，如果两个资产是等值的，它们的市场价格应倾向于一致。否则就会产生套利，套利的结果会导致等值资产价格一致，这就是所谓的一价定律。其二，证券的市场价格能够反映公司的基本价值。

法玛（Fama，E. F.）指出，证券市场的首要功能便是配置资本性证券的所有权。理想化的市场是其价格提供准确的资源配置信号，即在证券价格任何时刻均能“充分反映”所有可用信息这一假设基础上，公司做出生产投资决策，投资者选择代表公司所有权的证券。价格充分反映可用信息的市场称为“有效市场”。

市场比较法具体包括参考企业比较法和可比交易分析法这两种方法。

（一）参考企业比较法

参考企业比较法认为，处于同一行业的某些公司应该拥有共同或类似的财务特征。所以，可以用某些上市公司的财务数据来推断行业内其他公司的价值。该方法以交易活跃的同类可比公司的股价与财务数据为依据，计算出一些主要的财务比率，然后用这些比率来推断非上市公司和交易不活跃公司的价值，这种方法又被称为比率定价法。通常采用的财务比率有市盈率、市净率和股价销售收入比等。

（二）可比交易分析法

可比交易分析法是从类似的并购事件中获取有用的财务数据来推算目标企业股权价值的一种方法。与参考企业比较法不同，它不对预期市场价值进行分析，而是找出与目标企业经营业绩相似的一组企业最近并购的实际交易价格，据此计算出收购价格乘数，并结合目标企业的实际对其进行适当调整，以此来推算目标公司的价值。可以采用的收购价格乘数有：实际交易价格/被并购企业的净利润、实际交易价格/被并购企业的账面价值等。

市场比较法的关键是选择恰当的可比公司（或可比交易）以及恰当的财务指标。在选择可比企业时，需要依据两个基本的标准选择：一是行业标准，即处于同一个行业的企业存在某种可比性；二是财务标准，即相同盈利能力的企业具有相似的财务结构。通常，选择的财务指标应与公司的价值密切相关，如盈利、现金流、账面价值、销售收入等。交易的可比性是指可比公司的交易活动是近期在公开市场上已经发生的，而且它们在行业、规模、风险等方面与待评估的目标公司具有类似的特点。

三、收益贴现法

收益贴现法是通过计算未来预期的收益并折算成现值来评估目标企业价值的方法。收益贴现法的理论基础是现值原理，即任何资产的价值等于其预期未来全部经济收益流的现值之和，其中的折现率反映了投资该项资产的风险回报率。它既反映了企业整体的未来盈利能力，也反映了企业的投资风险。其基本公式是：

$$V = \sum_{t=1}^{n} \frac{E_t}{(1+i)^t} \tag{4.2}$$

公式（4.2）中，V 为目标企业现值，i 为贴现率，E_t 为第 t 年的预期收益，n 为预测期。

从收益法的定义中可以看到，运用该方法需要明确三个重要的问题：第一，企业收益的界定；第二，对企业收益进行合理预测；第三，选择合适的折现率。收益贴现法一般使用资本成本作为贴现率，贴现对象主要有现金股利、会计收益和现金流量。

（一）现金股利贴现法

相对于资本利得而言，股利收入是确定已实现的，而企业留存收益用于再投资所产生的资本利得是不确定的，“一鸟在手胜于双鸟在林”，厌恶风险的投资者自然偏好较高的现金股利政策。这种观点被形象地称为“在手之鸟”(Bird in Hand）理论。根据“在手之鸟”论，当公司提高其股利支付水平时，证券投资风险水平降低，意味着公司权益资本成本降低，从而导致企业价值增大。反之，当公司削减或停发股利时，会增加投资者风险，要求增加必要报酬率以补偿额外风险，企业价值降低。因此，股利政策与企业价值是相关的，且股利支付水平与股价呈正相关。

建立在股利相关论基础上的企业价值评估模型——现金股利贴现模型，又被称为“威廉斯”模型。该模型认为，股票的内在价值等于股票持有者在公司经营期内预期获得的现金股息收入按一定的贴现率计算的现值。并购的目的是购买目标企业未来的收益，因而目标企业的价值应由其未来能提供的现金股利决定。预期现金股利要根据企业以前年度的会计信息结合其外部环境和经营状况等因素进行估算。现金股利贴现模型的基本形式为：

$$V = \sum_{t=1}^{n} \frac{D_t}{(1+i)^t} \tag{4.3}$$

公式（4.3）中，V 为目标企业的价值，i 为贴现率，D_t 为第 t 期的预期现金股利，n 为预测期。

（二）会计收益贴现法

会计收益贴现法是把并购目标企业未来的预期收益以设定的贴现率折现，以评估企业价值的方法。与现金股利或现金流量贴现法不同，它的贴现对象是会计收益，而不是现金股利或现金流量。由于会计信息容易获取，当无法获取目标企业的现金流量数据时，便可采用这种方法。其基本公式是：

$$V = \sum_{t=1}^{n} \frac{RE_t}{(1+i)^t} \tag{4.4}$$

公式（4.4）中，V 为目标企业现值，i 为贴现率，RE_t 为第 t 年的预期会计收益，n 为预测期。

尽管会计收益存在被人为操纵的嫌疑，但研究者们的大量研究证实，账面收益能够在长期内体现公司的真实状况，从而能够作为估价的依据。例如，菲利浦等人（Philip Brown & Ray Ball）研究了收益变化对于股价的影响，发现会计方法可以改变账面收益，但它们并没有实际的经济意义。卡普兰和罗尔（Kaplan R. S. & Roll R.）通过实证研究发现，市场一旦察觉会计方法的改变对公司并无实质影响，进而不能对股价产生正面的影响，那么它将会有效地处理这些信息。

（三）现金流量折现法

企业的收益可以用会计利润和现金流量来表示，理论上二者的最终价值应该是一致的。但是，由于会计核算和会计处理上的特点，短期内二者可能不一致。根据康奈尔（Cornell）的研究，当现金流量与利润不一致时，企业价值与现金流量更一致。此外，由于现金流量是企业实际收支的差额，不容易被修改，而会计信息容易被管理者更改，人们更多地采用现金流量折现的方法估算企业的价值，这就是折现现金流量模型。

现金流量折现法是在资本预算的基础上，将企业的未来预期现金流量按照一定的资本成本率折算为并购交易时点的现值，以评估企业的价值。其基本公式是：

$$V=\sum_{t=1}^{n}\frac{CF_t}{(1+i)^t} \tag{4.5}$$

公式（4.5）中，V 为目标企业现值，i 为贴现率，CF_t 为第 t 年的预期现金流量，n 为预测期。

由于现金流量这一指标不像利润指标那样受到会计政策、会计估计、会计准则以及非常事项等因素的影响，不太容易被操纵，它通常能够客观地体现企业的内在价值。在目前“现金是上帝”的趋势下，采用这种方法的可信赖程度比较能够让人信服和满意。因此，财务理论以及经验研究都支持公司的价值取决于期望的未来现金流量这一观点。

从理论上说，收益贴现法是相对科学的方法。它符合价值理论，可以反映企业的未来盈利能力，反映企业的投资风险，此外还可以克服市场价格易于被高估或低估的缺陷。收益贴现法在理论上具有优越性，但在实际操作中存在三个棘手的技术难题：一是要对企业的收益做出合理预测；二是对企业未来的风险做出合理判断，以选择恰当的折现率；三是判断企业是否具有持续盈利能力，并合理预测收益期限。

四、不同定价方法的比较分析

在并购活动中，目标企业的评估值是并购价格的基础。如果低估目标企业的价值，可能损害目标企业股东的利益；而目标企业价值高估，又可能导致并购失败。要实现合理定价，就必须采用恰当的定价方法。各种方法所依赖的条件不同，使用时所体现出的效率也不同。下面将对各种方法进行比较和评价。

（一）资产价值法

1. 对资产价值法的总体评价

从本质上说，资产价值法是对企业股权价值的静态评估。其中，账面价值以历史成本为依据，反映的是公司的静态价值；重置价值是通过计算资产折旧和损耗之后的现行市场价值得到；清算价值是以公司解散为前提计算得到的资产价值。资产价值法简便易行，资料比较客观、可靠，较少受人为因素的干扰，而且估价结果可以具体到各资产及负债的明细项目上，有依据可以参考。

公司权益的账面价值通常与其市场价值不一致，究其原因，主要有三个：第一，通货膨胀使得一项资产的当前价值与账面资产价值有差异；第二，技术进步使得某些资产在寿命终结之前就过时贬值；第三，由于有效的组合，多种资产组合的价值会超过相应各单项资产价值之和。重置成本法仅可以克服账面价值法的前两个缺陷，对于多种资产经过组合所产生的价值则仍然没有考虑，如经理与职员之间长期的融洽关系、公司在客户和供应商中的声誉等。①

资产价值法着眼于企业的历史和现状，没有考虑企业未来的收益能力，也没有考虑企业所在行业的现状、企业的竞争地位和企业的组织资本等因素。特别是，在企业资产整体获利能力较高的情况下，这种方法得出的评估结果往往缺乏说服力。其缺陷主要表现为两方面：一是只注重对单项资产的价值评估，忽视了企业资产整合后的价值；二是对企业价值概念的理解上存在偏差，企业的价值不仅包括有形资产的价值，还应包括无法在资产负债表上体现的无形资产的价值，采用这种方法时表外的隐性资产将被忽略。

2. 资产价值法的适用条件

资产价值法是从构成企业整体的各单项资产重建的角度来揭示企业股权的价值。该方法应用的前提条件是：①企业各资产的整体性较差，企业整体获利能力较低，企业收益水平不高或难以预测；②企业各投入要素的成本能够加以确认和计量。因此，这种方法适用于资产的整体性能及各资产之间关联程度较差的企业，或是以获取目标企业某项资产为目的的并购。特别是当并购目标为亏损企业时，这种方法具有一定的可操作性。西方国家极少采用这种方法，但在我国资本市场上，并购定价时一般比较注重对资产价值的评估。

（二）市场比较法

1. 对市场比较法的总体评价

市场比较法提供了市场、行业以及行业内单个公司对公司价值评估的全面

① 康奈尔（Cornell）和夏皮罗（Shapiro）将这种能够产生附加价值的“原材料”称为组织资本。

信息。它克服了资产价值法只注重对单项资产进行评估的缺点，也克服了收益贴现法对未来收益和贴现率等参数的过分依赖，它不需要做复杂的预测和计算，而且具有简单、易懂、方便的优势，更易得到股东的支持。

可比公司法需要参考与目标企业具有相似特点的上市公司的市场价值，而可比交易法则以类似的并购交易中收购方支付的平均溢价水平为参照。但是每个企业都有不同的特性，除了所处行业、规模大小等因素各不相同外，影响企业盈利能力的无形因素更加复杂，因此，很难找到理想的参照企业。由于不同并购事件发生的经济环境不同，也难以找到相似的并购交易。另外，运用可比公司法时，要以一个成熟有效的股票市场为前提，否则评估结果容易受市场波动的影响。与其他方法相比，市场比较法极容易受到会计准则和市场因素的影响，比较容易高估或低估资产。

2. 市场比较法的适用条件

市场比较法建立在发达的证券市场和企业间相互可比的基础上，假设证券市场为强式或半强式有效市场，当前价格已充分反映所有公开信息，不存在高估或低估。该方法较多地依赖于各种乘数的应用，这些乘数必须反映企业价值与收益的相关关系，如市盈率反映了上市公司市场价值与其净利润之间的关系。市场比较法的适用条件是：①存在一个充分发达、交易活跃、较完善的资本市场，市场可以对企业正确定价；②同行业的其他上市公司可以作为被评估企业的参照对象。只要市场上存在类似上市公司或类似交易，该类公司的市场表现比较稳定，并且各种会计数据的可信度及可比性都较强，则可以运用市场比较法。但如果证券市场股价波动过大，企业价值与收益的相关关系不十分稳定，此方法就不适用了。

由于我国证券市场还不够成熟，这种方法易受市场波动的影响。而且，我国的会计信息披露很不规范，在实际中也难以找到合适的参照企业，采用这种方法评估的结果可能与企业的真实价值存在较大的偏差。特别是，我国资本市场存在着市场分割，上市公司股票区分为 A 股、B 股、H 股等，同股不同价，这也严重影响到市场比较法的应用基础。

（三）收益贴现法

1. 对收益贴现法的总体评价

收益贴现法具有充分的理论基础，被认为是最科学、最成熟的企业定价方法。它从企业整体获利能力出发，通过贴现企业的未来收益来确定企业价值。企业的收益可以用利润或现金流量来表示，理论上二者的最终价值应该是一致的。但是由于会计处理上的特点，短期内二者可能不一致。根据康奈尔（2001）的研究，当现金流量与利润不一致时，企业价值与现金流量更一致，而与利润变化关联性不大。特别是，由于现金流量反映了企业资产经营过程中不断追加投资和回收投资的动态过程，涵盖了经营活动、投资活动、筹资活动三个方面的现金流，现金流量贴现法在理论上是一种最成熟的技术评估方法。

这种方法的困难在于如何合理估计未来收益和贴现率。收益贴现法高度依赖于折现率的选择，折现率微小的差异都可能导致完全不同的结果。折现率的选择一般可以采取加权资本成本、资产收益率和未来利息预期等为基数，根据产业、企业财务结构、并购目的等进行适当调整。

另外，要准确预测将来的收益情况相当困难。未来收益预测的准确性在很大程度上受到决策者的主观判断影响，并且其预测的准确性随着预测区间的增长而不可避免地逐渐下降。收益贴现法还在一定程度上忽视了对目标企业的战略价值。Kulatilaka & Marcus（1992）的研究表明，对企业价值的认识应该提到战略的高度，收益贴现法有时不能对战略收购、R&D 等一些投资给予合理的解释。[①] 麻省理工学院的迈尔斯（Myers，1990）教授也指出，兼并有时会带来一些捉摸不定的战略优势和成长机会，收益贴现法在处理这种具有许多类似期权性质的并购案时，具有十分明显的不足。[②] 在当代企业越来越注重未来发展战略的背景下，这成为收益贴现法难以回避的缺点。

2. 收益贴现法的适用条件

采用收益贴现法的前提条件是：①企业具有持续获利能力，并且企业预期

---

① Kulatilaka，N. & Marcus，A.J. Project valuation under uncertainty：when does DCF fail [J]. *Journal of Applied Corporate Finance*，1992，5（3）：92–100

② Myers，S.C. Abandonment value and project life [J]. *Advances in Futures and Options Research*，1990（4）：1–21

收益能够可靠预测；②与企业预期收益有关的协同价值能够估测，并可以量化。

该方法比较适用于已进入稳定发展期、具有持续的、较高盈利水平的目标企业。这类企业通常具有较长的历史，有大量的历史数据可供参考。由于我国经济尚处于体制转轨和产业结构的调整阶段，经济发展的速度极不稳定，企业的发展变化速度很快，经营变数太大，“一年盈、二年平、三年亏”的现象在上市公司中普遍存在，很难准确地估计企业未来的收益水平及其增长率，企业的现金流入与流出都难以准确估计，折现率数据的获取难度也比较大。另外，我国证券市场是一个新兴市场，发展尚不规范，信息披露也不完善，所以，我国企业很少采用这种方法。

各种并购估价方法及其特点的比较见表 4-1。

表 4-1　常用并购估价方法及其特点

定价方法		基本内容	主要特点
资产价值法	账面价值法	通过对资产负债表各项目的账面价值做必要的调整来计算企业股权的价值	简单易行，但忽略了企业的无形资产价值、系统价值和并购溢价
	重置价值法	从企业重建的思路来考虑，以在评估时点重新建造一个与被评估企业相同的企业所需的投资额作为确定企业股权价值的依据	简单易行，但忽略了企业的并购溢价
	清算价值法	将企业的实物资产逐一分离、单个出售，以清算价格为依据评估企业的股权价值	没有考虑企业的系统性价值和无形资产的价值，也忽视了企业的并购溢价
市场比较法	参考企业比较法	以交易活跃的同类可比公司股价和财务数据为依据，计算出一些主要的财务比率，然后用这些比率来推断非上市公司和交易不活跃公司的股权价值	要求有比较发达的证券市场，得出的结果受市场的影响较大，容易忽略特定的并购溢价
	可比交易分析法	从类似的并购事件中获取有用的财务数据来推算目标公司的股权价值	要求有比较发达的证券市场，得出的结果受市场的影响较大，容易忽略特定的并购溢价
收益贴现法	现金股利贴现法	对企业预期的现金股利按照一定的贴现率进行贴现得到企业的股权价值	折现率和未来股利难以确定，忽视了并购溢价
	会计收益贴现法	把目标企业的预期收益以设定的贴现率进行贴现得到企业的股权价值	折现率和未来收益难以确定，忽视了并购溢价
	现金流量贴现法	在资本预算的基础上，将企业未来的现金流量按照一定的资本成本率贴现，折算为并购交易时点的现值以评估企业的股权价值	折现率和未来现金流量难以确定，忽视了并购溢价

第二节　我国外资并购国有股权定价方法的现状分析

一、我国外资并购国有股权定价方法的实践发展

在国有股权转让和外资并购的活动中，国有股权的转让价格始终是一个高度敏感的问题，也是交易各方关注的焦点。它不仅是国有企业成功转让的前提和基础，而且直接涉及国有资产是保值增值还是流失、转让方和受让方之间的利益是否公平合理、资本市场股价是否稳定等一系列问题。

由于我国放开外资并购国有企业的时间不长，加之经济转轨时期社会经济环境变化较快，我国有关外资并购国有企业定价问题的法律法规显得相对滞后，没有专门出台针对国有企业 A 股定价的指导性文件，相关规定只能散见于有关上市公司或国有企业的部分规定或通知中，表现出非系统性和渐进性。

涉及外资并购国有企业的相关规定如下：

（1）1995 年，国务院办公厅颁布《关于暂停将上市公司国家股和法人股转让给外商请示的通知》。

（2）1997 年，原国资局和国家体改委联合发布《股份有限公司国有股股东行使股权行为规范意见》。

（3）1999 年，原国家经贸委颁布《外商收购国有企业的暂行规定》。

（4）2000 年，原对外经济贸易合作部和国家工商行政管理局联合发布了《关于外商投资企业境内投资的暂行规定》。

（5）2001 年，原对外经济贸易合作部和证监会联合发布《关于上市公司涉及外商投资有关问题的若干意见》。

（6）2001 年，中国证监会颁布《关于上市公司重大购买、出售、置换资产若干问题的通知》。

（7）2001 年，国务院公布《减持国有股补充社会保障资金暂行办法》。

（8）2002年，国务院颁布《指导外商投资方向规定》及《外商投资产业指导目录》。

（9）2002年，中国证监会颁布《上市公司股东持股变动信息披露管理办法》。

（10）2002年，中国证监会颁布《上市公司收购管理办法》。

（11）2002年，中国证监会、财政部和原国家经贸委联合发布《关于向外商转让上市公司国有股和法人股有关问题的通知》。

（12）2002年，原国家经贸委、财政部、工商总局和国家外汇管理局联合发布《利用外资改组国有企业暂行规定》。

（13）2003年，对外贸易经济合作部、国家税务总局、国家工商行政管理总局、国家外汇管理总局联合发布《外国投资者并购境内企业的暂行规定》。

（14）2003年，商务部发布《关于外商投资举办投资性公司的规定》。

（15）2005年，国资委、财政部、发改委等5部委联合下发《关于做好企业国有产权转让监督检查工作的通知》。

（16）2005年，国务院办公厅转发《国资委关于进一步规范国有企业改制工作实施意见的通知》。

（17）2006年，国资委、财政部联合发布《关于企业国有产权转让有关事项的通知》。

（18）2006年，商务部、国资委、证监会、外管局等6部委联合发布《关于外国投资者并购境内企业的规定》。

（19）2007年，中国证监会发布《上市公司非公开发行股票实施细则》。

（20）2007年，国资委、证监会联合发布《国有股东转让所持上市公司股份管理暂行办法》。

根据这些规定，在外资并购的实践中，国有企业的并购定价曾先后采取过两种方法。

（一）资产价值法——以净资产值为底线

自1997年以来，我国国有股权的转让价格基本上以每股净资产值为基础确定。将每股净资产值作为国有股权转让价格的规定，来自于国有企业转让的有关法律规定。1997年7月，原国家国资局和国家体改委联合发布了《股份有限公司国有股股东行使股权行为规范意见》，规定“转让的价格必须依据公司的每股净资产、净资产收益率、实际投资价值（投资回报率）、近期市场价格以及合理的市盈率等因素来确定，但不得低于每股净资产”。2003 年 12 月，国务院办公厅转发国资委《关于规范国有企业改制工作的意见》，再次强调，“上市公司国有股权转让价格不低于每股净资产”。由于这条政策红线的存在，国有股转让时不得不按照这个最低标准进行，每股净资产值成为国有企业转让不可逾越的“底线”。

国有资产管理部门之所以选择净资产账面价值作为国有股权转让的政策“底线”，主要是考虑到净资产账面价值具有以下优点：第一，净资产账面价值是遵循会计制度和会计准则进行会计核算的产物，具有严格的程序和法定约束力；第二，会计信息以可靠性为基本质量特征，会计确认和计量更强调客观性和可验证性；第三，会计数字经过审计鉴证，在一定程度上增加了可信度，经由独立中介机构鉴证的数字也容易为并购各方所接受。

以每股净资产为基础的股权转让定价模式虽然具有一定的优点，但也存在诸多弊端，使交易价格难以做到科学和合理。这些缺陷可以概括为三个方面：

1. 以历史成本为计价基础无法反映资产的性质

首先，账面价值反映公司的历史成本，而公司的真实价值却体现在未来盈利能力上。国有股权的价值在理论上应等于企业未来的盈利能力。净资产可以反映历史和现状，却不能反映未来。股权价值与净资产值既不相等，也不存在一个固定的比例关系。而且，账面价值通常不包括公司拥有的品牌、技术、竞争能力等无形资产，对于一个现代公司而言，这些无形资产所体现出来的核心能力，通常比有形资产更为重要。简单地以净资产值作为交易基准，实际上兼有行政定价和垄断定价的双重色彩，可能违背市场规律。市场成交价是转让方与受让方讨价还价的结果。净资产值虽然是转让定价所要考虑的基本因素，但并不是唯一的因素。确定转让价格时应该综合考虑资产的优劣、公司当前的经营状况及未来增长能力、市场因素等方面。

其次，国有企业未来的盈利能力由其未来的经营状况决定，是一个动态的概念。企业未来的经营状况不同，股权价值也应有所不同。而净资产是一个以历史成本为主要计量基础的静态概念，不考虑未来变化。这样，以净资产为定价基础将带来两方面的问题：一是当国有公司面临经营困境，经营业绩不佳、经营前景不乐观、行业竞争激烈时，过分强调转让价格不能低于净资产值，可能使购买者望而却步；二是当国有企业经营状况良好，行业地位突出、竞争优势明显、经营前景持续看好时，只要求转让价格不低于净资产值，则可能导致国有股权价值被低估，造成国有资产流失。①

2. 以单项资产为计价基础无法反映企业整体和控制权价值

以净资产为定价基础的另外一个缺陷是混淆了资产和产权的概念。股权转让交易的对象是企业的产权，购买者所购买的是企业的控制权，而不是企业所拥有的资产。两者的差别在于，是把企业当作不同生产要素的简单堆积，还是当作一个有机的整体或运转着的组织。显然，应当把企业当成一个有机的整体。除了那些可以体现在会计报表上的“显性”资产，企业内部还存在资源与资源、人与人、人与资源之间的整合关系和能力等“隐性”资产，而这些“隐性”资产并未体现在会计报表中。这种“隐性”资产是一个企业区别于另一个企业的重要标志，也使企业的价值大大高于各种“显性”资产价值的总和。由此可见，企业价值不是单项资产的简单相加，而是各项资产的整合。如果整合成功，将产生 1 + 1 > 2 的效果，即企业价值可能大于单项资产的组合。可见，对会计报表各项资产、负债简单计算得出的净资产值，无法反映企业的整体价值。

另外，通过购买国有股权，购买方获取了国有企业的部分所有权，可以通过股东大会和董事会的决策程序来行使权利，进而影响企业决策，这也意味着购买方对企业资产有着部分支配权或控制权。McConnell 和 Servaes（1990）认为，公司股权价值与控制权有必然的联系。他们以 1976 年的 1173 家公司和 1986 年的 1093 家公司为样本，通过托宾 Q 值与股权结构关系的实证检验，得出在一定条件下两者显著相关的结论，即托宾 Q 值与公司内部股东所拥有的股权之间具有曲线关系，当内部股东所拥有的股权从 0 开始增加时，曲线向上倾斜，当这一比例达到 40%~50%时，曲线开始向下倾斜。② 孙永祥和黄祖辉（1999）对我国上市公司的情况进行了检验，研究结果表明，随着公司第

---

① 李元友. 外资并购国有企业中的定价问题［J］. 管理现代化，2004（2）：20–23

② McConnell，J. & Servaes. Additional evidence on equty ownership and corporate value［J］. Journal of Financial Economics，1990（27）：595–612

一大股东占有公司股权比例的增加，托宾Q值先是上升，直至该比例达到50%左右，开始下降。[①] 以净资产为定价基础未考虑股权结构与公司价值之间的关系，对不同比例股权定价一视同仁，缺乏科学性。

3. 以权责发生制为确认基础的会计制度为操纵会计政策和规避会计利润提供了空间

净资产值是一个会计概念，除了存在会计规则本身的问题，更为严重的是，它还为会计政策的操纵和规避提供了空间，容易导致会计账面价值脱离其真实价值。一旦某项政策与会计数字挂钩，有关利益集团为达到符合或规避有关政策规定的目的，就有动机利用会计政策的改变来操纵会计数字。在我国证券市场中，企业为满足首次公开发行上市、发行新股以及特别处理、退市等政策规定的盈利条件，利用会计政策和会计估计进行盈余管理甚至直接造假的现象十分普遍。以净资产账面价值这个会计数字作为国有股定价基础，很可能为有关利益方所利用，诱使其操纵会计程序，人为调减净资产的账面价值，从国有资产流失中谋取个人利益。在这种情况下，虽然国有股转让价格在“底线”之上，但实际上低于其真实价值，从而为国有股权低价转让披上了合法的外衣。

为了防止国有资产流失，在协议转让过程中，国有企业的评估值和转让价格基本上都是以净资产值作为定价的依据。但每股净资产值并不能反映非流通股的真实价值，业绩优良的上市公司或者有持续融资能力的上市公司的非流通股的实际价值会高于每股净资产值；而对于公司治理能力较差、连年亏损的上市公司，其非流通股的实际价值则要低于每股净资产值。这种制度安排不论公司质地如何，一律要求转让价格不得低于每股净资产值，这等于迫使收购方以高于非流通股权价值的价格购买股份，再诱导收购方采取其他手段挽回自己的损失。

由于存在上述缺陷，以净资产为基础的国有股权定价模式面临挑战，交易过程中容易出现寻租、腐败和不公正。在证券市场上，买方通过权钱交易等不法手段，轻而易举地低价获取国有上市公司的控制权，然后制造各种“题材”、“概念”，炒作股票，再将控制权转让，不把改善企业的经营管理作为重点，这

① 孙永祥，黄祖辉. 上市公司的股权结构与价值［J］. 经济研究，1999（12）：23-30

种“资本运营”模式风行一时。买方的这种短期投机行为不仅给国有资产保值增值造成了威胁，还损害了中小投资者的利益，更不利于国有企业的改革。

（二）市场定价法

随着资产价值法存在的诸多弊端逐渐暴露出来，市场定价法开始引起相关部门的重视。2001 年 6 月公布的《减持国有股补充社会保障资金暂行办法》规定，国有股的定价应以市场方式为主。但是该规定缺乏可操作的实施细则或标准化、量化的匡算模式，因而不具可操作性。

2007 年 9 月，中国证监会在《上市公司非公开发行股票实施细则》中规范了非公开发行的定价机制，规定以重大资产重组、引进长期战略投资为目的的发行和以筹集资金为目的的发行应采取不同的定价机制。2007 年，国资委和证监会联合颁布了《国有股东转让所持上市公司股份暂行管理办法》（简称“19 号令”），规定以上市公司股票在特定时段的平均交易价格为基础来确定价格。[①] “19 号令”规定，对外国投资者通过受让国有股东股权实现并购的，应以上市公司股票在特定时段的平均交易价格为基础来确定价格。该办法还规定，上市公司国有控股股东拟采取协议转让方式转让股份并失去控股权的，应当聘请在境内注册的专业机构担任财务顾问，协助进行分析论证和尽职调查工作。

作为市场化并购定价的合理补充，我国相关法律法规还要求外国投资者以股权并购境内公司的，境内公司或其股东应当聘请在中国注册登记的中介机构担任顾问，即引入财务顾问。《关于外国投资者并购境内企业暂行规定》、《上市公司收购管理办法》、《国有股东转让所持上市公司股份管理办法》、《上市公司重大资产重组管理办法（征求意见稿）》等均将财务顾问的尽职调查工作设置为市场化并购定价的前置程序。要求并购顾问就并购申请文件的真实性、境外公司的财务状况以及并购是否符合规定和要求做尽职调查，并出具并购顾问报告，发表明确的专业意见。

财务顾问的尽职调查工作与市场化定价机制，在一定程度上增强了交易的

① 具体为：①国有股东通过证券交易系统采取大宗交易方式转让上市公司股份的，转让价格不得低于该上市公司股票当天交易的加权平均价格；② 国有股东协议转让上市公司股份，应通过证券交易所公开股份转让信息，广泛征集受让方。国有股东协议转让上市公司股份的价格应当以上市公司股份转让信息公告日前 30 个交易日的每日加权平均价格的算术平均值为基础确定，而且不得低于该平均值的 90%。

公平性和透明性，但也存在一些问题。

1. 这种定价模式对外国投资者如何把握市场时机提出了更高的要求

在股票市场处于上升周期、公司股票价格上涨的情况下，市场化并购定价原则会极大地提升外资并购的成本，可能阻滞外资并购的步伐。这在“凯雷入股海化集团”事件中可见一斑。凯雷与山东海化集团迟迟未能达成协议，关键在于股权的价格问题。凯雷与海化集团最初接触是在 2006 年，当时山东海化（000822）的股价维持在 4~5 元的范围。至 2007 年中期，山东海化的股价已上升到 15~16 元，远高于当初的股价。国资部门不敢轻易放行凯雷入股一事，而凯雷亦难以接受超出自己预想的入股价格，由此并购形成胶着僵持的局面。

2. 过长的审批周期影响了市场化定价机制的效果

在“高盛入股美的电器”事件中，美的电器引资高盛集团全资子公司（GCPAH）的方案在 2006 年 11 月 21 日签署。按照“外资入股境内上市公司的股价不得低于收购协议签署前 30 天平均股价的 90%”这一规定，美的电器拟以 9.48 元/股的价格向 GCPAH 定向增发 7560 万股，使其成为美的电器的第二大股东。协议达成后，GCPAH 开始了从国家外管局到商务部，再到证监会的审批过程。这期间由于美的电器以资本公积金转增股本，美的电器向 GCPAH 的定向增发方案也相应地调整为每股 4.74 元，定向增发 1.51 亿股。然而，直至 2008 年 6 月，此项协议才得到商务部的批复同意，此时美的电器的二级市场股价已达到 32~35 元（转增股本后），是双方当初约定价格的 6~7 倍。因定向增发价格与市价差距过大，美的电器的定向增发方案被证监会发审委否决。①

3. 缺乏对财务顾问的明确准入标准和监管影响着对价的公平性和透明性

虽然我国的相关法律法规要求，在转让控制权过程中要引入专业的财务顾问，以协助进行分析论证和尽职调查工作。但关于专业财务顾问的准入标准、是否能够履行论证和尽职调查职责的监管等，都缺乏切实可行的具体规定，这直接影响着财务顾问制度在促进价格公平性和透明性方面的效果。例如，在“凯雷并购徐工”事件中，徐工科技聘请了“北京鑫兰图投资顾问公司”作为徐工科技改制谈判的财务顾问，经查明该顾问公司是一个没有资信、使用

① 资料来源：中国外资网 http：//www.chinafiw.com

假注册地址的皮包公司，所涉及自然人不具备充当财务和法律顾问的资质，所以提供的财务报告不具备任何合法性，这就不能不使人对“徐工”的并购估价产生质疑。①

4. 我国资本市场的不完全影响了市场定价方法的有效性

市场法的应用是建立在有效市场理论基础上的，实现“有效市场”的一个必要条件是信息完全下的充分竞争，在竞争均衡的基础上才能实现市场的效率。资本市场的完全性主要体现为信息的完全性和竞争的完全性。但对我国资本市场而言，信息和竞争并不是完全的，这主要是由于我国向股份制过渡的过程中产生了许多历史遗留问题，这些“不确定性”构成资本市场的一种特殊的外生不确定性。具体而言，我国的资本市场至少存在如下不完全性：一是股权分割，上市公司存在着流通股和非流通股的划分，导致同股不同权，这是上市公司信息披露不规范、投资者之间信息不对称等信息不完全产生的根源，是影响信息的完全性和竞争的充分性的一个重要因素；二是市场分割，资本市场存在着 A 股、B 股、H 股等，同股不同价，存在着理论上的套利机会，但由于制度的因素而无法实现，这是竞争上的不完全性。综上所述，我国的资本市场由于不具备完全性，因而不具备有效性的市场基础。因此，对有效性的检验即使是得出“有效”或“弱有效”的结论，也并不能构成我国资本市场“有效”的实质论据。因此，二级市场上股票的价格不能反映公司的基本价值，对股权转让参考意义较差。

二、关于外资并购国有股权定价方法的一项调查

（一）问卷设计与发放

为了深入分析外资并购国有股权定价问题，本书针对外资并购的目的、影响、定价基础、定价影响因素等方面设计了调查问卷，目的是了解我国国有企业在外资并购定价中的一些实际情况。问卷共 20 个问题，这些问题主要包括：

① 高梁. 外资对我国企业兼并控制情况的资料［EB/OL］. http：//www.wyzxsx.com/Article/Class16/200706/ 20334.html

公司的基本信息、已发生外资并购的基本情况（如企业引进外资的目的、引进外资后的影响、定价情况等）、外资并购国有股权的定价基础、外资并购中影响国有股权定价的因素、政府及企业高管在并购中的作用等。调查问卷见附录 4。

本次调查问卷的发放对象为辽宁、广东地区上市公司的总经理、财务总监、董事、董事会秘书及企业高管人员等。调查问卷是在辽宁证监局和广东证监局相关工作人员的协助下，对其辖区内所属的上市公司相关人员，通过现场发放、电子邮件、传真等方式发放和回收的。本次共发放调查问卷 50 份，收回有效问卷 46 份。

（二）问卷结果与问卷分析

对收回的问卷进行整理和统计分析，得到的具体结果如下：

（1）关于外资并购活动及国有股权定价的主导者：有 25 份问卷选择了国家或地方国资委，占总样本数的 54%；10 份问卷选择了省市主要领导，占总样本数的 22%；3 份问卷选择了企业高管人员，占总样本数的 7%。

（2）关于国有企业引进外资股东的目的（可多选项目）：24 份问卷选择了引进国外资金，占总样本数的 52%；14 份问卷选择了引进国外先进技术，占总样本数的 30%；13 份问卷选择了依靠外资力量开拓国内外市场，占总样本数的 28%；9 份问卷选择了引进国外先进的管理，占总样本数的 20%。

关于外资并购国有企业的目的（可多选项目）：42 份问卷认为外资对国有企业最感兴趣的是借此进入或占领中国市场，占总数的 91%；32 份问卷认为是国有企业已有的资源（包括人力、客户、渠道、信息等），占总样本数的 70%；23 份问卷选择了国有企业已有品牌，占总样本数的 50%；其他选项情况为：国内廉价劳动力（22 份，占 48%）、借用上市公司的壳资源（17 份，占 37%）、国有企业的现有资产（14 份，占 30%）。

（3）可以接受的外资持股比例：选择在 10%以下的为 11 份，占总样本数的 24%；选择在 20%以下的为 23 份，占总样本数的 50%；选择在 30%以下的为 39 份，占总样本数的 85%；选择在 50%以上的样本数为 0。

（4）关于外资并购后可能产生的影响（可多选项目）：25 份问卷认为外资并购会改善公司的经营管理水平，占总样本数的 54%；11 份问卷认为对公司的经营管理水平没有影响，占总样本数的24%。26份问卷认为能够提升公司的股价，占总样本数的50%。20份问卷选择会提高公司的经营绩效，占总样本数的44%；17份问卷认为对公司的经营绩效不会有太大影响，占总样本数的40%。20份问卷选择能够改善公司的治理结构，占总样本数的44%。6份问卷选择可能会造成国有资产流失，占总样本数的13%。

（5）关于国有股权的定价基础：选择最多的是国有股权的市场价值（价格），占总样本数的70%；其他选项依次为：参考同行业上市公司的平均股价、国有股权的账面价值（每股净资产）、国有企业的每股收益，分别占总样本数的28%、20%和17%。

在被问到“并购价格应否高于公司当时的每股净资产”时，有23份问卷回答“是”，0份问卷回答“否”，23份问卷回答“应视具体情况而定”。

在被问到“并购价格应否高于公司当时的每股市价”时，15份问卷选择“应高于公司当时的每股市价”，1份问卷选择“应低于公司当时的每股市价”，30份问卷认为“应视具体情况而定”。

（6）关于国有股权估价的影响因素（可多选项目）：按照各项目选择次数的多少，公司内部因素主要有：公司业绩（41份）、公司所处行业（34份）、公司所处发展阶段（32份）、公司规模（24份）、公司所处地区（19份）等，分别占样本总数的89%、74%、70%、52%和41%。

公司外部因素主要有：外资并购的目的或意图（39份）、外资的实力与声誉（36份）、政府对企业的干预（21份）、行业管制（16份）、中介机构的信誉（12份），分别占样本总数的85%、78%、46%、35%和26%。

（7）关于增加并购过程的透明度和信息披露的及时性是否有助于达成合理的并购价格：有40份问卷的回答“是”，6份问卷的回答“不确定”，占样本总数的比率分别为87%和13%。

（8）关于政府在外资并购国有企业中应发挥的作用：有34份问卷选择“维护国家或地方的经济利益（如就业、税收、经济增长等）”，22份问卷选择“发挥政府的监督管理职能”，18份问卷选择“体现地方政府或主管部门的政绩”，仅12份问卷选择“维护国有企业大股东的利益”，以上选项所占百分比依次为74%、48%、39%和26%。

31份问卷认为，政府在外资并购国有股权时最应该充当“社会管理者”的角色，占67%；20份问卷选择“充当国有企业大股东角色”，占总样本数的43%。

（三）问卷调查的主要结论

（1）根据调查，以国有股权的市场价格作为外资并购中国有股权的定价基础是为多数人所接受的，至于国有企业的并购价格是否应高于并购当时的每股市价，则应该视具体情况而定。关于并购价格是否应高于并购当时的每股净资产，人们的看法不一，有一半被调查者认为应高于每股净资产，另一半被调查者则认为应视具体情况而定。可见，我国曾长期采用的以每股净资产值作为上市公司并购价格底线的做法是值得商榷的。

（2）根据调查，影响外资并购中国有股权定价的因素，就国有企业自身而言，主要是国有企业的业绩，其他比较重要的因素依次为企业所处行业、所处发展阶段、企业规模等；就外部因素而言，外资并购目的和外资的实力是决定国有股权定价最重要的因素。这就启发我们，研究外资并购国有股权的定价问题时，既要关注国有企业的业绩等财务指标，也要考虑一些非财务指标的影响；既要考虑国有企业的自身情况，也要认真分析外资并购的动机意图和实力，并对国有企业拥有的特殊资源（如人力、客户、渠道、信息等）和品牌等给予充分的估计。

（3）在调查中笔者发现，在外资并购国有股权的定价过程中，政府干预也是一个不容忽视的影响因素。半数以上的被调查者认为，在外资并购活动及国有股权定价的过程中，国家或地方国资委起到了主导作用；还有为数不少的被调查者认为，省市主要领导在发挥主导作用。可见，在外资并购国有企业的过程中，特别是地方国有企业向外资转让时，政府（特别是地方政府）行政干预的现象仍十分严重。

调查发现，政府之所以干预外资并购国有股权，首先考虑的往往不是其作为国有企业大股东的利益，而是其作为社会管理者的利益，比如地方就业情况、地方税收、政府政绩等。

（4）笔者还发现，企业高管人员在外资并购国有股权的定价过程中也发挥着重要作用。这说明，有关外资并购以及国有资产管理的规定还存在着漏洞，使得国有企业的高管人员得以左右甚至控制外资并购谈判的进程。

（5）从外资并购国有企业的影响来看，虽然少数人存在对国有资产流失的担忧，但多数人相信外资并购后国有企业的经营管理水平会有所改善，股价会得以提升，经营绩效能够得以提高，公司的治理状况会有所改善。可见，利用外资参与国有企业的改组、改制，对我国国有企业具有积极作用，外资并购国有企业是利大于弊的，对外资并购国有企业不应该盲目排斥和恐惧。但是，在鼓励外资并购国有股权的过程中，应注意抑制外资对我国企业和宏观经济的负面影响，完善对外资并购活动的监督和引导，规范国有股转让定价的方式和方法，防止国有资产被贱卖。

（6）调查中还发现，增加并购过程的透明度和信息披露的及时性有助于达成合理的并购价格。

三、当前国有股权定价方法存在的问题

综合以上分析，本书认为，在外资并购的过程中，我国的国有股权转让定价主要存在以下几个问题：

（一）定价方法单一、趋同

我国国有股权转让价格的确定方法曾先后采取过资产定价法（净资产值法）和市场定价法。1997 年以来，我国上市公司国有股或法人股转让基本上都是以净资产值作为定价依据。这种不分转让资产优劣、不论转让比例大小、不计盈利前景好坏、不看进入门槛高低，统统都以企业净资产作为定价依据的做法，显然不够科学。2007 年发布《国有股东转让所持上市公司股份管理暂行办法》以来，我国彻底改变了之前以净资产值为依据确定股权转让价格的做法，转而参考二级市场股价作为定价基础。但是，由于我国证券市场尚不成熟，股票价格往往严重偏离其真实价值，并购价格在很大程度上受股票行情和市场价格的影响。因此，单纯地使用市场化方法对国有股权定价难免有些偏颇。

（二）对于公司股权价值的内涵缺乏足够的认识

股权价值的核心在于，因持有公司股权所带来的未来收益的现值。它是以公司持续经营为前提的，在资产价值的基础上，综合公司未来盈利能力和发展

潜力，以动态的眼光评价公司的价值。净资产值定价法一般只考虑资产的账面价值，而忽略各单项资产整合所带来的系统增值。系统的整体价值往往大于系统内各组成要素价值的代数和。公司作为一个系统或整体，其整体价值要大于各项资产评估值相加的代数和。市场定价法虽然可以一定程度上解决上述问题，但我国证券市场的不成熟性还会产生股票价格偏离其真实价值这个新问题。

（三）无形资产的价值未计入企业的价值

在当今日益激烈的全球经济竞争背景下，无形资产，特别是知识产权、人力资源等是企业资产价值构成中的一项非常重要的内容。然而，与国外相比，我国企业的无形资产在规模、构成内容上还存在很大差距，许多公司在资产负债表上无形资产项目是空白，即使有数字，反映的大多也是土地使用权。

长期以来，我国会计制度规定“自制无形资产不能入账”，无形资产核算的内容仍集中在传统的专利权、商标权、土地使用权等项目上。对于在企业生产经营过程中越来越重要的企业品牌，受计量上的主观性、不确定性等的影响，或出于稳健性的考虑，即使可以由专业机构进行评估，也没有确认为无形资产。从我国的有关规定来看，财政部 1992 年颁布的《企业会计准则》规定，无形资产的构成有 6 项，包括专利权、非专利技术、商标权、著作权、土地使用权、商誉等。2001 年颁布的《企业会计准则》规定，“无形资产分为可辨认无形资产和不可辨认无形资产。可辨认无形资产包括专利权、非专利技术、商标权、著作权、土地使用权、特许权等；不可辨认无形资产是指商誉”。与 1992 年的准则相比，2001 年的准则中无形资产的构成要素多了一项特许权。① 即使在千呼万唤始出来的、被人们寄予厚望的 2006 年颁布的新《企业会计准则》中，关于无形资产的定义仍然只包括专利权、非专利技术、商标权、著作权、特许权、探矿权和土地使用权等项目。

而国际会计准则委员会发布的《国际会计准则第 38 号——无形资产》中规定，无形资产包括的项目有：计算机软件、专利、版权、电影、客户名单、抵押服务权、捕捞许可证、进口配额、特许权、客户或供应商的关系、客户的

① [美] 西德尼·戴维森主编. 现代会计手册（第一分册）[M]. 娄尔行译. 中国财政经济出版社，1982：229

信赖、市场份额和销售权等。

中外双方关于无形资产的构成项目有不同的规定。按照我国现行规定对国有企业的股权进行评估时，由于未将无形资产（特别是国有企业的品牌、客户或供应商的关系、客户的信赖、市场份额等）的价值计入评估结果中，评估结果不能反映企业的真实价值，容易造成国有企业的价值被低估，甚至被严重低估。

第三节　外资并购国有企业股权定价方法的选择

定价方法是确定合理价格的工具和手段。由于各种方法本身所依赖的条件不同，使用时所体现的效率不同，因此，在实际运用中需要在不同方法间做出选择。在我国，尽管价值评估的实际操作工作已经开展，但由于起步较晚，市场体系不健全，许多重要的市场信息无法得到，成熟市场经济中普遍采用的一些方法在我国无用武之地。同时，由于我国价值评估问题的研究相对滞后，评估方法在使用上存在随意性和盲目性。因此，在国有股权定价实践中，各种定价方法的选择是一个不容忽视的问题。

笔者认为，国有股权定价方法的选择需要注意以下问题：

一、考虑各种方法的适用性

无论哪一种定价方法都有其使用的前提和条件，每一种方法都有其固有的优点和缺点。在选择目标企业定价方法时，要注重定价方法的可行性和适用性。

资产定价法（净资产值法）和市场定价法曾是我国在不同时期采用的国有股权定价方法。“国有股权的转让价格不得低于每股净资产”的规定，使得每股净资产值在很长一段时间里成为我国国有股权转让价格的“底线”。随着以每股净资产作为定价底线的弊端逐渐暴露出来，从 2001 年开始，我国的一些政策法规中出现了国有企业定价采用市场方式的规定。由于历史上国有股暂不流通造成的股权分置，非流通股与流通股的价格相差悬殊，该规定的实施在一定程度上造成了当时股市大跌，最后被迫暂停实施。随着股权分置改革的逐渐推进，2006 年以来，我国才坚定了走“市场化”的定价方向。

需要注意的是，首先，我国资本市场起步比较晚，国有企业的公司治理机制还不健全，市场中普遍存在信息不对称和道德风险问题。国有股的特殊背景以及我国资本市场的弱式有效性，决定了国有股权转让不可能像普通股那样表现出股权本身应有的较强的市场属性，更不可能像西方成熟股市那样完全由市场决定其价格。其次，我国的资本市场目前还处于发展阶段，上市公司的规模和数量还在发展扩大的过程中，对不同细分行业和不同产品的覆盖面还不够广泛，有时难以找到与被评估对象相似或完全具有可比性的交易案例。因此，笔者认为，坚持国有股权转让定价的“市场化”是一个方向，但在现阶段，我们只能尽可能地提高“市场化”程度，而不能完全“市场化”。“市场化”也需要一个过程。

二、要全面评价股权的综合价值

并购定价是一个综合平衡的过程，企业的价值是动态和静态分析的结合，既体现在资产价值上，又体现在市场反应上，更多地则体现在收益水平中。前面所介绍的三种方法分别以资产、市场和收益为基础，同时又都侧重于评估企业的某一特定方面，这与企业价值是一个综合平衡的过程相矛盾。因此，在对目标国有股权定价时要综合考虑三个方面，运用多种方法，全方位地考察目标企业股权的品质，才能建立科学、合理的并购价格。

企业的价值是指企业股权所创造出的价值，它至少应该包括两个方面的内容：一是现有资产的价值，即厂房、土地、机器设备等的市场价值；二是预定期限内企业价值的增长量，也就是通过优化现有资源，为股东创造的价值增加值，其主要关注企业未来的盈利水平。而在股权转让时，股权作为一种交易标的或商品，还体现为市场对该交易标的的认可程度，即转让价格与市场是相互依存的。企业通过某种途径，可以提高企业现在和将来的获利能力，如提高企业的管理水平和应用先进的技术以提高企业的生产能力，培训员工以提高员工素质等。在现实市场中，我们经常发现，表面上规模类似的企业在资本市场上却有不同的表现，拥有相同有形资源的企业会有不同的产出和盈利。所以，在评估企业价值时，要综合考虑企业的生产能力、获利能力、市场评价等因素的影响。

笔者认为，资产法和市场法都只能从一个方面反映企业的价值，单纯地使用某一种方法定价都不免有些偏颇。所以在确定目标企业股权的并购价格时，要三个方面综合考虑，形成有机的体系。

三、定性分析与定量分析的结合

并购定价虽然离不开定量评估，但其本身也带有一定的主观性，这表现在：第一，对各种定价方法的选择依据评估者的主观判断，带有一定的主观偏好，选择的定价方法不同，估价结果就有很大差异；第二，定价结果在一定程度上还取决于评估者的预期和判断、个人的思维方式、知识结构以及所掌握的信息等，即使采用相同的方法，不同的评估人员对同一评估对象的评估结果都有可能存在很大差异。

特别是，国有股权作为一种特殊的交易标的，在交易过程中，交易主体不仅仅包括转让方（国有股东）和受让方（外资方），还包括政府。国有股权能否转让，以什么价格转让，在何时转让，是多方共同参与博弈的结果。各方的目的动机、谈判能力等都会影响到国有股权的最终定价。这就需要我们对定量评估的结果进行适当的定性分析，并做出必要修正。

四、要考虑国有企业的并购溢价

随着世界经济日益全球化，企业间的竞争更加激烈，不确定性增大，企业并购越来越着眼于目标企业的资源优势和核心能力及其在未来的战略中体现出的增值。传统的企业估价方法，无论是资产法、市场法，还是收益法，都在某种程度上忽略了目标企业的并购溢价。企业的并购溢价一般是指，在并购后企业的地缘位置、市场控制力、产业地位、发展前景和企业具有的特殊资源等战略因素所体现的价值增加值。它具有特殊性、隐蔽性和变动性等特点。

从当前外资并购的现状和趋势来看，有些外资是出于投机目的，更多的则是出于战略利益的考虑，希望通过并购国内企业，进入中国市场、占领市场份额，或是占有国有企业的特殊资产与核心资源等。在并购国有企业时，外资不仅仅考虑企业目前的盈利能力，而是更多地考虑目标企业所处的行业、目标企业在该行业中的地位及行业影响力、企业的核心能力（如企业与供应商和销售商之间的关系、企业与政府机构的沟通能力、企业在公众心目中的地位、企业内部的创新能力、管理能力、研发能力和企业的长期竞争优势）等因素，这些恰恰是企业生存和发展不可或缺的重要战略资源。这就提醒我们，对外资并购的动机要进行深入的分析，对外资所青睐的这些战略资源的价值要给以充分考虑，合理估计并购溢价，并对国有企业的并购价值做出适当的调整和修正。

本章小结

关于目标企业的定价方法，目前国际上常用的有三种，即资产价值法、市场比较法和收益贴现法。资产价值法是一种静态的价值评价方法，比较客观可靠，但是它缺乏对企业整体价值的考虑。市场比较法以证券市场的有效性为前提，而且评价结果容易受到股票市场价格波动的影响。收益贴现法虽然是一种科学、成熟的定价方法，但是折现率的确定和对未来各期收益的预测是一个难题。

从我国外资并购的实践来看，自 1997 年以来，我国国有股权的转让价格基本上是以每股净资产值来核算的，每股净资产值是国有股权转让不可逾越的“底线”。随着资产价值法存在的诸多弊端逐渐暴露出来，市场定价法逐渐引起相关部门的重视，并在实践中加以应用。但在目前，这种定价方法也带来了一些问题。

本章结合有关外资并购国有股权定价问题的调查问卷及其分析结果，提出选择国有股权定价方法时需要注意的若干问题。首先，坚持国有股权转让定价的“市场化”是一个方向，但也需要一个过程。在现阶段，我们只能尽可能地提高“市场化”程度，而不能完全“市场化”。其次，企业的股权价值既体现在资产价值上，又体现在市场反应上，更多地则体现在收益水平中。因此，股权的价值要从资产价值、市场反应和收益水平三个方面综合考虑。再次，国有股权能否转让，以什么价格转让，在何时转让，是多方共同参与博弈的结果。各方的目的动机、谈判能力等都会影响到国有股权的最终定价。这就需要对定量评估的结果进行必要的定性分析和修正。最后，随着企业间的竞争日益激烈，不确定性增大，企业并购越来越着眼于目标企业的资源优势、核心能力及其在未来的战略中体现出的增值。因此，要深入分析外资的并购动机，充分考虑国有企业拥有的各种战略资源，合理估计国有企业的并购溢价，并对国有企业的并购价值做出适当的调整。

[illegible]
[illegible]
[illegible]
[illegible]
[illegible]
[illegible]
[illegible]
[illegible]
[illegible]
[illegible]
[illegible]
[illegible]

第五章　外资并购中影响国有股权定价的财务因素分析

外资并购中影响国有股权定价的因素可能有很多，如目标公司内部的各种财务指标，目标公司所处的行业、地区、发展阶段等，外资的并购目的或意图，外资方的实力与声誉，资产评估机构的信誉，政府对企业的干预，等等。

这些因素中有些是可以直接量化的，如直接来自于上市公司财务报告、并购公告中的各种财务信息；有些可以间接量化；有些则属于定性因素，难以量化。本书将在第六章单独分析各种非财务因素对国有股权定价的影响，如外资的并购目的或意图、外资的实力与声誉、资产评估机构的信誉、政府干预等。本章将对各种财务因素进行实证分析，从中筛选和确定外资并购国有企业过程中影响国有股权定价的重要财务因素。

第一节　研究设计

一、数据来源与样本选择

本章选取 1995 年以来发生在我国内地的外资并购上市公司国有股权事件为研究对象，对外资并购中影响国有股权定价的因素进行实证分析。鉴于非上市类公司不公开自己的财务数据和报表资料，本章只研究外资并购上市公司的情况。需要说明的是，本章将港澳台地区的投资者对内地的投资视为外资，但发生在香港地区的 H 股并购事件不在本章研究范围之内。

在我国，收购上市公司股权一直是外资并购最主要的模式，它包括协议收购、要约收购和公开竞价拍卖等方式。由于本章的研究对象为国有上市公司，对于通过收购母公司间接控制目标公司的收购模式，如果母公司是上市公司，则以母公司作为研究对象；如果母公司不是上市公司，则该项外资并购活动不被统计。基于此，本章将外资并购模式分为协议转让、公开拍卖、要约收购、定向增发等形式。

在本章的实证部分只研究成功的外资并购样本，未成功的并购交易不计入研究样本。例如，众所瞩目的凯雷并购徐州重工的案例，并购谈判持续 3 年之久，最终，因未能在协议有效期限内获商务部批准而以失败告终。这个案例就没有计入本部分的统计样本中。另外，并购发生的时间以并购双方正式签订股份转让协议的日期为准，资料收集时间截至 2008 年底。

依据上述原则，根据公开的资料，共获得 56 个样本。见附录 1。其中，海南航空、长安汽车和武汉锅炉的相关数据资料缺失，将其剔除；金融类上市公司与非金融类上市公司的财务报表不具有可比性，再剔除 5 家金融类上市公司样本。最终，外资并购上市公司国有股权的有效样本数共计 48 个。

本章的数据来源于万德资讯（Wind）、北京色诺芬数据库（CCER）、上海证券交易所网站、深圳证券交易所网站以及巨潮资讯、新浪财经、雅虎财经等网站，并对数据进行了归纳和整理。

二、指标的选取

根据经验和获得数据的可能性，本书共选取 23 个外资并购中可能影响国有股权成交价格的变量。这些变量是：

x_1：股票的市场价格；x_2：买方在该笔交易完成后在股东中的地位；x_3：该笔交易占公司股本的比率；x_4：每股净资产；x_5：每股收益；x_6：资产收益率；x_7：净利润率；x_8：净资产增长率；x_9：总资产增长率；x_{10}：营业收入增长率；x_{11}：营业利润增长率；x_{12}：流动比率；x_{13}：速动比率；x_{14}：现金流动负债比率；x_{15}：现金负债比率；x_{16}：债务资产比率；x_{17}：应收账款周转率；x_{18}：流动资产

周转率；x_{19}：资产周转率；x_{20}：固定资产周转率；x_{21}：市盈率；x_{22}：市净率；x_{23}：托宾 Q。

其中，股票的市场价格（x_1）以并购双方签订股份转让协议前一天的收盘价为准。每股净资产（x_4）、每股收益（x_5）、资产收益率（x_6）、净利润率（x_7）、净资产增长率（x_8）、总资产增长率（x_9）、营业收入增长率（x_{10}）、营业利润增长率（x_{11}）、流动比率（x_{12}）、速动比率（x_{13}）、现金流动负债比率（x_{14}）、现金负债比率（x_{15}）、债务资产比率（x_{16}）、应收账款周转率（x_{17}）、流动资产周转率（x_{18}）、资产周转率（x_{19}）、固定资产周转率（x_{20}）、市盈率（x_{21}）、市净率（x_{22}）、托宾 Q（x_{23}）等 20 个变量来自于并购双方正式签署股份转让协议上一年的年度财务报表，并经过计算得来。例如，2005 年 10 月 17 日，四川双马（000935）的国有股东与拉法基中国海外控股公司（法国）签订正式的股份转让协议，样本数据中以上 20 个变量的取值就以四川双马（000935）2004 年的年度会计报表数据为准。

本章采用的统计分析软件为 SPSS 13.0 for Windows 和 Microsoft Excel 2003。

第二节　并购价格的描述统计分析

本章对 56 家上市公司的行业分布情况进行了统计，具体情况见表 5-1。其中，外资并购比较集中的行业依次为机械设备仪表类（9 家）、食品饮料类（8 家）、石油化工类（7 家）、金属非金属类（6 家）、金融保险类（5 家）、纺织类（4 家）。这 56 家上市公司中，属于制造业大类（包括表中机械设备、石油化工、金属非金属、食品饮料等 10 类）的外资并购合计达到 37 家，占总样

表 5-1　外资并购上市公司国有股权的行业分布

行业	食品饮料	纺织	石油化工等	电子	金属非金属	机械设备等	医药	信息
家数	8	4	7	2	6	9	3	1
行业	社会服务	综合	电力煤气等	批零	金融保险	交通运输等	房地产	
家数	3	2	3	1	5	1	1	

注：行业分类以证监会公布的 CSRC 行业分类为准。

本的 66%。

本章对 48 个有效样本数据做了进一步分析。对样本数据每股转让价格的分布情况进行统计，每股转让价格的平均值为 4.74 元/股。每股交易价格低于 1元的占样本总数的 12.5%，在 1~2 元的占 12.5%，在 2~3 元的占 31.25%，在 3~4 元的占 8.33%，在 4~5 元的占 20.83%，大于等于 5 元的占样本总数的 14.58%。详见表 5–2、表 5–3 和图 5–1。

表 5–2 每股转让价格的描述统计

平均值	4.7364
标准误差	1.0842
中位数	2.4900
标准差	7.5114
方差	56.4210
峰度	24.0544
偏度	4.6465
级差	46.9167
最小值	0.5733
最大值	47.4900
观测数	48

表 5–3 转让价格区间及分布

价格区间（元）	频数	百分比（%）
<1	6	12.50
1~2	6	12.50
2~3	15	31.25
3~4	4	8.33
4~5	10	20.83
>5	7	14.58
合计	48	100.00

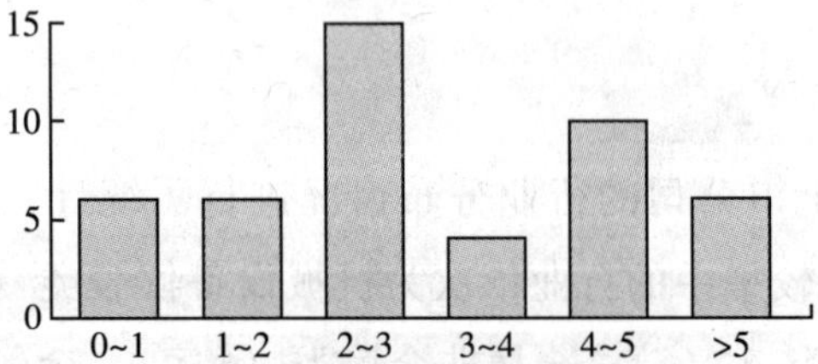

图 5–1 转让价格分布直方图

接下来，本章分别对国有股权的每股转让价格与每股净资产、每股转让价格与每股市价进行了对比分析。分析结果见附录 2。为了方便阐述分析过程，令 PR_1 表示溢价率 1，PR_1 =（每股转让价格 – 每股净资产）/每股净资产；令 PR_2 表示溢价率 2，PR_2 =（每股转让价格 – 每股市价）/每股市价。

根据表 5–4，溢价率 1（PR_1）的最大值为 1654%，最小值为–191%。PR_1 的均值为 71%，这表明外资并购国有股权时每股转让价格平均会高于每股净资产 70%左右。但在 48 个样本中仍然有 12 个样本的 PR_1 小于 0（占样本总数的 25%）。这表明，部分上市公司的国有股权转让价格低于其每股净资产。

根据表 5-5，溢价率 2（PR_2）的最大值为 21%，最小值为-90%。PR_2 的均值为-49%，这表明，外资并购国有股权时每股转让价格平均会低于每股市价 50%左右。在 48 个有效样本中有 2 家上市公司的转让价格高于其每股市价，占样本总数的 4.2%。

表 5-4　溢价率 1 的描述性统计

平均值	0.7117
标准误差	0.3660
中位数	0.1680
标准差	2.5355
方差	6.4286
峰度	33.7086
偏度	5.4512
级差	18.4547
最小值	-1.9145
最大值	16.5402
观测数	48

表 5-5　溢价率 2 的描述性统计

平均值	-0.4937
标准误差	0.0378
中位数	-0.5054
标准差	0.2622
方差	0.0688
峰度	-0.0546
偏度	0.5161
级差	1.1120
最小值	-0.9034
最大值	0.2085
观测数	48

但 PR_1 的标准差（2.54）大于 PR_2 的标准差（0.26），这表明 PR_1 的分布相对离散，而 PR_2 的分布相对集中。

通过进一步分析发现，在全部样本中，有 36 个样本的 PR_1 大于 0（占 75%），12 个样本的 PR_1 小于 0（占 25%）。这表明，大部分上市公司的国有股权转让价格高于其每股净资产，部分上市公司的国有股权转让价格低于其净资产值。虽然《股份有限公司国有股股东行使股权行为规范意见》（1997 年）第十七条规定，转让股份的价格不得低于每股净资产值，但仍有一些上市公司以低于每股净资产的价格向外资转让。其中，这种情况大部分集中在 2003~2005 年，具体情况见表 5-6。这可能与 2003~2005 年外资并购国有股权的事件比较集中有关系。造成这种现象的原因值得我们思考。

表 5-6　以低于每股净资产向外资转让国有股权的上市公司家数

发生年份	1999	2001	2003	2004	2005	2006
家数	2	1	3	3	2	1

在48个样本中，46个样本的PR_2小于0，占95.83%；2个样本的PR_2大于0，占4.17%。这说明，仅有少数几家上市公司的国有股权转让价格高于其二级市场的每股市价，而绝大多数上市公司的国有股权转让价格低于其二级市场的每股市价。这种现象可能与并购时（签订并购协议时）的市场行情有关，但从另一个侧面也反映出，低于市场价格转让国有股对外资方具有较大的吸引力。对PR_2的具体分析还发现，PR_2高于平均值的被并购上市公司多为所在行业中的龙头企业。本章还专门考察了主并购方在英属维尔京群岛、开曼群岛等地注册的7个外资并购案（美菱电器、科龙电器等）。英属维尔京群岛、开曼群岛等属于国际著名的离岸中心，在当地注册公司可以享受税收优惠、具有资金转移方便和信息保密等优势，因而这些地区被誉为“避税天堂”。多年来，我国对外资实行超国民待遇，尤其是给予诸多税收优惠。许多内资企业为了享受外资的超国民待遇，特别是税收优惠，将这些离岸中心视为变身“外资”的中转站。很多名义上的外资企业实际上就是从离岸中心返程投资的“假外资”。本章通过分析发现，这7家上市公司向这些“假外资”转让的PR_2明显低于样本平均值。

第三节 因子分析

由于本章选取的影响外资并购中国有股权定价的23个变量之间具有错综复杂的关系，本节首先对这23个变量进行因子分析，找出各变量之间的潜在关系，并将这些复杂因素提炼为少数几个综合因子，然后再展开深入分析。

因子模型是一种多变量统计分析方法，它从研究原始变量相关矩阵内部的依赖关系出发，把一些具有复杂关系的变量归为少数几个综合因子。其基本思想是，首先根据相关性大小对原始变量分组，使得同组内的变量之间相关性较高，而不同组的变量间相关性较低，每组变量代表一个基本结构，并用一个不可观测的综合变量表示（称为公共因子，用F表示）。对于某一具体研究对象，原始变量可分解成两部分之和，一部分是少数几个不可预测的所谓公共因子的线函数，另一部分是与公共因子无关的特殊因子。这样，每个原始变量就可以表示为公式：

$$\begin{cases} x_1 = a_{11}F_1 + a_{12}F_2 + \cdots + a_{1m}F_m + \varepsilon_1 \\ x_2 = a_{21}F_1 + a_{22}F_2 + \cdots + a_{2m}F_m + \varepsilon_2 \\ \cdots \quad \cdots \quad \cdots \\ x_n = a_{n1}F_1 + a_{n2}F_2 + \cdots + a_{nm}F_m + \varepsilon_n \end{cases} \tag{5.1}$$

公式（5.1）的简化形式为：

$$X = A \cdot F + \varepsilon \tag{5.2}$$

因子分析的步骤如下：①根据研究问题选取原始变量；②对原始变量进行标准化并求其相关矩阵，分析变量之间的相关性；③求解初始公共因子及因子负荷矩阵；④为使获得的公共因子及其负荷矩阵具有鲜明的实际意义进行因子旋转；⑤计算因子得分；⑥根据因子得分值进行进一步分析。

一、数据处理

考虑到这 23 个指标具有不同的量纲，为了尽可能地反映实际情况，消除由于量纲不同可能带来的一些不合理影响，在进行因子分析之前，首先对原始数据进行标准化处理。变量标准化的计算公式如下：

$$X_{ij} = \frac{x_{ij} - \bar{x}_j}{\sigma_j} \tag{5.3}$$

其中，X_{ij} 表示标准观测值，$\bar{x}_j$ 和 σ_j 分别表示第 j 项数据观测值的样本均值和样本方差。在本节中，i = 1，2，3，…，48；j = 1，2，3，…，23。X_j（j = 1，2，3，…，23）代表股票的市场价格、买方在该笔交易完成后成为第几大股东、该笔交易占公司股本的比率等 23 个标准化后的变量。另外，由于 X_2 表示买方在该笔交易完成后在股东中的地位，X_3 表示该笔交易占公司股本的比率，当 X_2 的取值越小时，X_3 反而越大；当 X_2 的取值越大时，X_3 反而越小。为了克服这个矛盾，将 X_2 标准化后，取其相反数作为对 X_2 的赋值。各原始数据的处理结果见附录 3。

二、因子分析

本节利用统计软件 SPSS for Windows 13.0 对这 23 个标准化变量进行了因

子分析。在分析时，采用巴特利检验（Bartlett Test of Sphericity）和 KMO 检验来考察变量之间的相关性，采用的因子抽取方法是主成分法（Principal Components），选择的旋转方法为最大方差旋转法（Varimax），旋转的目的是保证各公共因子之间彼此正交。本节的 48 个样本数据不存在缺失值。

因子分析过程详见表 5-7 至表 5-14 和图 5-2、图 5-3。

表 5-7　巴特利检验和 KMO 检验结果

KMO and Bartlett's Test

Kaiser-Meyer-Olkin Measure of Sampling Adequacy		0.544
Bartlett's Test of Sphericity	Approx. Chi-Square	1086.252
	df	253
	Sig.	0.000

表 5-8　描述性统计

Descriptive Statistics

	Mean	Std. Deviation	Analysis N
X1	0.000004	1.0000026	48
X2	0.000013	0.9999808	48
X3	0.000246	0.9999035	48
X4	0.000019	0.9999643	48
X5	-0.000052	1.0000524	48
X6	0.000290	0.9998923	48
X7	-0.000125	0.9998607	48
X8	-0.002419	1.0000114	48
X9	0.000169	0.9999730	48
X10	0.000104	1.0000443	48
X11	-0.000006	1.0000081	48
X12	-0.000002	0.9999586	48
X13	0.000023	0.9999611	48
X14	0.000042	1.0000111	48
X15	0.000042	1.0000412	48
X16	0.000092	1.0000125	48
X17	-0.000004	0.9999998	48
X18	-0.000006	0.9999866	48
X19	-0.000027	0.9998637	48
X20	-0.000006	1.0000130	48
X21	-0.000002	0.9999927	48
X22	-0.000008	0.9999995	48
X23	-0.000029	1.0001020	48

表 5-9　累计方差贡献率

Communalities

	Initial	Extraction
X1	1.000	0.781
X2	1.000	0.750
X3	1.000	0.830
X4	1.000	0.580
X5	1.000	0.886
X6	1.000	0.882
X7	1.000	0.895
X8	1.000	0.777
X9	1.000	0.697
X10	1.000	0.700
X11	1.000	0.558
X12	1.000	0.956
X13	1.000	0.927
X14	1.000	0.927
X15	1.000	0.888
X16	1.000	0.792
X17	1.000	0.885
X18	1.000	0.913
X19	1.000	0.912
X20	1.000	0.796
X21	1.000	0.691
X22	1.000	0.742
X23	1.000	0.879

Extraction Method: Principal Component Analysis.

表 5-10　总方差分解表

Total Variance Explained

Component	Initial Eigenvalues			Extraction Sums of Squared Loadings			Rotation Sums of Squared Loadings		
	Total	% of Variance	Cumulative %	Total	% of Variance	Cumulative %	Total	% of Variance	Cumulative %
1	6.275	27.281	27.281	6.275	27.281	27.281	5.026	21.851	21.851
2	3.722	16.183	43.464	3.722	16.183	43.464	4.497	19.552	41.403
3	2.459	10.692	54.156	2.459	10.692	54.156	2.251	9.786	51.189
4	2.202	9.574	63.729	2.202	9.574	63.729	1.973	8.580	59.769
5	1.765	7.673	71.403	1.765	7.673	71.403	1.930	8.393	68.162
6	1.209	5.255	76.658	1.209	5.255	76.658	1.685	7.326	75.488
7	1.014	4.410	81.067	1.014	4.410	81.067	1.283	5.579	81.067
8	0.917	3.988	85.056						
9	0.812	3.533	88.588						
10	0.690	2.999	91.588						
11	0.436	1.894	93.481						
12	0.353	1.534	95.015						
13	0.250	1.086	96.101						
14	0.240	1.042	97.143						
15	0.180	0.783	97.926						
16	0.134	0.583	98.508						
17	0.099	0.432	98.940						
18	0.090	0.391	99.332						
19	0.087	0.378	99.710						
20	0.041	0.176	99.886						
21	0.012	0.053	99.939						
22	0.009	0.037	99.976						
23	0.005	0.024	100.000						

Extraction Method: Principal Component Analysis.

表 5-11　初始负荷矩阵

Component Matrix [a]

	Component						
	1	2	3	4	5	6	7
X1	0.424	-0.012	0.323	0.582	0.298	0.186	-0.185
X2	0.029	-0.221	0.116	0.308	-0.745	0.017	0.195
X3	-0.193	0.078	-0.100	0.363	-0.657	0.386	0.253
X4	0.653	0.083	-0.211	0.071	-0.035	0.021	-0.308

续表

	Component						
	1	2	3	4	5	6	7
X5	0.872	0.332	0.076	0.026	0.031	0.026	−0.085
X6	0.873	0.302	0.064	−0.121	−0.081	−0.049	0.046
X7	0.832	0.330	0.044	−0.032	−0.271	−0.133	0.006
X8	0.686	0.380	0.197	−0.279	−0.108	0.084	−0.162
X9	0.476	0.452	0.264	−0.387	0.003	0.182	−0.116
X10	0.549	0.523	0.287	0.148	−0.026	0.110	0.090
X11	0.164	0.046	0.220	0.022	0.381	−0.514	0.265
X12	0.654	−0.717	−0.039	0.011	0.025	0.030	0.106
X13	0.641	−0.703	−0.125	0.053	0.027	−0.017	0.044
X14	0.663	−0.644	−0.230	0.082	0.114	0.037	−0.001
X15	0.596	−0.670	−0.267	0.030	0.087	0.020	0.067
X16	−0.775	0.77	0.353	0.011	0.180	0.121	−0.116
X17	0.121	0.394	−0.546	0.085	0.336	0.219	0.498
X18	0.144	0.608	−0.545	0.060	0.314	0.171	0.305
X19	0.139	−0.383	0.542	−0.555	0.045	0.239	0.291
X20	−0.015	−0.247	0.502	−0.528	0.115	0.364	0.243
X21	0.077	0.141	0.335	−0.017	−0.210	−0.623	0.348
X22	0.294	0.223	0.503	0.057	0.062	0.063	0.120
X23	−.084	−0.214	0.513	0.654	0.348	0.103	0.058

Extraction Method: Principal Component Analysis.
a. 7 components extracted.

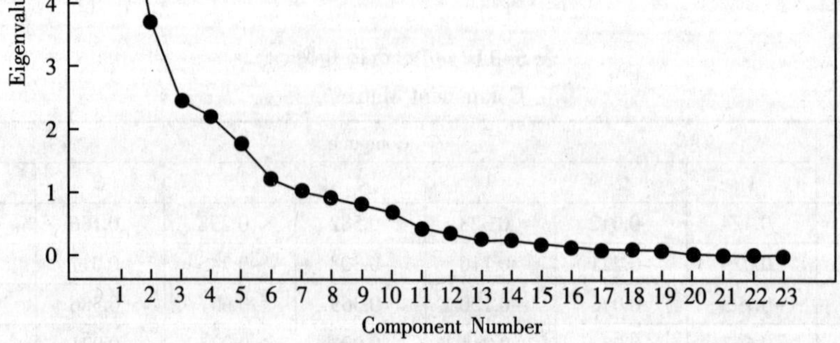

图 5-2 碎石图

表 5-12　相关系数矩阵

Rotated Component Matrix [a]

	Component						
	1	2	3	4	5	6	7
股票市价	0.254	0.210	0.795	-0.117	-0.040	0.094	-0.124
成为第几大股东	0.019	-0.139	-0.034	0.049	0.263	0.801	-0.127
交易比率	-0.088	-0.147	0.040	-0.071	0.115	-0.862	-0.192
每股净资产	0.561	0.365	0.018	-0.302	0.001	0.085	-0.181
每股收益摊薄净利润	0.867	0.255	0.194	-0.083	0.124	0.090	0.043
资产收益率	0.873	0.277	0.025	0.008	0.125	0.017	0.166
净利润率	0.873	0.231	-0.009	-0.129	0.033	-0.135	0.210
净资产增长率	0.867	0.032	-0.030	0.119	-0.043	0.081	-0.027
总资产增长率	0.749	-0.166	-0.043	0.273	0.020	0.160	-0.077
营业收入增长率	0.713	-0.120	0.350	0.024	0.183	-0.089	0.116
营业利润增长率	0.036	0.070	0.185	0.024	0.083	0.356	0.619
流动比率	0.111	0.941	0.089	0.187	-0.114	-0.028	0.027
速动比率	0.094	0.947	0.063	0.070	-0.114	-0.005	0.009
现金流动负债比率	0.112	0.948	0.075	-0.002	-0.014	0.063	-0.081
现金负债比率	0.043	0.939	-0.005	0.031	0.012	0.033	-0.048
债务资产比率	-0.515	-0.627	0.175	0.199	-0.184	0.127	-0.121
应收账款周转率	0.057	0.011	-0.037	-0.098	0.932	0.032	-0.024
流动资产周转率	0.223	-0.153	-0.070	-0.234	0.873	0.114	-0.074
资产周转率	0.063	0.192	-0.039	0.906	-0.196	0.043	0.089
固定资产周转率	0.004	0.009	-0.011	0.881	-0.104	0.075	-0.051
市盈率	0.136	-0.115	-0.024	0.011	-0.147	-0.124	0.789
市净率	0.292	-0.074	0.763	-0.021	0.013	-0.176	0.194
托宾 Q	-0.282	0.033	0.882	0.068	-0.102	0.016	0.071

Extraction Method: Principal Component Analysis.
Rotation Method: Varimax with Kaiser Normalization.
a. Rotation converged in 6 iterations.

表 5-13　旋转后负荷矩阵

Rotated Component Matrix [a]

	Component						
	1	2	3	4	5	6	7
X1	0.254	0.210	0.795	-0.117	-0.040	-0.094	-0.124
X2	-0.019	0.139	0.034	-0.049	-0.263	0.801	0.127
X3	-0.088	-0.147	0.040	-0.071	0.115	0.862	-0.192
X4	0.561	0.365	0.018	-0.302	0.001	-0.085	-0.181

续表

	Component						
	1	2	3	4	5	6	7
X5	0.867	0.255	0.194	–0.083	0.124	–0.090	0.043
X6	0.873	0.277	0.025	0.008	0.125	–0.017	0.166
X7	0.873	0.231	–0.009	–0.129	0.033	0.135	0.210
X8	0.867	0.032	–0.030	0.119	–0.043	–0.081	–0.027
X9	0.749	–0.166	–0.043	0.273	0.020	–0.160	–0.077
X10	0.713	–0.120	0.350	0.024	0.183	0.089	0.116
X11	0.036	0.070	0.185	0.024	0.083	–0.356	0.619
X12	0.111	0.941	0.089	0.187	–0.114	0.028	0.027
X13	0.094	0.947	0.063	0.070	–0.114	0.005	0.009
X14	0.112	0.948	0.075	–0.002	–0.014	–0.063	–0.081
X15	0.043	0.939	–0.005	0.031	0.012	–0.033	–0.048
X16	–0.515	–0.627	0.175	0.199	–0.184	–0.127	–0.121
X17	0.057	0.011	–0.037	–0.098	0.932	–0.032	–0.024
X18	0.223	–0.153	–0.070	–0.234	0.873	–0.114	–0.074
X19	0.063	0.192	–0.039	0.906	–0.196	–0.043	0.089
X20	0.004	0.009	–0.011	0.881	–0.104	–0.075	–0.051
X21	0.136	–0.115	–0.024	0.011	–0.147	0.124	0.789
X22	0.292	–0.074	0.763	–0.021	0.013	0.176	0.194
X23	–0.282	0.033	0.882	0.068	–0.102	–0.016	0.071

Extraction Method: Principal Component Analysis.
Rotation Method: Varimax with Kaiser Normalization.
a. Rotation converged in 6 iterations.

表 5–14 因子值系数矩阵

Component Score Coefficient Matrix

	Component						
	1	2	3	4	5	6	7
X1	0.031	0.013	0.361	–0.067	–0.049	–0.083	–0.178
X2	0.004	0.034	–0.015	0.002	–0.068	0.472	0.110
X3	–0.002	–0.019	0.033	0.081	0.144	0.538	–0.124
X4	0.127	0.042	–0.014	–0.190	–0.126	–0.085	–0.189
X5	0.169	0.003	0.054	–0.036	–0.009	–0.045	–0.037
X6	0.163	0.015	–0.032	0.020	0.023	0.017	0.079
X7	0.176	0.003	–0.059	–0.065	–0.049	0.087	0.114
X8	0.217	–0.063	–0.045	0.045	–0.106	–0.039	–0.106
X9	0.200	–0.103	–0.032	0.142	–0.046	–0.069	–0.141

续表

	Component						
	1	2	3	4	5	6	7
X10	0.141	–0.074	0.138	0.065	0.080	0.081	0.024
X11	–0.071	0.034	0.049	–0.011	0.086	–0.193	0.501
X12	–0.040	0.219	0.020	0.086	0.021	0.037	0.028
X13	–0.041	0.222	0.007	0.015	–0.007	0.010	0.017
X14	–0.040	0.223	0.021	–0.012	0.026	–0.032	–0.053
X15	–0.058	0.230	–0.013	0.014	0.059	–0.005	–0.011
X16	–0.057	–0.138	0.117	0.077	–0.080	–0.094	–0.112
X17	–0.081	0.056	0.025	0.134	0.579	0.076	0.065
X18	–0.015	–0.004	0.003	0.031	0.467	0.001	–0.001
X19	0.008	0.031	–0.015	0.484	0.069	0.055	0.047
X20	0.009	–0.010	0.017	0.489	0.104	0.036	–0.065
X21	–0.012	–0.019	–0.076	–0.023	–0.029	0.084	0.635
X22	0.029	–0.043	0.330	0.025	0.044	0.109	0.088
X23	–0.103	0.012	0.413	0.042	0.027	–0.021	0.016

Extraction Method: Principal Component Analysis.
Rotation Method: Varimax with Kaiser Normalization.
Component Scores.

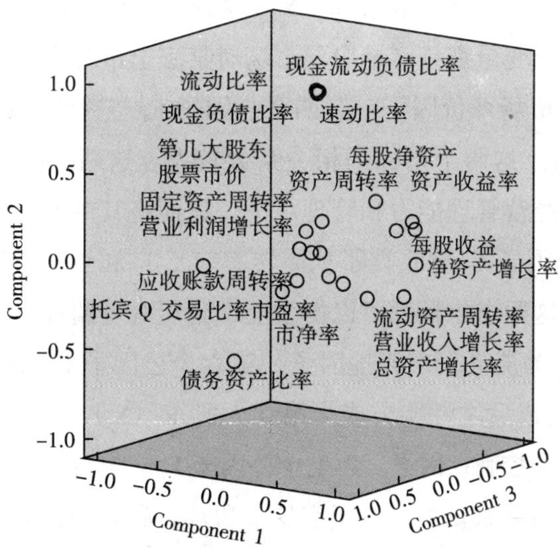

图 5–3 **Component Plot in Rotated Space**

一般认为，当 KMO 检验值在 0.5 以上时，较适合做因子分析。根据表 5-7，该测量结果的 KMO 值为 0.544，表明该分量表适合做因子分析。Bartlett 检验值也达到了显著水平。

表 5-10 显示，当提取出 7 个因子时，累计方差贡献率已达到 81.07%。将这 7 个因子分别用 F_1、F_2、F_3、F_4、F_5、F_6 和 F_7 表示。根据碎石图 5-2，可以进一步观察出 23 个特征根的大小变化情况。

用选择出的公因子的特征值所对应的特征向量来计算公因子的负荷，可以求出负荷矩阵。对负荷矩阵做正交旋转，旋转结果见表 5-13（旋转后负荷矩阵）。表 5-13 中的数字表示某个变量 X_i 与公因子 F_j 之间的相关系数。表 5-13 显示，第一个公因子 F_1 与每股净资产（X_4）、每股收益（X_5）、资产收益率（X_6）、净利润率（X_7）、净资产增长率（X_8）、总资产增长率（X_9）、营业收入增长率（X_{10}）这 7 个变量的相关系数较大。这 7 个变量可以从不同角度反映上市公司的未来发展潜力，因此，将 F_1 命名为成长因子。第二个公因子 F_2 与流动比率（X_{12}）、速动比率（X_{13}）、现金流动负债比率（X_{14}）、现金负债比率（X_{15}）、债务资产比率（X_{16}）这 5 个变量的相关系数较大。这 5 个变量可以从不同角度评价上市公司偿债能力的强弱，将 F_2 命名为负债因子。第三个公因子 F_3 与公司股票市价（X_1）、市净率（X_{22}）和托宾 Q（X_{23}）这 3 个变量的相关系数较大。这 3 个变量都是度量股票市场对某家上市公司的评价和市场反应情况，将其命名为市场评价因子。第四个公因子 F_4 与资产周转率（X_{19}）和固定资产周转率（X_{20}）这两个指标的相关系数较大。这两个指标衡量的是上市公司对长期资产的经营管理能力和管理水平，故而将其命名为长期资产管理能力因子。第五个公因子 F_5 与应收账款周转率（X_{17}）和流动资产周转率（X_{18}）的相关系数较大。这两个指标都可以衡量上市公司对短期资产的利用程度和管理效率，将 F_5 命名为流动资产管理因子。第六个公因子 F_6 与股权的交易比率（X_3）和并购交易完成后主并购方成为第几大股东（X_2）这两个变量的相关系数较大，将 F_6 命名为控制权因子。第七个公因子 F_7 与市盈率（X_{21}）和营业利润增长率（X_{11}）的相关系数较大，由于市盈率和营业利润增长率这两个指标都在很大程度上反映了公司收益水平的高低，因此，可以将其命名为收益能力因子。

由表 5-12 可以得到各因子得分表达式的系数，由此可以写出 7 个公因子的因子得分表达式，即：

$$F_1 = 0.254X_1 + 0.019X_2 + \cdots + 0.292X_{22} - 0.282X_{23}$$

$$F_2 = 0.210X_1 - 0.139X_2 + \cdots - 0.074X_{22} + 0.033X_{23}$$

$$F_3 = 0.795X_1 - 0.034X_2 + \cdots + 0.763X_{22} + 0.882X_{23}$$

$$F_4 = -0.117X_1 + 0.049X_2 + \cdots - 0.021X_{22} + 0.068X_{23}$$

$$F_5 = -0.040X_1 + 0.263X_2 + \cdots + 0.013X_{22} - 0.102X_{23}$$

$$F_6 = 0.094X_1 + 0.801X_2 + \cdots - 0.176X_{22} + 0.016X_{23}$$

$$F_7 = -0.124X_1 - 0.127X_2 + \cdots + 0.194X_{22} + 0.071X_{23} \quad (5.4)$$

由公式（5.4），可以计算出每家样本公司的各个公因子的得分值，具体计算结果见表 5-14。

接下来，计算每家样本公司的综合分值，计算公式如下：

$$Z = W_1 \cdot F_1 + W_2 \cdot F_2 + W_3 \cdot F_3 + W_4 \cdot F_4 + W_5 \cdot F_5 + W_6 \cdot F_6 + W_7 \cdot F_7 \quad (5.5)$$

其中，各公因子的权重 W_i 等于各因子的方差贡献率占全部因子方差贡献率的比重，计算公式如下：

$$W_i = \frac{\sigma_i}{\sum_{i=1}^{7} \sigma_i} \quad (5.6)$$

根据公式（5.6），计算出 7 个公因子的权重分别为：$W_1 = 0.3365$，$W_2 = 0.1996$，$W_3 = 0.1319$，$W_4 = 0.1181$，$W_5 = 0.0947$，$W_6 = 0.0648$，$W_7 = 0.0544$。于是，公式（5.5）可以进一步表示为：

$$Z = 0.3365 \cdot F_1 + 0.1996 \cdot F_2 + 0.1319 \cdot F_3 + 0.1181 \cdot F_4 + 0.0947 \cdot F_5 + 0.0648 \cdot F_6 + 0.0544 \cdot F_7 \quad (5.7)$$

把因子得分值代入公式（5.7），可计算出各样本公司的综合得分值 Z。Z 分值计算结果见表 5-15。它可以表示每家上市公司的综合财务状况。

三、Z 分值的描述统计分析

由于 Z 分值代表对各家国有上市公司财务状况的综合评价，对 Z 分值进行描述性统计分析，有助于了解各样本公司的财务特征。描述性统计分析显示，

表 5-15　因子得分值及综合得分值

股票代码	股票简称	F_1	F_2	F_3	F_4	F_5	F_6	F_7	Z
000550	赣江铃 A	0.3711	-0.5233	-0.5954	0.7655	-0.4788	-0.6407	-0.5171	-0.0827
000550	赣江铃 A	0.3693	-0.5358	-0.5784	0.8190	-0.3852	-0.2909	-0.5950	-0.0499
600073	上海梅林	0.1033	0.9771	-0.5347	0.2743	-0.0402	1.3978	0.1815	0.2883
600801	华新水泥	0.0198	-0.6519	-0.3700	-1.0396	-0.5548	-0.3379	2.7841	-0.2180
000002	深万科 A	0.4508	0.0060	0.5837	2.7504	-0.1553	-0.1201	-0.3296	0.5143
000921	科龙电器	-0.5280	0.2514	-0.4952	-0.5023	-0.6272	0.2069	-0.8496	-0.3443
600600	青岛啤酒	0.5148	-0.7300	-0.2442	-0.7577	-0.1025	-0.2751	0.0345	-0.1198
600843	上工股份	0.0257	-0.4435	1.4606	0.3326	0.0482	0.1814	0.6590	0.2042
600893	ST 吉发	-1.1328	-0.0126	0.1901	0.1981	-0.0577	0.3238	0.9436	-0.2684
000068	赛格三星	-0.1475	1.0632	0.0100	0.2852	-0.4511	0.3082	0.8160	0.2192
000810	华润锦华	0.3554	-0.9238	2.9141	0.6659	0.5708	1.8084	1.6026	0.6566
600607	上实联合	0.3928	0.5041	-0.4166	0.0907	-0.3597	0.5640	-0.2501	0.1774
000521	美菱电器	-0.1622	-0.1594	-0.5610	0.2618	-0.6396	0.4798	1.9931	-0.0505
600182	桦林轮胎	-1.4903	-0.5225	0.5514	-0.3111	-0.2927	0.8630	-0.2737	-0.5565
600152	维科精华	0.2988	-0.2824	-0.2368	-0.2228	0.1987	-1.6119	0.0760	-0.0949
600662	强生控股	0.2939	-0.1394	-0.0460	-1.0884	0.1681	-0.7771	-0.0099	-0.0985
000958	东方热电	1.1242	0.3031	-0.6118	-1.0445	-1.2282	-0.3599	-0.5898	0.0630
600135	乐凯胶片	-0.1527	2.5118	0.2299	0.1542	-0.0600	-0.5276	0.1721	0.4680
600132	重庆啤酒	0.5474	-0.5345	1.1430	-0.3775	-0.1904	-0.3424	0.3278	0.1613
000809	第一纺织	-1.2272	-0.6823	1.2586	-0.7811	0.4057	-0.3358	-0.1122	-0.4648
600297	美罗药业	0.2598	0.5151	-0.6055	0.5565	-0.4898	0.3301	-0.0191	0.1501
000541	佛山照明	-0.1435	5.3375	0.0924	-0.0630	-0.1211	0.2441	-0.4379	1.0024
600695	ST 大江	-0.2853	-0.2834	0.1115	0.0686	0.0331	1.2366	0.8431	-0.0006
600253	天方药业	0.2590	0.4462	-0.4173	0.1714	-0.1625	-0.2162	0.2693	0.1267
000708	大冶特钢	0.2175	-0.2699	-0.5744	-0.0134	-0.5948	0.4546	0.3458	-0.0661
000011	ST 深物业	0.0464	-0.5402	0.1517	1.9032	0.1910	1.8159	-0.1582	0.2797
600253	天方药业	0.3157	-0.0519	-0.6276	0.1914	-0.4254	0.2804	0.2472	0.0270
000731	四川美丰	0.6215	0.1226	-0.0188	-1.0192	1.1489	-1.4696	-0.1443	0.1165
000932	华菱管线	1.2943	-0.6674	-0.3678	0.2957	1.3759	-0.0705	-0.9572	0.3624
000935	四川双马	-0.1256	-0.5572	-0.8348	-0.5052	-0.4667	2.9043	-3.6753	-0.3792
000100	TCL 集团	1.5581	-0.7836	-0.7057	3.3073	-0.0886	-1.6393	-0.9671	0.4982
600722	沧州化工	0.2103	-0.6452	-0.4233	-0.4042	-0.3019	-1.5025	-0.0589	-0.2908
000715	中兴商业	-0.2545	0.1730	-0.6292	-0.2858	5.9223	0.3070	0.2454	0.4262
600258	首旅股份	0.4964	-0.2454	-0.3979	-0.6415	0.8645	1.8811	-0.3417	0.1750
600615	ST 丰华	-0.0610	-0.6621	-0.4340	-1.1045	-0.7611	0.2395	0.4587	-0.3720
600597	光明乳业	0.0585	0.1957	-0.7273	-0.2783	0.6096	-1.3243	-0.0556	-0.1011

续表

股票代码	股票简称	F_1	F_2	F_3	F_4	F_5	F_6	F_7	Z
600597	光明乳业	0.0603	0.2052	−0.7345	−0.3186	0.5400	−1.5825	−0.0010	−0.1247
600728	新太科技	−4.8993	−0.4387	0.6829	−0.0462	−0.1449	−1.0674	−0.7912	−1.7775
600318	巢东股份	−1.3901	−0.2257	−0.4839	−0.8561	−0.1624	0.8503	−0.7434	−0.6785
000902	中国服装	0.0587	−0.3120	−0.6920	1.4610	0.1717	0.7686	0.9012	0.1538
600310	桂东电力	0.4617	−0.4755	−0.3012	−1.3388	−0.4599	−0.4298	−0.5603	−0.2393
600379	宝光股份	−0.2699	0.2292	−1.1024	0.0684	−0.6627	0.1264	2.5046	−0.1007
000931	中关村	−1.9915	−0.3102	0.1811	2.0972	−0.2086	−1.7193	−0.9672	−0.6442
600021	G 上电	0.4035	−0.2197	−1.0290	−1.4268	−0.0460	−0.4597	−0.3895	−0.2677
000659	珠海中富	0.2116	−0.2966	−0.5391	−0.5778	−0.5152	0.3243	−0.1445	−0.1630
000019	深深宝 A	0.4453	−0.0771	0.3384	−0.1439	−0.5132	0.4231	0.3757	0.1613
000792	盐湖钾肥	0.9897	1.1147	3.9554	−0.0175	−0.0606	−0.6173	−0.6847	0.9922
600801	华新水泥	1.4259	−0.7529	2.4810	−1.5525	−0.4399	−0.6016	−1.1573	0.3298

Z 值平均值为 0，最大值为 1.00，最小值为−1.78。具体统计结果见表 5−16。

表 5−16　Z 分值的描述性统计

平均值	0.0000
标准误差	0.0646
中位数	−0.0253
标准差	0.4478
方差	0.2005
峰度	4.6218
偏度	−0.9468
级差	2.7798
最小值	−1.7775
最大值	1.0024
观测数	48

四、对因子分析结果的解释

通过因子分析，本节得出外资并购中可能影响样本公司股权转让价格的 7 个公共因子、各因子得分和各样本的综合得分。各样本的综合得分大小表明各样本公司的综合财务表现，每个样本公司的各因子得分进一步揭示了样本公司各项财务状况指标的差异性。

通过因子分析，降低了自变量的维数，用浓缩的 7 个因子就可以表示各项财务状况指标的主要信息。这 7 项指标是成长能力、负债情况、市场评价情况、长期资产管理能力、流动资产管理能力、控制权情况和收益能力。在外资并购国有股权时，这 7 项指标对国有股权定价影响程度的大小可以通过观察表 5−10 得到。其中，成长能力因子（F_1）的贡献率为 27.28%，负债因子（F_2）的贡献率为 16.18%，市场评价因子（F_3）的贡献率为 10.69%，长期资产管理能力因子（F_4）的贡献率为 9.57%，流动资产管理能力因子（F_5）的贡献率为7.67%，控制权情况因子（F_6）的贡献率为5.26%，收益能力因子（F_7）的贡献率为4.41%。这7个因子的累计贡献率达到了81.07%。这表明，这7个因子可以在很大程度上解释公司的综合财务表现。并且，这7个因子对公司综合财务表现的影响程度由强到弱依次为：成长能力因子、负债因子、市场评价因子、长期资产管理能力因子、流动资产管理能力因子、控制权情况因子和收益能力因子。下面对这7个公因子做具体的解释和分析。

（一）成长因子

成长因子（F_1）是反映上市公司的未来发展潜力的变量。它与每股收益、资产收益率、净利润率、净资产增长率、总资产增长率、营业收入增长率、每股净资产等指标高度相关。成长因子得分最高的前5家公司依次是：TCL集团、华新水泥、华菱管线、东方热电和盐湖钾肥。其中，TCL集团的得分最高，达到1.56，这表明在48家样本公司中，TCL集团最具未来发展潜力。成长因子得分最低的5家公司有：新太科技、中关村、桦林轮胎、巢东股份和第一纺织。其中最低分来自新太科技，得分仅为-3.97。

由于F_1对总方差的贡献率最大（达到27%，远远高于其他6个因子），它对公司财务表现综合评价方面的影响程度也最强。因此，成长因子得分值高的公司，其综合财务评价得分（Z值）一般也应比较高。观察发现，F_1得分最高的5家公司，其综合财务评价（Z值）确实也都很高；而在F_1上得分最低的5家公司，其综合财务评价（Z值）也确实比其他上市公司低得多。

（二）负债因子

负债因子（F_2）是衡量上市公司偿债能力强弱的变量。它主要与流动比率、速动比率、现金流动负债比率、现金负债比率、债务资产比率等指标高度相关。负债因子得分最高的前5家公司依次为：佛山照明、乐凯胶片、盐湖钾肥、赛格三星和上海梅林。其中，佛山照明得分最高，达到5.34，比排在第二位的乐凯胶片（F_2值为2.50）高出近3分。这表明佛山照明是48家样本公司中偿债能力最强的公司。在负债因子上得分最低的5家公司依次为：华润锦华、TCL集团、华新水泥、青岛啤酒和第一纺织，其中最低分为华润锦华，仅得分-0.92。

由于F_2对总方差的贡献率仅次于F_1，它对公司综合财务表现的影响程度也仅次于F_1。因此，F_2得分值高的公司，其Z值也应相对较高；而F_2得分值低的公司，其Z值也应相对较低。观察表5-15可以发现，F_2得分最高的5家公司，其综合得分（Z值）确实比较高；而F_2得分比较低的公司，其综合得分（Z值）也确实比其他公司低一些，但华润锦华除外。进一步分析发现，这是由于华润锦华仅F_2上得分偏低，而其他因子的表现都很出众。

（三）市场评价因子

市场评价因子（F_3）可以反映股票市场对上市公司的评价或市场反应情况。与它高度相关的指标有：股票的市场价格、市净率和托宾Q。F_3得分最高的前5家公司依次为：盐湖钾肥、华润锦华、华新水泥、上工股份和第一纺织，其中最高得分为盐湖钾肥的3.96分。这表明在48家样本公司中，盐湖钾肥是股票市场中最受投资者欢迎的上市公司，因而对盐湖钾肥的市场评价最高。F_3得分最低的5家公司依次为：宝光股份、G上电、四川双马、光明乳业和光明乳业，[①] 其中，最低分为宝光股份的-1.10分和G上电的-1.03分。

由于F_3对总方差的贡献率为11%，次于F_1（27%）和F_2（16%），它对公司财务表现的影响也不及F_1和F_2，但仍高于其他因子。因此，F_3得分值高的公司，其Z值一般不应低于F_3得分值低的公司。观察表5-15发现，F_3得分最高的5家公司中，除了第一纺织外（这是由于第一纺织在F_1和F_2上的得分值都比较低造成的），其他4家公司的Z值都相对较高。而在F_3上得分最低的5家公司，其Z值相对于其他上市公司都要低很多。

（四）长期资产管理能力因子

长期资产管理能力因子（F_4）主要与公司的资产周转率和固定资产周转率高度相关，这两个指标衡量的是上市公司对长期资产的经营管理能力和管理水平。F_4得分最高的前5家公司依次为：TCL集团、深万科A、中关村、ST深物业和中国服装。其中，得分最高的为TCL集团的3.31分。这说明在48家样本公司中，TCL集团对公司长期资产的经营运作能力非常强。F_4得分最低、长

① 根据本节的统计，达能亚洲（法国）收购光明乳业的股权时，分别与上海牛奶集团有限公司和大众交通股份有限公司这两个股东签订了《股份转让协议》，并且两个协议中规定的转让价格不一致（分别是4.06元/股和3.75元/股）。因此，本节将其视为两个独立的并购事件加以分析。

期资产管理能力最差的5家公司有：华新水泥、G上电、桂东电力、ST丰华和强生控股，这几家公司的F_4值均低于-1。

由于F_4对总方差的贡献率为10%，低于前3个因子，它对公司财务表现的影响程度也不如前3个因子（F_1、F_2、F_3），但仍高于后3个因子（即F_5、F_6、F_7）。因此，F_4得分高的公司，其Z值一般不应低于F_4得分低的公司。表5-15显示，F_4得分最高的5家公司中，除了中关村的Z分值低于平均值外，其他4家公司的Z值都不低。而F_4得分最低的5家公司中，除了华新水泥的Z分值达到了0.33之外，其他4家公司的Z值都相对较低（小于其平均值0）。中关村的F_4值虽然很高，但其F_1、F_2值都非常低，而F_1与F_2的贡献率又远高于F_4，因此，中关村的Z分值就很低。同样，华新水泥的F_4值虽然很低，但其F_1、F_3值都很突出，而F_1与F_3的贡献率又远高于F_4，因此，华新水泥的Z分值就不会低。

（五）流动资产管理能力因子

流动资产管理能力因子（F_5）衡量的是上市公司对短期资产的利用程度和管理效率，主要体现在应收账款周转率和流动资产周转率这两个指标上。观察表5-15，F_5得分最高的前5家公司依次为：中兴商业、华菱管线、四川美丰、首旅股份和光明乳业，最高得分是中兴商业的5.92分，比排在第2位的华菱管线（F_5值为1.38）高出4分之多。一般而言，批发零售业企业都应具有很强的流动资产管理能力。中兴商业恰恰是零售业上市公司，毋庸置疑，它具有相当突出的流动资产管理能力。在F_5上得分最低、流动资产管理能力最差的5家公司有东方热电、ST丰华、宝光股份、美菱电器和科龙电器，上述5家公司的F_5值均低于-0.5。

由于F_5对总方差的贡献率为8%，低于前4个因子，它对公司综合财务表现的影响程度也不如前4个因子，但仍高于后面的2个因子（即F_6、F_7）。因此，F_5得分高的公司，其Z值一般不应低于F_5得分低的公司。表5-15表明，F_5得分最高的5家公司，其Z值都较高；F_5得分最低的5家公司，其Z值都比较低（4家公司的Z值小于平均值0，仅东方热电的Z值大于0）。

（六）控制权因子

控制权因子（F_6）反映的是主并购方（即外资）对目标公司的控制程度，

本节用两个指标来衡量，即并购交易完成后主并购方成为第几大股东和并购交易股权占上市公司股权总数的比率。观察表 5-15，F_6 得分最低的 5 家公司依次是：中关村、TCL 集团、维科精华、光明乳业和沧州化工，其中得分最低的来自于中关村的-1.72 分。F_6 得分最高的 5 家公司是四川双马、首旅股份、ST 深物业、华润锦华和上海梅林，其中四川双马的 2.90 分是最高得分。

由于 F_6 对总方差的贡献率为 5%，低于前 5 个因子，它对公司综合财务表现的影响也不如前 5 个因子，但仍高于 F_7。因此，F_6 得分高的公司，其 Z 值一般不应低于 F_6 得分偏低的公司。表 5-15 证实，F_6 值最低的 5 家公司，除 TCL 集团外，其余 4 家公司的 Z 值都小于均值 0；而 F_6 值最高的 5 家公司，除四川双马的 Z 值仅为-0.38 外，其他 4 家公司的 Z 值都相对较高。

（七）收益能力因子

资产收益能力因子（F_7）用来衡量上市公司的获利能力，市盈率和营业利润增长率这两个指标可以看做是公司收益能力的反映。观察表 5-15，F_7 值最高的前 5 家公司依次是：华新水泥、宝光股份、美菱电器、华润锦华和 ST 吉发，其中，华新水泥、宝光股份的 F_7 值均高于 2；F_7 值最低的 5 家公司有四川双马、华新水泥、中关村、TCL 集团和华菱管线，最低得分为四川双马的-3.68 分。这表明，华新水泥、宝光股份等 5 家公司的获利能力比较强，而四川双马、华新水泥等公司的获利能力在 48 个样本中处于比较弱的地位。

F_7 值对总方差的贡献率为 4%，在 7 个因子中排在最后。这表明，在发生外资并购的 48 家国有上市公司中，与前 6 个因子相比较，F_7 对公司综合财务评价的影响相对较弱。

（八）对 Z 分值的总体评价

观察表 5-15，Z 分值最高的 5 家上市公司依次为佛山照明、盐湖钾肥、华润锦华、深万科 A 和 TCL 集团； Z 分值最低的 5 家公司依次是新太科技、巢东股份、中关村、桦林轮胎和第一纺织。佛山照明的 Z 分值达到 1.00，排在全部样本的首位，盐湖钾肥次之，为 0.99 分。这是因为两家公司的 7 个因子值都很高，特别是对方差贡献率比较大的三个因子值（F_1、F_2、F_3）相当出众。深万科 A 的各因子值都不是最突出，但它的各因子得分都处于相对较高的水平，因而其总体得分也较高。Z 分值最低的新太科技、巢东股份、四川双马、桦林轮胎和中关村，各因子得分均比较低，特别是 F_1、F_2、F_3 值，因此，总体得分就很低。

第四节　多元线性回归分析

一、多元线性回归模型的建立

通过本章第三节的因子分析，从 23 个原始变量中浓缩和提炼出 7 个因子。本节将对这 7 个新的变量进行多元回归分析，从中找出外资并购中影响国有股权定价的关键因素，并估计各因素的回归系数，进而建立国有股权转让价格的回归模型。根据第三节的因子分析结果，初步提出外资并购国有企业过程中影响国有股权定价的多元线性回归模型如下：

$$Y = C + b_1 \cdot F_1 + b_2 \cdot F_2 + b_3 \cdot F_3 + b_4 \cdot F_4 + b_5 \cdot F_5 + b_6 \cdot F_6 + b_7 \cdot F_7 \tag{5.8}$$

其中，Y 为因变量，表示外资并购国有企业股权的转让价格；F_1、F_2、F_3、F_4、F_5、F_6、F_7 为自变量，分别代表目标国有企业的成长能力因子、负债因子、市场评价因子、长期资产管理能力因子、流动资产管理能力因子、控制权因子和收益能力因子 7 个因子值；b_1、b_2、b_3、b_4、b_5、b_6、b_7 表示各自变量的回归系数；C 表示常数项。

在回归分析中，本节采用逐步回归法来筛选变量。这样建立的多元回归模型可以克服多重共线性，并可以筛选出外资并购中影响国有股权定价的显著性因素。

回归估计结果见表 5-17、表 5-18、表 5-19、表 5-20。

在表 5-18 中，逐步回归结果直接剔除了那些在统计上不显著的项，最后，外资并购中对国有股权定价影响显著的变量有 3 个。按照显著性程度，这 3 个变量依次为市场评价因子 F_3、成长因子 F_1 和负债因子 F_2，其他 4 个因子没有进入模型。迭代结束后，回归模型的估计结果为模型 3。模型 3 的 R^2 为

表 5-17 变量进入或剔除过程

Variables Entered/Removed [a]

Model	Variables Entered	Variables Removed	Method
1	REGR factor score 3 for analysis 2		Stepwise (Criteria:Probability-of-F-to-enter ≤0.050, Probability-of-F-to-remove≥0.100).
2	REGR factor score 1 for analysis 2		Stepwise (Criteria:Probability-of-F-to-enter ≤0.050, Probability-of-F-to-remove≥0.100).
3	REGR factor score 2 for analysis 2		Stepwise (Criteria:Probability-of-F-to-enter ≤0.050, Probability-of-F-to-remove≥0.100).

a. Dependent Variable: Y

表 5-18 拟合结果

Model Summary [d]

Model	R	R Square	Adjusted R Square	Std. Error of the Estimate	Change Statistics					Durbin-Watson
					R Square Change	F Change	df1	df2	Sig. F Change	
1	0.690[a]	0.477	0.465	0.7313304	0.477	41.875	1	46	0.000	
2	0.757[b]	0.573	0.554	0.6674752	0.097	10.222	1	45	0.003	
3	0.781[c]	0.610	0.584	0.6451265	0.037	4.127	1	44	0.047	1.319

a. Predictors: (Constant), REGR factor score 3 for analysis 2

b. Predictors: (Constant), REGR factor score 3 for analysis 2, REGR factor score 1 for analysis 2

c. Predictors: (Constant), REGR factor score 3 for analysis 2, REGR factor score 1 for analysis 2, REGR factor score 2 for analysis 2

d. Dependent Variable: Y

表 5-19 方差分析表

ANOVA[d]

Model		Sum of Squares	df	Mean Square	F	Sig.
1	Regression	22.396	1	22.396	41.875	0.000[a]
	Residual	24.603	46	0.535		
	Total	46.999	47			
2	Regression	26.951	2	13.475	30.246	0.000[b]
	Residual	20.049	45	0.446		
	Total	46.999	47			
3	Regression	28.687	3	9.562	22.976	0.000[c]
	Residual	18.312	44	0.416		
	Total	46.999	47			

a. Predictors: (Constant), REGR factor score 3 for analysis 2

b. Predictors: (Constant), REGR factor score 3 for analysis 2, REGR factor score 1 for analysis 2

c. Predictors: (Constant), REGR factor score 3 for analysis 2, REGR factor score 1 for analysis 2, REGR factor score 2 for analysis 2

d. Dependent Variable: Y

表 5-20 回归系数与显著性检验表

Coefficients[a]

Model		Unstandardized Coefficients		Standardized Coefficients	t	Sig.	Correlations			Collinearity Statistics	
		B	Std.Error	Beta			Zero-order	Partial	Part	Tolerance	VIF
1	(Constant)	6.3E-006	0.106		0.000	1.000					
	REGR factor score 3 for analysis 2	0.690	0.107	0.690	6.471	0.000	0.690	0.690	0.690	1.000	1.000
2	(Constant)	6.3E-006	0.096		0.000	1.000					
	REGR factor score 3 for analysis 2	0.690	0.097	0.690	7.090	0.000	0.690	0.726	0.690	1.000	1.000
	REGR factor score 1 for analysis 2	0.311	0.097	0.311	3.197	0.003	0.311	0.430	0.311	1.000	1.000
3	(Constant)	6.2E-006	0.093		0.000	1.000					
	REGR factor score 3 for analysis 2	0.690	0.094	0.690	7.336	0.000	0.690	0.742	0.690	1.000	1.000
	REGR factor score 1 for analysis 2	0.311	0.094	0.311	3.308	0.002	0.311	0.446	0.311	1.000	1.000
	REGR factor score 2 for analysis 2	0.192	0.094	0.192	2.043	0.047	0.192	0.294	0.192	1.000	1.000

a. Dependent Variable: Y

0.610，调整后的 R^2 为 0.584。

由表 5-19 可以看出，随着逐步回归的过程，回归平方和（Sum of Squares）不断增大，从 22.396 增加到 28.687。这说明，随着逐步回归过程中模型的不断改进，被解释变差越来越大。表 5-19 显示，模型 3 的 F 值达到 22.976，显著性概率小于 0.01。经查 F 值分布表，$F_\alpha = 0.01 = 3.12$，模型 3 的 F 值 $> F_\alpha = 0.01$。这表明，模型 3 可以通过 F-显著性检验，R^2、F-值均通过了统计上的检验，因此，模型 3 总体上是显著的。

在表 5-20 中，模型 3 各个进入变量 t-统计量的大小可以反映 3 个变量进入模型的顺序及其对并购价格影响的显著性。3 个变量的 t -值均大于 2（分别为 7.336、3.308 和 2.043），说明这 3 个变量对并购价格的影响是显著的，而且，它们进入模型的顺序依次为 F_3、F_1 和 F_2。表 5-20 中，模型 3 各个进入变量的容许度（Tolerance）和方差膨胀因子值（VIF）均为 1，表明各变量之间不存在多重共线性。

由表 5-20，可以写出外资并购国有企业过程中国有股权每股转让价格的多元线性回归模型：

$$Y = C + 0.690 \cdot F_3 + 0.311 \cdot F_1 + 0.192 \cdot F_2 \tag{5.9}$$

其中，C 为常数项，这里 $C = 6.2 \times 10^{-6}$。

公式（5.9）可进一步表述为：

$$\text{外资并购中国有股权每股转让价格} = 6.2 \times 10^{-6} + 0.690 \times \text{市场评价因子} + 0.311 \times \text{成长因子} + 0.192 \times \text{负债因子} \tag{5.10}$$

二、多元线性回归模型的解释

根据公式（5.9）、公式（5.10），多元线性回归分析的结果表明，外资并购中影响国有股权价格的因素主要有三个，分别是市场评价因子、成长因子和负债因子。在公式（5.9）、公式（5.10）中，影响国有股权转让价格的最显著因素为 F_3，即股票市场对公司的评价情况，其回归系数为 0.690。这说明，股票市场对该公司的评价越好，国有股权向外资转让的价格就越高。因此，无论是国有股东还是外资方，都应关注国有股权的市场表现。市场对公司的评价可以用股票的市场价格、市净率和托宾 Q 等指标来衡量。我国法律、法规对国有股权转让定价的规定中，最早提出国有股定价应以市场方式为主的，是 2001 年公布的《减持国有股补充社会保障资金暂行办法》。但由于缺乏可操作的实施细则或标准化的匡算模式，在当时备受争议。回归估计结果证实，事实上，长期以来，在外资并购国有股权的实践中，国有股权的转让价格始终是以其市场表现作为最重要的参考标准的。

这里有一个现象值得我们关注：尽管实证分析结论表明，市场评价是确定国有股权转让价格的首要参考标准，但是根据表 5-5，外资并购时国有股权一般是按照低于股票二级市场市价的价格转让（即 PR_2 一般小于 0）。即转让价格存在流动性折价，在 48 个有效样本中，仅有 2 家样本公司（占样本总数的 4.2%）的转让价格高于其市价。这一现象可能是由于在多元线性回归模型中，决定国有股权转让价格的因素除了市场评价因子外，还有其他因素（F_1、F_2），进而造成国有股权的转让价格低于其股票市价。同时，这也说明，流动性折价既受 F_1、F_2 等因素的影响，也可能是为了吸引外资而给予外资一些优惠。

第二个具有显著影响的变量是成长因子（F_1），成长因子的回归系数为 0.311。从前面的现状描述和调查问卷分析中发现，外资之所以受让国有股权，是因为并购国有企业可以帮助外资迅速进入国内市场、占领国内市场份额，或是占有国有企业的特殊资产与核心资源等，从而实现规模的扩张和未来业绩的增长。而目标公司未来的发展潜力越强，就可以给股权受让方（外资）带来更多未来增长的机会，该股权就可以按照一个更高的价格向外资转让。

在上述多元线性回归模型中，第三个具有显著影响的是负债因子（F_2），负债因子的回归系数为 0.192。在表 5-13 中，X_{12}（流动比率）、X_{13}（速动比率）、X_{14}（现金流动负债比率）、X_{15}（现金负债比率）与 F_2 的相关系数大于 0。这说明流动比率、速动比率、现金流动负债比率、现金负债比率越大，公司的偿债能力就越强。公司的偿债能力越强，财务杠杆的作用就越大，资产增值能力也就越强，其股权转让价格必然越高。在表 5-13 中，X_{16}（债务资产比率）与 F_2 的相关系数小于 0，说明债务资产比率越大，公司的偿债能力越弱。

结合我国国有企业的实际，在计划经济向市场经济转轨的过程中，许多国有企业形成了巨额的债务负担。在向外资转让国有股权时，如果这些巨额债务也随之转让（事实上，承担国有企业的原有债务是许多国有股东向外资提出的附加条件之一），势必影响外资未来的偿债能力，国有股权的转让价格当然就要低一些。

本章小结

本章以 1995 年以来发生在中国内地的 48 个外资并购上市公司国有股权事件为研究样本，选取样本公司的 23 个财务指标，运用统计分析软件分别进行了描述性统计分析、因子分析和多元线性回归分析。

通过因子分析，将 23 个财务指标浓缩为 7 个因子，它们分别代表公司的成长能力、负债情况、市场评价情况、长期资产管理能力、流动资产管理能力、控制权情况和收益能力。以上述 7 个因子作为自变量，可以初步建立外资并购国有企业股权定价的多元线性回归模型，见公式（5.8）。通过逐步回归分析，可以筛选出外资并购中影响国有股权定价的显著变量。在这 7 个因子中，对外资并购国有股权定价活动影响显著的有 3 个，分别是市场评价因子、成长因子和负债因子。本章对这 3 个因子的显著性程度进行了检验，并进一步估计出各显著变量的回归系数，进而得到回归模型的最终估计结果，见公式(5.10)。因此，外资并购国有企业股权的定价模型可以表述为：

$$\text{外资并购中国有股权每股转让价格} = 6.2\times10^{-6} + 0.690\times\text{市场评价因子} + 0.311\times\text{成长因子} + 0.192\times\text{负债因子}$$

本章小结

第六章　外资并购中影响国有股权定价的非财务因素分析

第五章分析了影响国有股权转让价格的财务因素。但由于财务报表所基于的会计假设和会计原则具有局限性，导致财务指标不可避免地带有滞后性、片面性和短期性等缺陷。为了在一定程度上弥补单纯依靠财务指标估价所带来的不足，还需要对影响国有股权定价的一些非财务因素进行定性分析。本章将运用经济学理论和委托代理理论分析并购各参与方的行为动机，并借助管理学中的 SWOT 分析工具阐述国有企业在外资并购中所处的地位，进而找出影响国有股权交易价格形成的定性因素，对国有股权价格的定量分析结果做出调整或修正。

第一节　外资并购国有企业各参与方的行为动机分析

一、国有企业寻求外资并购的动机分析

在市场经济中，企业是一个追求自身利益最大化的“经济人”。当企业从被并购中所获取的收益大于其保留原状的成本时，企业才有可能成为外资并购市场的购并目标，或者说，这些企业才有可能进入并购市场成为供给方。随着我国经济的不断发展，对外开放程度不断加深，国有企业改革不断深化，国有

企业参与外资并购的愿望日益强烈。

（一）保持企业持续发展

由于体制等原因，我国一些国有企业因长期亏损而无力走出困境，有的虽然现在经营情况良好，但缺乏支撑企业持续发展的资源和能力。在依靠自身力量无力扭亏的情况下，通过把部分资产或股权出售给外资，靠外资的力量扭亏，是许多国有股东的愿望和动机之一。例如，20 世纪 90 年代，感光行业的汕头公元、厦门福达两家企业长期亏损达 70 亿元人民币，已无力生存下去，国有股东把控股权出售给柯达公司，目的就是想依靠柯达公司的力量，保持企业的持续发展。①

（二）引进先进管理模式

外资企业具有先进的管理能力和丰富的管理经验，管理理念和管理水平均要高于国内企业。当前，缺乏合格的经理人才是我国企业经营管理水平不高的一个重要原因。而大量合格人才的培养不是短时期内可以完成的，所以，在短时间内迅速提高我国企业的经营管理水平是很困难的。通过跨国并购，外资企业的管理优势可以移植到目标企业中，实现对原有内部资源更加合理、有效地配置。例如，原广州标致被日本本田汽车并购后，引进了看板管理、零库存管理、质量控制等先进的管理制度，实现了外商优势的有效转移。更为重要的是，这不仅有利于提高目标公司整体的经营管理水平，还为国内管理人员提供了学习机会，对培养国内优秀经营管理人才影响重大。江铃汽车被外资并购后，就曾为国内其他汽车制造企业输送了一批优秀的经营管理人才。

（三）改善国有企业的治理结构

我国的国有企业改制多年，但是始终未能取得令人满意的效果，其原因在于国有企业的产权关系不明确、治理结构不合理。虽然国有企业均已按照现代企业的要求建立起董事会和监事会，但国有股的一股独大直接导致股东大会、董事会、监事会形同虚设，缺乏有效的制衡机制。

外资股东进入董事会和决策层后，可以在一定程度上分散国有上市公司的股权集中度，改善上市公司的治理状况，形成有效的激励和约束机制，提高公

① 胡杰武，张秋生. 外资并购中国企业实务指南［M］. 北京：中国经济出版社，2006：21

司治理的效果与效率。江铃汽车就是一个很好的案例。2000 年之前，江铃汽车曾因连续两年亏损而被戴上 ST 的帽子。自 2000 年被外资并购以来，公司业绩持续、稳步上升。这不但与市场向好、公司自身改善经营管理有关，而且与福特公司进入该公司董事会，一定程度上改善了公司治理结构和决策机制也有很大关系。

（四）参与国际市场竞争

如何更好地与国际接轨，融入全球经济一体化，实现国际化经营，既是我国企业的一个战略主题，又是企业必须解决的问题之一。把产品销往国外仅仅是国际化的浅层次表现，在经营理念、经营模式、管理方式上与国际惯例接轨才是国际化经营的深层次表现。我国企业对国际市场运作规则不熟悉，缺乏跨国并购和投资的经验，国内金融机构、中介机构和政府部门也缺乏这方面的经验。吸引外商来华并购投资，将为我国企业提供近距离学习的机会，有利于我国企业适应全球化经济浪潮，更好地纳入到全球化生产体系，有效地参与国际竞争，“为更多的企业‘走出去’进行海外投资和采用更灵活多样的投资方式提供帮助”。[①] 例如，上海贝尔公司的国有股东把股权出售给外资，目的之一是希望积累和提升中方的经营理念、经营模式、管理方式，与国际惯例接轨。2006 年福建雪津啤酒将 40%的国有股权向外资转让，也是希望借助这桩跨国并购在企业文化、品牌管理等方面实现与世界先进水平接轨，跃上国际化发展的平台。

总之，面对日益开放的市场和改革、调整国有经济结构的压力，众多的国有企业积极寻求外资并购的渠道。在国有经济的战略性重组中，至少有 2.5 万亿元的经营性国有资产从竞争性领域中退出。[②] 外资并购市场中目标企业的供给形势令人鼓舞。大型跨国公司参与国有企业改革，不仅能够提供巨额投资，而且，随着资金的进入，经营理念、技术、全球营销网络、管理等各种资源都会输入到被并购企业。与跨国公司相比，国内的民营企业无论是在资金、规模、资本运作经验，还是企业经营实力等方面，都不足以独自担当并购国有企

---

① 曹雁翎. 外资并购我国国有企业问题研究［J］. 东北财经大学学报，2003（7）：28–31

② 郝洁. 以并购方式利用外资的法律政策问题研究［J］. 对外经贸统计，2007（2）：5–8

业的重任。这就为外资以低成本进入中国市场提供了机会。

二、外资并购国有企业的动机分析

在外资并购市场中，需求方是外国大产业集团或专业投资经济体，它们成为需求方通常要具备两个条件：一是要有购买欲望；二是要有购买能力。两者缺一不可。

从需求的角度看，不仅跨国并购比绿地投资具有许多优越性，而且中国特殊的转轨体制也为外资通过并购获得更大收益提供了可能。外资并购国有企业的现实需求主要来自于以下几个方面：

（一）迅速进入中国市场

当跨国公司进入新市场时，对当地市场情况通常缺乏了解。通过跨国并购，外资企业可以在不增加行业生产能力的情况下实现规模经济。例如，外商通过并购一些在中国具有一定知名度的本地企业，并利用当地消费者对这些企业的认可度在中国市场进行扩张。这不仅可以减少推广品牌的巨额费用，还可以直接利用当地企业的营销网络及其与政府和其他机构的已有关系，实现良好的经济效益。加入 WTO 以前，我国曾严格限制外资涉足国内银行业务。对外资银行全面开放后，自 2006 年以来，外资银行纷纷以战略投资者或财务投资者的身份进入我国银行业。如美国高盛集团等出资 378 亿美元入股中国工商银行；苏格兰皇家银行、新加坡淡马锡控股公司等出资 51.75 亿美元投资中国银行；美国银行和新加坡淡马锡控股公司分别斥资 25 亿美元和 14.66 亿美元购买中国建设银行股权；花旗集团出资 6700 万美元收购上海浦东发展银行的股份等，我国的各大银行无一例外地被 18 家外资银行参股或控股。外资银行借此迅速进入国内市场。

（二）扩张市场势力

20 世纪末以来，一系列大型跨国并购很好地说明了获取市场势力是跨国并购（尤其是一些大型跨国并购）的一个重要动因。通过横向并购活动，跨国公司可以提高市场占有率，减少竞争对手数量，增加对国际市场的控制力；跨国公司的纵向并购可以控制关键原材料和销售渠道，进而控制竞争对手的活动，提高企业所在领域的进入壁垒和企业的差异化优势。日益国际化的市场竞争环境要求跨国公司在世界范围内不断获取更大的市场势力，而跨国并购是短期内增强企业市场能力的最佳途径。例如，比利时的英博啤酒集团就是凭借在全球范围内的一系列并购成为全球性的啤酒集团。该集团于2001年斥资收购了赫赫有名的德国贝克啤酒，2003~2004年全面收购了马来西亚金狮集团在华啤酒业务，2002~2006年又对我国啤酒企业展开了大规模并购。①

（三）带来协同效应

由于东道国和母国存在税率差异和会计政策差异，有关企业并购的法律规定也不同，跨国并购会给企业带来财务协同效应，从而实现避税。在并购亏损企业时，通过合并财务报表，母公司的盈利和被并购企业的亏损相抵扣，从而实现减税的目的。在并购盈利企业时，通过互换股权或股权和现金收购结合，可以减少开办费、投资收益所得税等。此外，跨国公司规模的扩大也使得其融资能力得以提高。

另外，并购还会给外资企业带来经营协同效应，这主要体现为生产规模效应和经营规模效应。第一，跨国公司通过并购对企业资产进行补充和调整，降低企业的生产成本，解决专业化生产带来的一系列问题，使各个生产过程之间有机地配合，从而实现规模经济。例如，日本麒麟啤酒收购珠海啤酒厂后，利用全球化批量采购的优势，在保证了啤酒花、小麦等原料质量的同时，降低了采购成本。第二，通过跨国并购，可以针对全球不同市场开展专门的生产和服务，满足不同消费者的需求。第三，可以集中足够的经费用于研究、设计、开发和生产工艺改进等方面，迅速推出新产品，采用新技术。

（四）获取特殊的并购收益

现代企业理论表明，剩余索取权和剩余控制权的分离，导致国有企业产权只能是一种“廉价”的产权。从终极所有权来看，虽然所有的国有产权都属于全体人民，但让每个所有者直接参与管理是不可能的。因此，必须通过层层的委托—代理链进行委托管理。由于每一层代理人都有自己的利益追求，不能完全代表最终所有者的利益，冗长的委托—代理链必将产生信息扭曲和利益损耗。

① 尧秋根. 中国外资并购市场国际背景与市场转型［M］. 北京：中国经济出版社，2007：155-156

在外资并购国有企业的过程中，代理人的利益日益强化，且得不到有效的法律约束。为了捞取部门利益和个人利益，政府管理部门、企业经理等各级代理人存在着慷国家之慨、暗箱操作、瓜分国有资产的倾向，从而廉价转让国有资产。

大量事实也表明，由于目标公司价值低估而推动的投机性跨国并购在一定时期、一定国家大量存在。例如，20 世纪 80 年代美国经济疲软，股市低迷，吸引了大量的外国投资者；亚洲金融危机后的 1998 年，发生在韩国、马来西亚、印度尼西亚等国的跨国并购大量增加，表明外国投资者正利用东道国货币严重贬值，大肆低价收购目标企业，获得价值低估的资产。由于我国资本市场发育不完善，国有企业普遍缺乏跨国经营经验，不熟悉国际经济惯例，缺乏对投机性并购的识别能力，这为外国投资者的投机性并购提供了机会。特别是，部分国有上市公司所特有的“壳”资源，为外资寻求借壳上市和获取投机收益提供了机会。

三、国有企业管理层在外资并购中的行为动机分析

在外资并购国有企业的过程中，企业高管人员是一个不容忽视的群体，在很大程度上影响着外资并购市场中的供给方。

国有企业管理者的最大问题是内部人控制问题。国有企业的所有权属于全体人民，但由于所有者的极度分散，必须通过层层的委托—代理链进行委托管理。我国国有股的数额巨大且长期不能上市流通，结果是，能上市流通但数量较小的非国有股东既不能通过“用手投票”来影响企业管理层，也无法通过“用脚投票”来对企业高层管理施加压力。在“全民—政府—国有企业—经理”这一冗长的委托代理关系下，由于所有者缺位、信息不对称、监督不力等原因，企业的实际控制权往往掌握在管理层手中。在外资并购国有企业的谈判过程中，管理层成为目标公司最主要的谈判代表，在一定程度上左右或控制着谈判进程，甚至可以按照自己的意愿选择并购方。例如，2005 年外资并购国内某大型国有装备制造业企业时，表面上看是当地政府为主操作，实际上，早在 2003 年，当该企业刚刚进入引资改制操作阶段的时候，企业管理层就已经聘请了后来的并购受让人之一——一家美国的著名投资银行出任自己的财务顾

问。虽然该银行最终未能如愿，但事情本身说明，企业管理层事先早就已经圈定了符合其自身利益的特定对象，并有意地将企业秘密暴露给并购拟选人，从而为日后并购的内幕交易埋下伏笔。

作为外资并购中的主要谈判者之一，国有企业管理层比国有企业委托人（即政府）拥有更多的信息优势，了解企业的真实价值。但是，一方面，并购是国有企业管理层与政府解除委托代理关系的过程，意味着企业管理层即将与政府签订解除委托代理关系的契约，因此，它们缺乏按照真实价值讨价还价的动力。除非它们会从并购中获得按照真实价值讨价还价的应有好处，否则，道德风险的存在使得它们不会按照所了解的企业价值与外资谈判。[①] 另一方面，外资并购可能也是国有企业管理层与外资签订新的雇佣契约的过程。国有企业管理层按照企业的真实价值讨价还价不但不会从政府那里得到任何好处，而且还可能因此惹恼和得罪外资。它们要想在外资受让后的企业里继续谋得管理职位，利用私人信息将国有企业贱卖则是国有企业经理的理性选择。压价卖出不但可以在并购后的企业中继续谋得管理职位，还可能获得外资的另类奖励，如股票和期权等。在徐工和双汇的并购中，外资方不仅明确表示企业原有管理层保持稳定，而且还承诺并购后享有股权独占或绝对控股，为将来向企业管理层配送股票和期权留下足够的产权空间。

四、政府参与国有企业并购的动机分析

（一）政府参与外资并购国有企业的一般动机

一方面，我国各级政府作为国有企业的所有者，以追求资本收益最大化作为其行为目标。由于国有资产也是一种市场化财产，对国有企业的并购理应遵循市场经济的运行规律。为了实现收益最大化，政府需要运用大股东的权利，通过并购等各种方式对资金、技术等资源进行重新配置。另外，如何保障国有资产在并购过程中不流失，使国家作为所有者的正当权益在产权交易中不受侵

① 谢茂拾. 代理人问题催生大型国企向外资“贱卖”——以外资并购徐工集团与双汇集团为例［J］. 中国发展观察，2006（10）：31-32

蚀，也是政府关注的问题。这些问题在本质上与市场化行为没有冲突。

另一方面，政府是社会的管理者和宏观经济的调控者。为此，政府站在一个超脱于其他所有社会利益集团之上的公正的立场上，对社会和宏观经济进行管理和调控，以弥补市场缺陷，克服市场失灵，解决市场本身解决不了、解决不好的问题。在外资并购中，并购双方都着眼于自身的微观效益，而这种微观动机并不一定能够达到宏观效益最大、整体结构最优和长远效果最佳的目标，即外资并购也存在市场失灵的问题。一旦外资并购的微观动机和国家的宏观动机（如产业结构政策、发展战略、市场竞争格局等）发生矛盾，政府的协调和干预就显得十分必要。在规范的并购市场中，政府的作用表现在两个方面：一是针对并购可能产生的外部性（如垄断等）进行干预，通过制定和完善各项法律法规，防止行业垄断和资本过于集中；二是针对并购中存在的各种信息不对称进行管制，通过监督和控制并购参与人的行为，为并购活动创造公平的环境。

政府具有企业所有者和社会管理者（经济调控者）的双重身份。这种双重身份和双重职能是矛盾的，不仅二者的目的、动机以及实现手段不同，二者各自的行为准则也不同。政府的双重身份和多重目标使其无法单一地从经济效率原则出发，来策划或指导国有股权的转让行为，而必须在一定程度上兼顾其他目标。在外资并购国有企业的过程中，所有者收益最大化目标与增进整个社会的经济安全目标之间就存在冲突。例如，外资并购后，为了提高企业效率，对国有企业进行资产重组和人员精简是必然的，这可能导致国有资产流失和失业上升。这时，政府只能在矛盾中做出抉择。在政府兼具双重职能的情况下，很容易导致政府行为不规范和混乱。政府既不能像社会经济管理者与调控者那样，公正地管理和调控整个社会经济，又不能像真正的资本所有者那样，有效地经营和管理自己所拥有的那部分资本。政府既当“裁判员”又当“运动员”，易于破坏市场规则，甚至会扭曲市场机制。①

（二）政府参与外资并购的特殊动机

我国国有企业在隶属关系上存在着地域、行业等人为分割和行政壁垒。国有企业监管部门的设置也相应形成了以行政区划为分界标志的各级政府和以行

① 曹雁翎. 外资并购我国国有企业问题研究［J］. 东北财经大学学报，2003（4）：28-32

政职能为分界标志的不同隶属管理部门。在“全民—中央政府—地方政府—国有企业”这一多重委托代理链条下，各级政府（或部门）不但不能对企业的亏损和风险负责，反倒争相分割收益，形成了明显的地方政府利益、部门利益和集团利益。在外资并购国有企业时，中央政府与地方政府的利益机制不尽相同，因而对待外资并购的态度也存在差异。

首先，地方政府受中央政府的委托，代理行使国有资本所有权，处于第二层次的代理人地位。根据委托代理理论，地方政府对于国有资产保值增值的关心程度一般要低于中央政府，它更关心的是减轻财政包袱、实现地方财政收入增长以及体现政府政绩。虽然外资并购中可能会出现国有资产流失、垄断和不正当竞争等问题，但这些问题都是中央政府所关注的，地方政府的关注度较弱。通过外资并购，地方政府至少可以得到两大好处：一是卖给外资属招商引资，并购成功是地方政府的政绩。在全国上下招商引资热潮的推动下，为了在短期内完成上级政府（部门）下达的招商引资任务，做出“好的”政绩，给社会和国家一个明确的交代，地方政府往往争相提高对外资的优惠待遇，以吸引外资并购。二是外资并购使企业得以持续发展，可以给地方政府带来税收、就业、债务偿还责任转移等外部长期综合效益，而这一点通过国有企业的私有化和民营化是不容易实现的。地方政府在这些利益的驱动下，更愿意将国有企业卖给既有钱又有本事搞活企业的外资。

其次，在我国财政体制市场化改革的进程中，中央政府始终没有找到利用市场机制实现国有资产保值和增值的有效途径，故而通过向地方政府分权，实际赋予了地方政府对辖区内国有企业的剩余索取权和控制权（王国生，2001）。出于不同利益的考虑，中央政府和地方政府在国有企业管理方面体现出不同的政策取向。中央政府更加注重国有资产的保值和增值，防止国有资产的流失。地方政府则更加看重地方国有企业对地方经济、市政建设、就业和税收的贡献。特别是现行国有资产管理制度规定，地方国有企业的处置收益划归地方政府。这样，在外资并购国有企业时，中央政府和地方政府就会采取截然不同的策略。中央政府对外资并购国有企业的行为采取了严格限制、谨慎审批的策略；而地方政府则从短期内增加地方财政收入等自身利益出发，往往表现为支持或放松策略。而且，由于地方政府同企业的关系更加紧密，对企业的了解也更加深入，这进一步助长了企业（特别是地方所属国有企业）寻求外资并购的热情。为促成并购交易，地方政府往往降低国有股权的交易价格，优惠出售国有企业股权。一个比较明显的例子就是苏泊尔与徐工机械的外资并购案。生产电饭煲的苏泊尔不论是无形资产还是净资产、盈利能力、经营规模、销售额等都比徐工机械低得多，然而苏泊尔的出售价值却超过徐工。一个可能的原因就是苏泊尔是民营企业，卖的是自己的资产，不会贱价出售；而徐工机械作为国有企业，在股权转让中却有许多非经济因素介入其中，例如招商引资任务、领导意志、国有资产缺乏有效监督等。

另外，理论上说国有企业的最终所有者是全体人民，但它无法真正人格化到一个具体的自然人身上，出资人的权利只能通过委托—代理关系由政府官员代为行使。我国国有企业的所有权实际掌握在国资委、财政局和企业主管部门的官员手中。而作为国有资本出资人和代表人的政府官员与一般自然人出资主体的职能有根本区别。这些政府官员不是投资受益人，不具有企业资产的剩余索取权，只能得到固定工资以及其他行政人员类似的福利。因此，他们不受产权约束，不能从制度上激励其监督企业经理。他们所关心的更多是政绩的提升，甚至个人私利等。特别是，国有资本转让退出要经过一系列的审批确认程序，外资并购的审批程序更加复杂。“只要有审批的地方，就有寻租的空间，即便只是个简单的登记注册。”2008 年底媒体披露的商务部条法司巡视员郭京毅及商务部原外国投资管理司副司长、中国外商投资企业协会副会长邓湛涉嫌受贿案就是一个很有说服力的事实。[①] 媒体报道，郭京毅案是外商投资领域的系列窝案，案件链条涉及企业、律师、官员，其链条如下：企业通过律师向特定官员行贿——法律制定部门官员与律师一起制定相关部门法规，并且利用专业知识，在法律中塞入企业意向或者留下审批漏洞——企业向部门递交审批申请——官员授意企业去找特定律师——企业通过律师费的方式支付贿金——按照律师规划的路径并在相关官员的帮助下，审批通过。该过程见图 6-1。

① http://news.sohu.com/20081030/n260340520.html

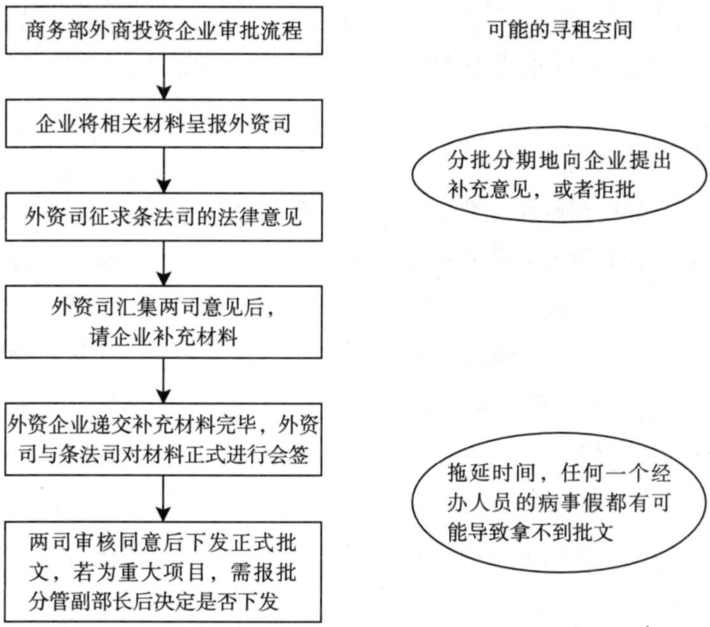

图 6-1　商务部外资并购审批流程

第二节　国有企业在外资并购中的竞争地位分析

了解外资和国有股东各自的并购动机，认清目标企业在行业中的地位及发展前景，可以为国有股权的价值调整奠定基础。在这方面，SWOT 分析法是一个很有效的分析工具。SWOT 分析法由美国旧金山大学的韦里克教授于 20 世纪 80 年代初提出。他将与研究对象密切相关联的各种因素分为内部优势因素（Strengths）与劣势因素（Weaknesses）和外部机会因素（Opportunities）与威胁因素（Threats），通过调查分析，依一定的次序，按矩阵的形式排列起来，然后运用系统分析的思想，把各种因素相互匹配起来加以分析，从中得出结论。SWOT 分析法为分析目标企业的内部和外部特征提供了一个基本的分析框架，有助于我们恰当地判断目标企业在市场中的地位及发展前景，在此基础上完成对国有股权评估价值的修正。

一、国有企业内部特征分析

（一）优势

（1）具有行业优势。从我国的政策环境和过去10多年外资并购的实际案例来看，我国的外资并购市场首先出现在制造业领域。外资并购最集中的领域也是制造业（见表5-1），而且多数并购对象是该行业中的骨干企业、龙头企业。外资之所以青睐这些行业或企业，是因为它们具有某些独特的优势资源。

自2001年我国加入WTO后，我国对金融、传媒、旅游、批发零售以及仓储运输等服务领域逐步开放。外资并购市场开始从制造业向服务业转移，外资越来越多地在这些服务领域寻找并购对象。外资并购时所青睐的行业一般具有如下特点：①有利于外资更快抢占市场；②有资源优势、与外资资源互补。见表6-1。

表6-1 国内具有相对优势的行业

销售能力（客户资源）	生产能力	研发能力	供应能力
金融、家电、商业、公用事业、航空及食品和饮料等具有较强营销网络的行业	部分制造业，特别是汽车、手机及家电行业	网络、IT、生物等高科技行业中的个别公司	房地产行业、旅游业、水泥、木材等具有局部垄断的行业

（2）具有某些资源优势。在众多国外买家的心目中，中国市场无疑是全球最大和最有潜力的市场。国外巨头不仅看中部分国有企业的资产（如土地、劳动力等），还看中部分企业的成长空间、销售网络、客户群体、行业壁垒等。中国作为“世界工厂”，劳动力相对便宜，在很多劳动力密集的行业尤其是制造业方面，具有全球领先的成本优势。这是诸多跨国公司将其制造业中心迁移到我国的主要原因。过去几年来，我国装备制造业中的很多龙头企业已经或正在被外资并购。如我国机械制造业龙头企业——徐工集团拟被美国凯雷投资集团收购；我国油嘴油泵行业的龙头企业——江苏、无锡威孚有限公司被德国博世公司收购；我国首家轴承行业上市公司——西北轴承股份有限公司被德国FAG公司收购；在化工行业具有举足轻重地位的锦西化工被跨国巨头西门子合资。

另外，一些具有良好品牌、客户群体和销售网络的企业也成为外资并购的首选目标。以零售业为例，位于经济发达地区的零售商，由于集地域、资金、规模优势于一身而纷纷成为外资的收购对象。再如，许多国内银行具有广泛的客户网络，也对外资有很强的吸引力。见表 6-2。

表 6-2 国内企业拥有的相对资源优势

行 业	优势资源
金融业	国内金融业具有销售网络和客户资源
基础设施行业，如供排水、燃气、电力、民航、港口等	自然垄断和行政垄断
制造业，如汽车及零部件、医药、电子、石油化工、机械等	有销售网络、技术壁垒
流通业，如大型综合超市、百货业等	理想的商业用地
资源类行业，如钢铁、金属及非金属等	拥有稀缺性、非再生性的资源
房地产业	垄断土地资源

资料来源：转引自并购交易网《重组和报告周刊》，第 175 期。

（二）劣势

（1）缺乏支持其长期发展的核心能力。虽然国有企业具有某些行业优势和资源优势，但国有企业在治理结构方面的缺陷严重制约了企业的管理能力、经营能力、创新能力和投融资能力。这影响到对企业核心能力的评价，成为影响外资并购的不利因素。这种不利主要表现在：①国有企业普遍存在产权的制度性缺陷，委托代理问题比较严重，影响了国有企业的经营效益和管理效率；②国有企业激励约束机制不完善，抑制了国有企业的活力和创新发展；③大量的历史遗留问题造成国有企业沉重的债务负担、不良资产比例较高。这些不利的方面导致外资在对国有企业估值时给予诸多“制度性折扣”。

（2）政府的不正当干预。我国行政管理体制的改革一直落后于经济体制改革。政府在经济管理活动中的角色和功能始终未能加以合理转变，这往往造成政府在不适当的时机、采取不恰当的方式、以不恰当的身份对国有企业进行干预。外资并购的行政审批手续复杂、审批周期过长，并购程序不透明，相关政策法规相对滞后和模糊，这增加了外资并购的成本，阻滞了外资并购的进度，不利于外资开展并购活动。在问卷调查中，一些企业表示，政府管理部门对外资并购的态度实际上处于一种“想管管不好、不管还不行”的尴尬境地。

（3）成本优势正在逐渐减弱。随着我国经济的迅速发展，我国大多数地区（特别是东部一些地区）的土地、原材料、劳动力成本等生产要素的价格都在不断上升，外资的投资成本不断攀升。我国企业已逐渐失去了成本优势，不少劳动密集型的投资项目已经或正在酝酿向周边国家转移。比如，亚太地区吸引外资增长最快的泰国和印度尼西亚，2005 年分别增长了 159%和 242%。

二、国有企业外部特征分析

(一) 机会

国有企业强烈寻求外资并购，是因为外资并购可以给企业带来新的发展机遇。

(1) 外资并购是改组改造国有企业的重要途径。党的十六大在总结了我国吸引外资、促进国有企业改制经验的基础上，提出利用外资是加快国有企业改革的重要手段和途径，并指出应通过多种方式利用中长期国外投资，把利用外资与国内经济结构调整、国有企业改组改造结合起来。“中国现有国有企业 40 多万家，实现产权结构多元化、进行资产重组至少需要 4 万亿元。如此巨大的资金缺口，靠国内的非国有企业投资显然有点‘巧妇难为无米之炊’。”[①] 何况，国内企业是否“巧妇”，能否从根本上解决国有企业的传统管理体制问题还是一个未知数。把外资并购作为推动国有企业改组改造的突破口，将给中国经济注入新的动力。

(2) 外资并购有利于吸引外国的资金、学习国外的先进技术和管理经验。许多外国企业具有雄厚的资金和先进的技术，在经营管理和经营组织等方面具有优势。通过跨国并购，外资的这些优势可以直接移植到目标企业中，快速提高目标公司的经营管理水平，从而实现对原有内部资源更加合理、有效的配置，提高整个行业的竞争力，对整个产业也将产生示范效应。

(3) 外资并购有利于国有企业参与国际市场竞争。吸引外国企业并购我国企业，将为我国企业提供近距离学习的机会，有利于我国企业适应全球化经济浪潮，使之更好地纳入到全球化生产体系，有效地参与国际竞争，也可以为企业“走出去”进行海外投资提供帮助。

① 罗汉春. 外资并购高峰突现 [R]. 商务部研究院

（二）威胁

外资觊觎我国的国有企业是出于自身的利益和动机。由于我国企业缺乏核心竞争力，产业规模比较弱小，加上相关的法律法规不够完善，外资并购会给我国的企业发展、行业竞争以及产业布局带来诸多威胁和挑战。

（1）抑制国内企业发展。与跨国公司相比，我国国有企业无论在资本、技术，还是管理水平、市场运作经验等方面都要逊色得多，缺乏与跨国公司相抗衡的核心竞争力。国有企业被外资并购后，外资依靠先进的技术和低成本的规模经营占领市场，将会引起行业内的竞争力对比发生改变，行业内其他企业的竞争力将被削弱。所以，外资并购会制约行业内其他企业的发展。

商务部的《跨国公司在中国报告（2005）》指出，外资进入中国对本地原有的科技产生挤出效应，抑制了中国企业的自主创新。如我国的汽车工业，原本奉行的是“以市场换技术”策略。但 20 多年里，我国合资汽车企业生产的都是外方品牌的汽车，不仅先进的核心技术没有进来，而且失去了国内市场。

（2）形成行业垄断。外资可通过控制技术、品牌和市场规模实现垄断，获得巨额垄断利润。这将损害消费者利益，破坏市场竞争。如果外资形成垄断，而又没有相应的约束机制，国内企业的生存环境将恶化。外资实现垄断的方式主要有：

①通过品牌和技术控制形成垄断。例如，在日用品领域，美国宝洁买断“熊猫”，德国汉高买断“活力 28”，高露洁买断“三笑”，通过降低品牌资产的价值逐渐取得合资企业的控股权。在软饮料行业，可口可乐基本控制了国内大中城市的饮料市场，国内生产能力超过 5 万吨的啤酒厂，合资率已经达到 70%。在移动通信行业，摩托罗拉、诺基亚和爱立信三家企业 1999 年的市场占有率就已达到 80%以上。

②通过控制龙头企业实现行业垄断。2006 年外资大肆收购国内各行业的龙头、骨干企业。例如，在油嘴油泵行业，德国博世公司收购我国油嘴油泵行业的排头企业无锡威孚后，我国的油嘴油泵行业几乎全部被外资垄断。在工程机械业，控制该行业规模最大的徐工集团，就能控制中国市场。

③通过控制市场规模实现垄断。以零售业为例，根据加入 WTO 的协议，我国零售市场于 2004 年底全面开放。随后，家乐福、麦德龙、百安居等国际

零售业巨头就掀起了抢占、瓜分国内零售业市场的狂潮。据麦肯锡 2006 年的报告分析，在未来 3~5 年内，中国零售业 60%的市场将由 3~5 家世界级的零售巨头控制，30%的市场由国家级的零售巨头控制，剩下不到 10%的市场由区域性零售公司瓜分。①

（3）迫使我国在国际竞争中居于产业分工的下游。如前所述，外资大量并购国有企业，目的在于盈利，它们不会关注中国企业的技术进步、民族工业的发展和产业结构的调整等问题，甚至为了达到长期垄断市场的目的而千方百计地控制技术转移和技术扩散。如果这种态势继续发展，中国企业就只能处在全球生产分工体系的末端，很难改变原材料、初级产品和一般工业制成品供应者的角色，从而在全球竞争中处于劣势地位。

表 6-3　我国国有企业在外资并购中的 SWOT 分析

	优　势	劣　势
内部特征	● 行业优势	● 缺乏核心竞争能力
	● 资源优势	● 政府的不正当干预
	机　会	威　胁
外部特征	● 改组、改造国有企业	● 抑制国内企业发展
	● 吸引外国的资金、学习外国的技术和管理经验	● 形成行业垄断
	● 有利于国有企业参与国际市场竞争	● 迫使我国在国际竞争中居于产业分工的下游

通过以上分析，在外资并购中，国有企业应该认清形势，扬长避短，通过合理估计国有股权和国有资产的价值，避免国有资产流失。当然，由于并购双方的目的和动机不同，加之并购中信息的不对称，并购双方对目标企业的估价结果可能不一致，从而引起中方要价和外方出价之间存在差距。外资并购国有企业是一种合作博弈行为。为达成交易，实现各自的利益，并购双方必须通过谈判和磋商来对价格进行协调，这就是定价的博弈过程。

① 我国企业外资并购和对外并购的发展趋势、问题与建议［R］. 深圳证券交易所研究报告，2007 年

第三节 外资并购中国有股权定价的讨价还价分析

谈判（或讨价还价，Bargaining）是一种协调当事各方行为的机制。当事各方不断讨价还价，最终达成一致的妥协，并提高合作收益。并购价格谈判过程也是确定并购价格的博弈过程，有关各方在讨价还价的过程中达成了各方认可的并购价格。本节将对外资并购中国有企业的并购价格讨价还价进行博弈分析。

一、完全信息下国有股权定价的博弈分析

在只有买卖双方参与的并购市场上，买卖双方会针对各自的利益点，确定自己可以接受的价格区间。对于外资方来说，只有并购后的价值大于支付的并购成本，并购才是有效率的，同时，为了使自身利益最大化，它总是希望以最低的价格购买到国有股权或资产。对于被并购的国有企业而言，只有得到的并购价格大于企业当前的价值时，它才愿意出售，而且，中方总是想以更高的价格出售自己的股权或资产。为达成交易，双方展开反复谈判和磋商，在确保双方都能获取利益的基础上，在外方的出价区间和中方的要价区间二者中找到一个平衡点，就是双方都认可的价格。最终的交易价格是买卖双方根据各自拥有的信息不断修正的结果。

（一）博弈假设

（1）信息是完全的，不存在信息不对称。博弈的局中人仅为并购交易的卖方（国有企业）和买方（外资方）。双方的交易皆出于自愿，不存在外因的强制作用。

（2）买卖双方在经过接触和谈判后，已经达成初步收购意向，形成单一卖方和单一买方，分别用 $i=1，2$ 表示。同时，他们都是理性的，都期望自己的利益最大化。

（3）资产评估机构对卖方的评估价值为 M，它代表卖方在独立经营状态下

的价值。M 是买卖双方都掌握的信息。卖方对于自己的真实经营状况是清楚的，买方则可以通过公开的信息资料或付出一定的成本估计卖方的经营状况。卖方能够接受的交易价格 P 大于 M（$P > M$），即 M 是卖方企业对特定交易价格的基础和底价。

（4）ΔM 代表并购给买卖双方带来的增值，即目标公司的并购溢价。由于买卖双方的并购动机和期望收益不同，买卖双方对目标公司的并购溢价会各自做出自己的估计，分别用 ΔM_2 和 ΔM_1 表示（二者均大于 0）。对买方而言，ΔM_2 意味着外资通过并购期望获得的各种协同效应、市场进入、市场能力增强等价值增值。对卖方而言，ΔM_1 意味着国有企业通过并购期望带来的经营理念提升、经营模式改变、先进技术和管理方式引进、盘活资产、优化结构、摆脱困境等所创造的价值。

由于目标公司的并购溢价水平 $\Delta M = \Delta M_1 + \Delta M_2$，$\Delta M_1$ 与 ΔM_2 是此消彼长的。为了实现自身利益最大化，买卖双方争论的焦点在于 ΔM 如何在双方之间分配。

（5）V_1、V_2 分别代表卖方和买方对目标公司的估价。由于双方对并购溢价的期望不同，因此，双方对目标企业的估价也不同。对买方而言，目标公司的并购价值 $V_2 = M + \Delta M_2$；对卖方而言，其估价 $V_1 = M + \Delta M_1$。ΔM_2 和 ΔM_1 均大于 0，则 V_2 和 V_1 均大于 M。

显然，买卖双方对目标企业估价的差距大小取决于 ΔM_1 与 ΔM_2 之间的差距，即买卖双方的并购动机和并购期望。而且，当 $V_1 \geqslant V_2$ 时，并购交易不会发生，即在本博弈中，并购交易的存在条件是 $V_2 > V_1 > M$。

（6）若并购交易按照价格 P 成交，卖方在交易中的收益 $R_1 = P - V_1$，买方在并购交易中的收益 $R_2 = V_2 - P$。由于理性的买卖双方都追求正的收益，有 $R_1 = P - V_1 > 0$，$R_2 = V_2 - P > 0$，即 $P - V_1 > 0$，$V_2 - P > 0$。则有 $V_2 > P > V_1$。因此，$V_2 > P > V_1 > M$。

（7）在整个讨价还价过程中，买卖双方不仅要考虑自己的策略选择，还要考虑对方的策略选择是否对自己的收益造成影响，以及应采取何种对策。

若双方在第 i 个回合达成交易，交易价格设为 P_i（$i = 1, 2, 3, 4, \cdots$），则卖方和买方的收益分别为 $P_i - V_1$，$V_2 - P_i$。

（8）假设博弈持续数期，考虑到货币时间价值，则需要对不同时期的支付水平进行贴现。另外，在每次谈判的过程中，买卖双方都将消耗一定量的资源和谈判费用。讨价还价每多进行一个回合，双方的利益就要打一个折扣，这里将其称为“消耗系数”，设为 δ（$0 < \delta < 1$）。实际的并购过程可能要进行多个回合的谈判，但谈判回合越多，消耗的资源和费用就越多，从而促使并购双方在尽量少的谈判回合中达成协议。对于希望达成协议的双方而言，减少谈判回合都是有利的。

由于买卖双方的交易动机、企业实力、供求关系、面临的环境等因素各不相同，买卖双方对谈判持续时间的忍耐程度也是不同的。因此，假设卖方和买方的消耗系数分别为 δ_1、δ_2。对时间的忍耐程度越差，消耗系数就越小。

（二）博弈模型的建立

假设先由卖方报出交易价格 P_1，买方在观测到卖方给出的报价后做出接受或不接受的选择。若买方接受，双方按照价格 P_1 完成并购交易，博弈过程结束。此时，卖方的收益为 $P_1 - V_1$，买方的收益为 $V_2 - P_1$。若考虑消耗系数 δ，卖方和买方的收益分别为 $R_1 = \delta_1(P_1 - V_1)$、$R_2 = \delta_2(V_2 - P_1)$。若买方不接受卖方的报价，则可以给出自己的出价 P_2（显然，$P_1 > P_2$），然后由卖方做出接受还是不接受的行动选择，双方进入第二个回合。若卖方接受买方的出价 P_2，双方按照价格 P_2 完成并购交易，博弈过程结束。此时，卖方的收益为 $P_2 - V_1$，买方的收益为 $V_2 - P_2$。若考虑消耗系数 δ，卖方和买方的收益分别为δ_1^2（$P_2 - V_1$）、$\delta_2^2(V_2 - P_2)$。若卖方不接受买方的出价，则可以将自己的报价进一步调整为 P_3（显然，$P_1 > P_2 > P_3$），然后由买方做出接受还是不接受的行动选择，双方进入第三个回合。若买方接受，双方按照价格 P_3 完成并购交易，博弈过程结束。此时，卖方的收益为 $P_3 - V_1$，买方的收益为 $V_2 - P_3$。若考虑消耗系数 δ，卖方和买方的收益分别为δ_1^3（$P_3 - V_1$）、δ_2^3（$V_2 - P_3$）。若买方不接受，则进一步给出自己的出价 P_4（显然，$P_1 > P_2 > P_3 > P_4$），然后由卖方做出接受还是不接受的行动选择。以此类推，直至博弈结束……

在上述循环过程中，只要任何一方接受对方的方案，博弈就告结束；如果方案被拒绝，则被拒绝的方案与以后的讨价还价不再有关系。即只要未达成一致的价格，谈判就要无限期地继续进行下去，直至最终达成交易。

具体的博弈过程见图 6–2 所示的博弈树。每个括号中的第一个数字表示卖方的收益，第二个数字表示买方的收益。

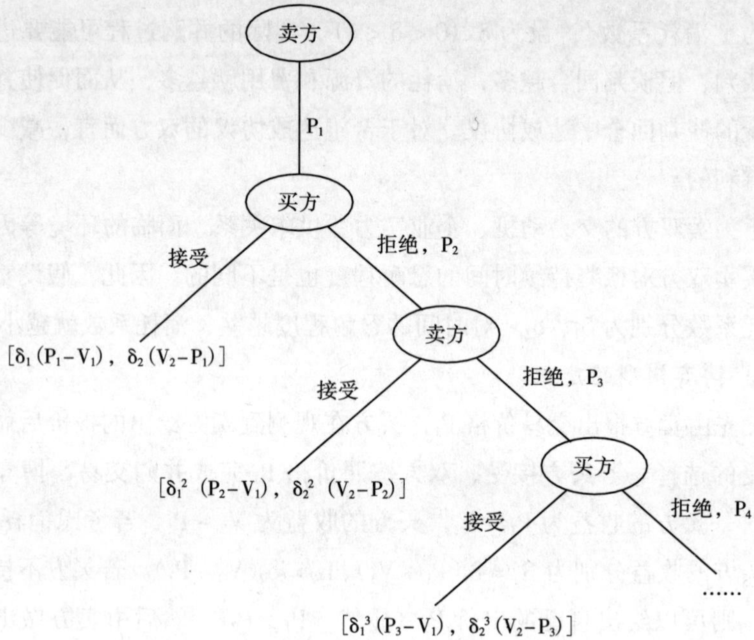

图 6–2　讨价还价博弈树

（三）博弈结果及解释

令 $\Delta V = V_2 - V_1$。当按照任何一个价格 P_i 成交时，买卖双方的收益 R_2 和 R_1 分别为 $V_2 - P_i$ 和 $P_i - V_1$，则双方的总收益 $R = R_1 + R_2 = P_i - V_1 + P_i - V_2 = V_2 - V_1 = \Delta V$。表面上看，上述多回合的讨价还价价格博弈机制似乎没有发挥其价格发现的功能，买卖双方讨价还价似乎就是为了合理确定并购双方有效地分配 ΔV 这块利润。但由于卖方的要价 $P_{卖} = \{P_1, P_3, \cdots\}$ 低于买者的估价 V_2，而买者的出价 $P_{买} = \{P_2, P_4, \cdots\}$ 高于卖者的估价 V_1，则有 $V_1 < P_{买} < P_{卖} < V_2$。这样经过多个回合的讨价还价，最终达成双方认可的成交价 P^*，显然 $P_{买} \leqslant P^* \leqslant P_{卖}$。考察讨价还价过程的每轮出价，可以发现，这是一个震荡向终值收敛的可列可行集。

Rubinstein (1982)[①] 和 Shaked & Sutton (1984)[②] 的研究证明，在存在贴现的无限期轮流讨价还价的博弈中，完美均衡结果是唯一的。该子博弈纳什均衡为：

$$R_1^* = \frac{1-\delta_2}{1-\delta_1\delta_2} \cdot R \tag{6.1}$$

公式（6.1）中，R 表示博弈双方的总收益，R_1^* 表示在达到均衡时，先采取行动一方获得的收益。

根据公式（6.1），在外资并购中，国有股权定价博弈也存在一个纳什均衡解，即：

$$R_1^* = \frac{1-\delta_2}{1-\delta_1\delta_2} \cdot (V_2 - V_1) \tag{6.2}$$

在国有股权定价博弈中，由于先采取行动的一方是卖方，因此，R_1^* 为达到均衡时卖方的收益水平。

在纳什均衡的状态下，买方获得的收益水平为：

$$R_2^* = R - R_1^* = \frac{\delta_2(1-\delta_2)}{1-\delta_1\delta_2} \cdot (V_2 - V_1) \tag{6.3}$$

在并购的过程中，买卖双方的并购收益是双方讨价还价的结果。根据公式（6.2）、公式（6.3），决定双方收益水平的因素有 δ_1、δ_2 和 ΔV（即 $V_2 - V_1$）。

在前面的分析中，当按照任何一个并购价格 P_i 成交时，买卖双方的收益 R_2 和 R_1 分别为 $V_2 - P_i$ 和 $P_i - V_1$。

由 $R_1^* = P^* - V_1$，得到纳什均衡状态下的并购交易价格 P^*，这个交易价格也是唯一的：

$$P^* = V_1 + R_1^* = V_1 + \frac{1-\delta_2}{1-\delta_1\delta_2} \cdot (V_2 - V_1) \tag{6.4}$$

这表明，在信息完全的并购市场上，并购价格是并购双方在讨价还价的过程中形成的。在博弈过程中决定并购价格的因素主要有四个：δ_1、δ_2、V_1 和 V_2。并购交易价格的高低与卖方企业对自身的估值 V_1 正相关，与买方和卖方

---

① Rubinstein，A. Perfect Equilibrium in a Bargaining Model [J]. Econometrica，1982，50 (1)：97-109

② Shaked，A.，Sutton J. Involuntary Unemployment as a Perfect Equilibrium in a Bargaining Model [J]. Econometrica，1984，52 (13)：51-64

对目标公司的估价偏差 $V_2 - V_1$（即 ΔV）正相关，与卖方的消耗系数 δ_1 亦成正相关，与买方的消耗系数 δ_2 成负相关。

V_1 表示卖方企业对自身价值的评价。卖方企业对自身价值的评价越高，则并购成交价格就越高。卖方对自身价值评价的程度与卖方企业的质量和并购动机有关。

ΔV 代表买方与卖方对目标企业的估价偏差。买方对目标企业的估价与卖方的估价差距越大，并购的成交价格就越高。根据前面的定义，$\Delta V = V_2 - V_1 = M + \Delta M_2 - (M + \Delta M_1) = \Delta M_2 - \Delta M_1$。可见，$\Delta V$ 这个偏差是由于买卖双方具有不同的并购动机和并购期望，进而双方对并购溢价做出不同的估计所造成的。当买卖双方对并购溢价具有相同的估计时，$\Delta V = 0$，买方的出价与卖方的要价相等，买卖双方也就不会讨价还价了。当买方认为通过自己的并购及经营运作，目标企业会获得更大的增值时，买方就会对目标企业给出更高的评价。因此，ΔV 也可以看做是并购公司的经济实力、资源整合能力、管理能力等综合能力的反映。

对于 δ_2 来说，δ_2 的大小表示与目标公司谈判时买方所消耗的资源、信息收集成本、谈判费用以及机会成本等损失。δ_2 越小，表示买方的并购信息成本、机会成本、利息费用等越低，并购后买方获得的收益就越大。可见，δ_2 越小，买方越有耐心与卖方进行谈判，这样就越有可能形成对买方有利的并购价格。因此，δ_2 越小，所形成的并购价格就越低，越有利于买方。

对于 δ_1 而言，δ_1 的大小表示与对手谈判时卖方所消耗的资源、成本以及机会损失等。Δ_1 越小，表示卖方在谈判中所消耗的成本、费用以及损失等越低，卖方就越有耐心与买方进行谈判。卖方经营状况好，就会有足够的耐心和时间与对手谈判，以便卖个好价钱。反之，如果卖方处于亏损状态，或强烈渴望并购，则谈判时间拖延的越长，其机会成本就越大，为避免损失，卖方只能尽快低价转让。

将 δ_1 与 δ_2 综合起来分析，这二者实际上代表着买卖双方议价能力的强弱。在讨价还价的过程中，买卖双方博弈的焦点实际上是双方估价偏差（$\Delta V = V_2 - V_1$）的分配比例。买卖双方的交易动机、企业实力、供求关系、对并购的渴望程度等因素各不相同，导致双方的讨价还价能力不对等。这就容易造成谈判和议价结果向一方倾斜的局面，进而影响到并购交易价格的确定。此外，双方的议价能力还受到并购双方信息的获取程度，谈判人员的构成、口才及其应变能力等因素的影响。

从我国外资并购市场的现实条件来看，国有企业在并购中的讨价还价能力远不及外资方，因此，国有股权的最终交易价格也不利于国有股东。这主要表现在以下几个方面：①国有企业在外资并购中往往处于不利的竞争地位，丧失了并购定价谈判中的主动权。一般来说，处于主导地位的一方将在竞争中占到先机，通常可以控制谈判回合，在谈判中也占有成本优势。在外资并购中，外资方在企业实力、市场势力、经营模式、战略规划等方面具有优势，国有企业通常处于不利的地位，这种地位的差异会影响到并购价格的确定。外资方从自身利益出发，必然要求以较低并购价格成交。国有企业拥有庞大的客户和销售网络，拥有土地等稀缺资源，这些虽然可以作为抬高并购价格的筹码，但国有企业改制重组的背景和特殊的委托代理链条下各级代理人的积极推动，使得国有企业强烈渴望被并购。这就弱化了国有企业的讨价还价能力。在外资并购活动中，处于被动地位的国有企业急于卖出，只好接受较低的交易价格。②外资并购市场通常表现为买方市场，潜在购买者之间的竞争不激烈。当有众多买家竞购目标企业时，由于竞争激烈，为在竞争中取胜，买方就会争相提高收购价格。当只有少数几个买方，或者各买方之间实力相差悬殊（如国内民营企业的竞争力要明显弱于外资），竞争不激烈时，并购价格就会相对较低。由于部分地方政府存在引进外资的“政绩”冲动，部分国有企业管理者也希望借助外资并购曲线实现 MBO，地方政府和国有企业管理者选择并购方时偏向外资。内资企业，特别是民营企业缺乏与外资公平竞争的机会。另外，我国对国有股权转让存在诸多限制，已发生的外资并购国有股权多数是协议收购（具体见附录1）。买卖双方是一对一的协商谈判，并购交易没有经过充分的市场竞争，价格发现机制没有发挥其应有的作用。这样形成的交易价格往往不利于国有企业。③国有企业往往会在并购谈判中提出一些附加条件，如保证国有企业职工的就业和工资待遇、承担国有企业的部分债务等。这些条件将增加并购方的成本，减少并购方的收益，最终还将反映到收购价格上来。

二、不完全信息下国有股权定价的博弈分析

上节的分析是建立在完全信息的基础之上的。现实经济中，完全信息的理想状态是不存在的。在外资并购定价决策中，不完全信息主要体现在以下几个方面：

一是作为卖方的国有企业向市场发布的信息是不完全的。虽然证监会、证交所、会计准则委员会等部门关于信息披露有严格的规定，但我国上市公司的信息质量仍然存在问题，无法满足信息客观、公正、及时、可靠等要求。信息质量问题有些是由道德风险和逆向选择造成的，信息披露者可能在传递的信息中加入“柠檬”成分；有些则是由有限理性造成的，信息披露方对会计准则、监管部门规定等在理解认识上存在误区。受到信息质量的影响，买卖双方对目标企业的估价就会存在偏差。

二是国有企业的委托人与代理人所掌握的信息不对称。国有企业经理作为内部人掌握的信息比较充分，国家、各级政府主管部门、股东大会、董事会作为委托人掌握的信息比较有限。在国有企业冗长的委托代理链中，处于委托代理链下端的代理人始终掌握有比上端委托人更多的信息。这就为各级代理人提供了道德风险和逆向选择的机会，各级代理人为追求自身利益纷纷介入并购价格的谈判中。

三是目前我国资本市场表现为弱式有效，这影响了信息传递的效率。我国资本市场还处于发展完善阶段，各项规定还不健全，尚存在很多监管“真空”地带。另外，政府职能尚未真正转变，市场交易活动受到很多行政干扰，国有股权转让不可能像在成熟股市那样表现出股权本身应有的较强的市场属性。

在完全信息下，并购双方关于目标企业经营状况和价值的信息是对称的，双方会根据目标企业经营状况的好坏确定交易价格，不存在卖方在自身经营状况差时高价卖出的可能。但买卖双方的谈判能力会在一定程度上影响交易价格的确定。在不完全信息下，买方关于目标企业经营状况和价值的信息是不完全的，无论卖方经营状况好坏，卖方都有出高价和出低价两种选择。

（一）博弈假设

（1）在并购交易中，博弈的局中人仅为并购交易的卖方（国有企业）和买方（外资方），且双方进行交易皆出于自愿，不存在外因。双方经过接触后，已经达成初步收购意向，形成单一卖方和单一买方，分别用 $i = 1$，2 表示。同时，他们都是理性的，都期望自身利益最大化。

（2）α 表示卖方的经营状况，它代表卖方经营好坏的类型。卖方知道自己的“类型”，而买方不知道。在博弈树中，引入“自然”的选择，由“自然”给出卖方的类型，然后买卖双方再进行选择。其中，α_b 表示经营状况差，α_g 表示经营状况好，则 $\{\alpha_b, \alpha_g\}$ = {差，好} 表示卖方的类型空间。

（3）P 表示在“自然”选择后卖方报出的卖出价格，即卖方向买方发出的信号。P_L 表示低价，P_H 表示高价，则 $\{P_L, P_H\}$ = {低价，高价} 表示卖方的信号空间。

（4）在并购谈判期间，中介机构对卖方的评估价值为 M。卖方对于自身的经营状况和真实价值是清楚的，因此，$P_H > P_L > M$。

（5）V 代表买方对目标公司的估价。由于信息不对称，买方不能直接观测到卖方的经营状况和真实价值，而只能通过市场公开信息或是付出一定的成本获得关于卖方价值的估计。买方估计卖方在经营状况好和差时的价值分别为 V_H 和 V_L。并且，$V_H > P_H$，$V_L > P_L$，$V_L > P_H$。否则，并购不会发生。

（6）在本博弈中，卖方先行动，买方在得知卖方的行动后再选择自己的行动。用 β 表示在观测到卖方发出的信号后，买方做出买或不买的选择。β_y 表示买，β_n 表示不买，则 $\{\beta_y, \beta_n\}$ = {买，不买} 表示买方的信号空间。

（7）卖方知道自己的经营状况（即 α），但买方不知道，只能通过公开信息估计卖方经营状况的分布概率 ρ，$\rho = \rho(\alpha)$。设 $\rho(\alpha_g) = \mu$，则有 $\rho(\alpha_b) = 1 - \mu$。

当买方观测到卖方发出的信号 P 后，使用贝叶斯法则[①] 可以从先验概率 $\rho = \rho(\alpha)$ 得到后验概率 $\rho = \rho(\alpha \mid P)$。

①贝叶斯法则的含义：例如，要了解在卖方出高价的条件下其经营状况好的概率，则可以借助于贝叶斯法则求解，$\rho(\text{经营状况好} \mid \text{高价}) = \frac{\rho(\text{高价} \mid \text{经营状况好}) \cdot \rho(\text{经营状况好})}{\rho(\text{高价})}$。

（8）假设并购失败时，买方的损失为0。卖方是否有损失则取决于卖方的经营状况。如果卖方的经营状况好，即使未达成并购交易，也不会有任何损失。在经营状况差时，未达成并购交易会发生损失 $-C$（$C>0$），包括破产损失、谈判成本、中介费用等。

（二）博弈模型的建立

本博弈共分为三个阶段：第一阶段由自然N选择卖方经营状态的好与差；第二阶段由卖方决定出高价还是出低价；第三阶段由买方选择买还是不买。具体博弈过程见图6–3所示的博弈树。首先，由“自然”选择卖方的类型（即卖方的经营状况是好还是差）；卖方知道“自然”的选择（即知道自己的类型），并据此向买方发出信号（即卖高价还是低价）；买方不能观测到卖方的实际经营状况（经营状况好或差的卖方都有可能选择出高价），但是能观测到卖方出示的价格（高价或低价）；买方在得知卖方的行动后，会根据卖方经营状况的分布概率选择自己的行动（即买或不买的选择）。

博弈树最底部括弧中的符号代表买卖双方在不同情况下的收益。每个括号中，第一个数字表示卖方的收益，第二个数字表示买方的收益。

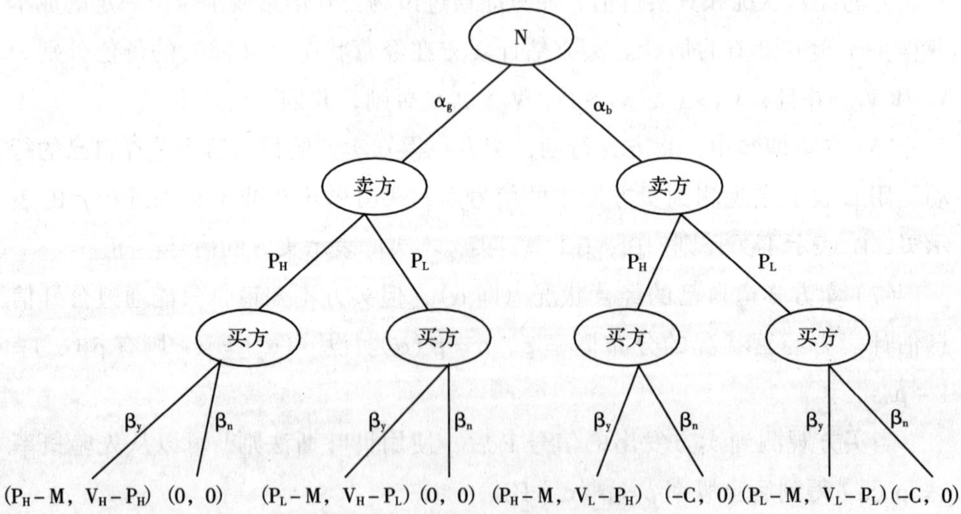

图6–3　不完全信息并购价格博弈树

（三）博弈分析

对于这种有限次的不完全信息博弈问题，可以利用逆向归纳法求解博弈的均衡结果。

1. 对买方的分析

(1) 卖方出高价时的分析。在卖方出高价时，买方有两种选择，买 (β_y) 或不买 (β_n)，而其最终的选择则会根据不同选择的收益大小而定。用 R 表示买方选择 β 时的预期收益水平（其中，R_y 表示买方选择买时的收益水平，R_n 表示买方选择不买时的收益水平），则有：

$R_y = \rho(\alpha_g \mid P_H)(V_H - P_H) + \rho(\alpha_b \mid P_H)(V_L - P_H)$

$R_n = 0$

下面分两种情况进行分析。

①若买方选择买，则必有：$R_y > R_n = 0$

即 $\rho(\alpha_g \mid P_H)(V_H - P_H) + \rho(\alpha_b \mid P_H)(V_L - P_H) > 0$

$\therefore \rho(\alpha_g \mid P_H)(V_H - P_H) > \rho(\alpha_b \mid P_H)(P_H - V_L)$

又 $\because V_H - P_H > 0$，$\rho(\alpha_b \mid P_H) > 0$

则有：$$\frac{\rho(\alpha_g \mid P_H)}{\rho(\alpha_b \mid P_H)} > \frac{P_H - V_L}{V_H - P_H} \quad (6.5)$$

②若买方选择不买，则必有：$R_y < R_n = 0$

即 $\rho(\alpha_g \mid P_H)(V_H - P_H) + \rho(\alpha_b \mid P_H)(V_L - P_H) < 0$

同理，解得：

$$\frac{\rho(\alpha_g \mid P_H)}{\rho(\alpha_b \mid P_H)} < \frac{P_H - V_L}{V_H - P_H} \quad (6.6)$$

综合①②的分析结果，在卖方出高价的情况下，买方选择买的条件为公式 (6.5)，选择不买的条件为公式 (6.6)。

(2) 卖方出低价时的分析。在卖方出低价时，买方仍有两种选择，买 (β_y) 或不买 (β_n)，其最终的选择仍然会根据不同选择的收益大小而确定。用 R 表示买方选择 β 时的预期收益水平（其中，R_y 表示买方选择买时的收益水平，R_n 表示买方选择不买时的收益水平），有：

$R_y = \rho(\alpha_b \mid P_L)(V_L - P_L) + \rho(\alpha_g \mid P_L)(V_H - P_L)$

$R_n = 0$

$\because V_L > P_L$，$V_H > P_H > P_L$

$\therefore V_L - P_L > 0$，$V_H - P_L > 0$

又 $\because \rho(\alpha_b \mid P_L) \geqslant 0$，$\rho(\alpha_g \mid P_L) \geqslant 0$

$\therefore R_y = \rho(\alpha_b \mid P_L)(V_L - P_L) + \rho(\alpha_g \mid P_L)(V_H - P_L) \geqslant 0$

$\therefore R_y \geqslant R_n$

因此，在卖方出低价时，买方的理性选择都是买。

2. 对卖方的分析

在本博弈中，卖方有两种选择：卖高价或卖低价，这取决于卖方对自身实力、社会形象、谈判能力以及买方在谈判中的反应等的充分估计。卖方收益的取得与否，必须建立在买方买或不买的行动基础上。

根据前面对买方的分析，当卖方出低价时，买方的选择都是买，即在卖方出低价时买方选择买的概率 $\rho(\beta_y \mid P_L) = 1$，$\rho(\beta_n \mid P_L) = 0$。而在卖方出高价的情况下，买方选择买的条件是 $\frac{\rho(\alpha_g \mid P_H)}{\rho(\alpha_b \mid P_H)} > \frac{P_H - V_L}{V_H - P_H}$，选择不买的条件是 $\frac{\rho(\alpha_g \mid P_H)}{\rho(\alpha_b \mid P_H)} < \frac{P_H - V_L}{V_H - P_H}$；因此，买方选择买的概率 $\rho(\beta_y \mid P_H) = \rho(\frac{\rho(\alpha_g \mid P_H)}{\rho(\alpha_b \mid P_H)} > \frac{P_H - V_L}{V_H - P_H})$，买方选择不买的概率 $\rho(\beta_n \mid P_H) = \rho(\frac{\rho(\alpha_g \mid P_H)}{\rho(\alpha_b \mid P_H)} < \frac{P_H - V_L}{V_H - P_H})$。

令 $\rho(\frac{\rho(\alpha_g \mid P_H)}{\rho(\alpha_b \mid P_H)} > \frac{P_H - V_L}{V_H - P_H}) = \lambda$，

则有 $\rho(\beta_y \mid P_H) = \lambda$，$\rho(\beta_n \mid P_H) = 1 - \lambda$。

（1）卖方经营状况好时的分析。当卖方的经营状况好时，它会根据不同选择的收益情况决定卖高价还是卖低价。用 R 表示卖方的预期收益水平（其中，R_L 表示卖方选择卖低价时的收益水平，R_H 表示卖方选择卖高价时的收益水平），则有：

$R_L = \rho(\beta_y \mid P_L)(P_L - M) + \rho(\beta_n \mid P_L) \cdot 0$

$R_H = \rho(\beta_y \mid P_H)(P_H - M) + \rho(\beta_n \mid P_H) \cdot 0$

$\because \rho(\beta_y \mid P_L) = 1$

$\therefore R_L = P_L - M$

又 $\because \rho(\beta_y \mid P_H) = \lambda$

$\therefore R_H = \lambda(P_H - M)$

①如果卖方选择出低价，则必有：$R_L - R_H > 0$

即：$P_L - M - \lambda(P_H - M) > 0$

整理，得：$\lambda(P_H - M) < P_L - M$

$\because P_H > M$，即 $P_H - M > 0$，

解得：

$$\lambda < \frac{P_L - M}{P_H - M} \tag{6.7}$$

即卖方在其经营状况好时选择出低价的条件为：$\rho(\beta_y \mid P_H) = \lambda < \frac{P_L - M}{P_H - M}$。

②如果卖方选择出高价，则必有：$R_L - R_H < 0$

即：$P_L - M - \lambda(P_H - M) < 0$

整理，得：$\lambda(P_H - M) > P_L - M$

同理，解得：

$$\lambda > \frac{P_L - M}{P_H - M} \tag{6.8}$$

即卖方在其经营状况好时选择出高价的条件为：$\rho(\beta_y \mid P_H) = \lambda > \frac{P_L - M}{P_H - M}$。

（2）卖方经营状况差时的分析。当卖方的经营状况差时，它会根据不同选择的收益情况决定卖高价还是卖低价。用 R 表示卖方的预期收益水平（其中，R_L 表示卖方选择卖低价时的收益水平，R_H 表示卖方选择卖高价时的收益水平），则有：

$R_L = \rho(\beta_y \mid P_L)(P_L - M) + \rho(\beta_n \mid P_L)(-C)$

$R_H = \rho(\beta_y \mid P_H)(P_H - M) + \rho(\beta_n \mid P_H)(-C)$

$\because \rho(\beta_y \mid P_L) = 1$，$\rho(\beta_n \mid P_L) = 0$

$\therefore R_L = P_L - M$

又 $\because \rho(\beta_y \mid P_H) = \lambda$，$\rho(\beta_n \mid P_H) = 1 - \lambda$

$\therefore R_H = \lambda(P_H - M) + (1 - \lambda)(-C) = \lambda(P_H - M) - C(1 - \lambda)$

①如果卖方选择出低价，则必有：$R_L - R_H > 0$

即：$P_L - M - [\lambda(P_H - M) - C(1 - \lambda)] > 0$

整理得：

$(P_H - M + C)\lambda < P_L - M + C$

$\because P_H > M，C > 0$

$\therefore P_H - M + C > 0$

解得：

$$\lambda < \frac{P_L - M + C}{P_H - M + C} \tag{6.9}$$

即卖方在其经营状况差时选择出低价的条件为：$\rho(\beta_y \mid P_H) = \lambda < \frac{P_L - M + C}{P_H - M + C}$。

②如果卖方选择出高价，则必有：$R_L - R_H < 0$

即：$P_L - M - [\lambda(P_H - M) - C(1 - \lambda)] < 0$

整理，得：

$(P_H - M + C)\lambda > P_L - M + C$

同理，解得：

$$\lambda > \frac{P_L - M + C}{P_H - M + C} \tag{6.10}$$

即卖方在其经营状况差时选择出高价的条件为：$\lambda = \rho(\beta_y \mid P_H) > \frac{P_L - M + C}{P_H - M + C}$。

3. 博弈结果

（1）卖方在其经营状况好时，会在 $\rho(\beta_y \mid P_H) = \lambda > \frac{P_L - M}{P_H - M}$ 时选择出高价。此时，买方和卖方的收益分别为（$V_H - P_H$）、（$P_H - M$）。

（2）卖方在其经营状况好时，会在 $\rho(\beta_y \mid P_H) = \lambda < \frac{P_L - M}{P_H - M}$ 时选择出低价，即被“贱卖”。此时，买方和卖方的收益分别为（$V_H - P_L$）、（$P_L - M$）。但博弈求解过程表明，这一“贱卖”行为是卖方根据自身利益最大化所做出的最优选择。

（3）卖方在经营状况差时，试图利用信息不对称，在 $\rho(\beta_y \mid P_H) > \frac{P_L - M + C}{P_H - M + C}$ 时出高价。其中，$\rho(\beta_y \mid P_H)$ 表示当卖方的经营状况差时，卖方出高价而买方选择并购的概率。因此，当卖方的经营状况差时，买卖双方博弈的结果取决于卖方估计买方高价并购的概率大小。如果卖方估计该概率大于

$\frac{P_L - M + C}{P_H - M + C}$，那么买卖双方就可能出现以下三种博弈结果：

①卖方的经营状况好，并与买方按照高价达成并购交易，这是一种买卖双方双赢的并购交易，此时双方的收益分别为 $(V_H - P_H)$、$(P_H - M)$。

②卖方的经营状况好，但未能与买方达成并购交易，此时买卖双方都未能获得并购收益（此时双方的收益均为 0）。

③卖方的经营状况差，但仍与买方按照高价达成并购交易，此时卖方获得并购收益 $(P_H - M)$，而买方发生并购损失 $(V_L - P_H)$。

（4）卖方在经营状况差时，将在 $\rho(\beta_y \mid P_H) < \frac{P_L - M + C}{P_H - M + C}$ 时选择出低价。当卖方出低价时，买方的选择始终是并购。也就是说，在卖方的经营状况差且出低价时，双方均能达成并购交易。此时双方的收益分别为 $(V_L - P_L)$、$(P_L - M)$。

三、其他参与者对讨价还价博弈的影响

根据前面的分析，并购价格是买卖双方在追求各自利益最大化条件下进行多次博弈的结果。前面只对买卖双方的行为进行了分析，假设没有其他主体的介入，价格由买卖双方讨价还价而定。在我国现有的国有资产管理体制下，国有资本退出需要通过一系列机构的审批确认程序才能完成，再加上国有企业治理结构不完善，外资并购国有企业的过程十分杂乱，国有企业经理层、中央政府、地方政府等都在其中扮演着重要角色。国有股权的定价过程不仅表现为买卖双方就各自的利益不断讨价还价的过程，博弈过程还涉及国有企业经理层、中央政府、地方政府甚至中介机构等众多参与方（见图 6-4）。

（一）资产评估机构对讨价还价结果的影响

根据前面对讨价还价博弈过程的分析，我们可以勾画出外资并购国有企业股权价格的形成机制。M 代表资产评估事务所等社会中介机构对国有企业的估值，它是国有企业能够接受的最低并购价格。V_1 代表国有企业自身对并购价格的估值。国有企业对 V_1 是清楚的，外资并不清楚，但外资知道 V_1 的概率分布区间。V_2 代表外资对国有企业的估值。它由外资对国有资产的估值和对国有企业利益相关者的补偿条件两部分构成，是外资能够接受的最高价格。P 代

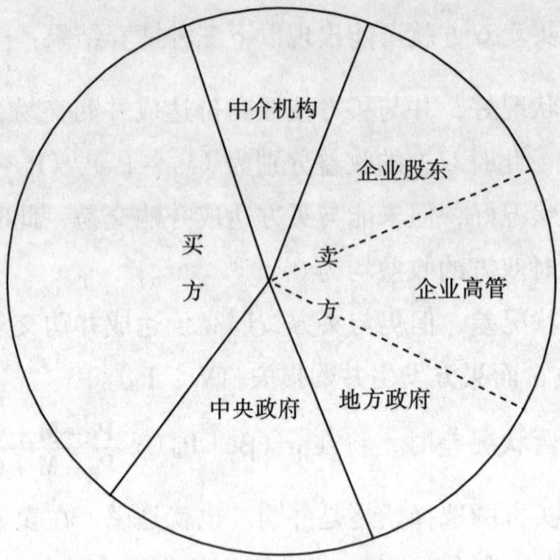

图 6-4 外资并购国有企业各参与方关系图

表中外双方都认可的并购价格。于是，各变量之间存在以下关系：

$$M \leqslant V_1 \leqslant P \leqslant V_2 \tag{6.11}$$

并购交易的最高价格是外资对国有企业的估值。如果并购条件高于该价格，则外资方不能接受。资产评估机构对国有企业的估值是并购交易的最低限价。如果低于该价格，即使外资能够满足国有企业提出的对职工、管理层和其他利益相关者的补偿条件，国有企业管理者因害怕承担“贱卖国有资产”、“国有产权流失”的责任，不敢轻易同意以低于 M 的价格卖给外资。国资委和财政部联合发布的《企业国有产权转让管理暂行办法》中也规定，国有产权的交易价格低于评估结果的 90%时，应当暂停交易，在获得相关产权转让批准机构同意后方可继续进行。[①] 因此，双方都认可的并购交易价格应该高于或等于资产评估机构的估值，同时又低于或等于外资的估值。这就要求资产评估机构对国有企业的估值必须公正、准确，因为评估结果将是确定并购交易价格的重要依据。

如果资产评估机构受到政府部门的行政干扰，或是受到利益相关者寻租行为的影响，或是由于自身执业素质和执业水平等原因，高估或低估国有资产的

① 《企业国有产权转让管理暂行办法》第十三条。

价值，就会对讨价还价的结果产生影响。国有企业的管理层以及地方政府都希望压低国有企业的估值，以提高并购交易的可能性。所以，这一过程中可能存在腐败。如果资产评估机构受利益驱使或行政干预，不能独立、客观、公正地对国有企业价值进行评估，会导致国有资产转让价格不真实。

（二）政府介入对讨价还价结果的影响

向外资转让国有股权的过程中，由于涉及国有资产是保值（增值）还是被贱卖、是否会形成行业垄断、是否会危害到国家的经济安全等敏感问题，政府有责任介入到外资并购活动中。但是，政府，尤其是国有资产管理部门在并购中扮演什么角色，是所有者还是行政管理机构？这是一个十分值得关注的问题。因为所有者和行政管理者二者的职能是不同的。作为国有企业的所有者，国有资产管理部门与外资企业的所有者处于平等地位，应该平等地进行并购谈判，而不是单方面制定并购的交易规则、审批并购协议。如果是行政管理者角色，作为国有资产的监管机构，将国有资产委托给董事会后，就没有资格直接参加并购交易谈判，只能负责制定并购交易规则，以及约束各方的交易行为。然而，我国许多国有资产管理部门的身份不清楚。国有资产管理部门既是游戏规则的制定者，又是企业的所有者；既是“裁判员”，又是“运动员”。目前的这种体制决定了并购国有企业与并购其他企业的并购机制是不同的，并购国有企业时政府处于主导地位。但一些政府部门既不完全采取公开的法律方式，也不完全采取规范的市场交易方式，而是借助行政手段以“出政策”、“制定配额”的方式参与并购。它们往往站在部门利益、集体利益的角度进行决策，违背市场经济规律。这样做的结果可能会加大并购交易成本，扭曲国有资产评估价格和交易价格。

我国国有资产管理体制还存在产权模糊不清、国有产权主体多元化与产权主体虚置等问题。国有资产所有者的职能被政府部门分割，造成了产权管理的多元化，政府各部门都是所有者，都可以向企业发号施令，但没有哪个部门真正对国有资产的保值增值负责任。从目前外资并购的审批机构来看，外资并购的审批主要由商务部主导。如果并购时涉及反垄断审核，将由发改委、工商总局和商务部等部门共同参与。如果涉及国有企业以及上市公司并购，还需国资委、证监会等多个部门协调。在获得了以上部门的批准后，外资还要到外汇管理局的资本项目管理司备案登记，才能将用于投资的资金汇入国内，同时也需要到国家税务总局相关司局备案。如果投资的产业属于《产业指导目录》里的限制类，在报呈商务部之前还要到国家发改委的国外资金利用司履行一下程序。多头负责、层层审批程序极易造成外资并购国有股权过程中效率低下、责任不清等问题，也为并购当事人的寻租行为和官员腐败创造了机会。两位主管外商投资审批的商务部司级官员相继落马[①] 后所披露出来的一些细节就从一定程度上印证了这个问题。

（三）企业管理层对讨价还价结果的影响

出于种种动机和利益的诱导，国有企业的高管人员在外资并购过程中也扮演着主要角色，有贱卖国有企业的动机和倾向。这样，国有企业的高管人员也成为博弈局中人。

由于冗长的委托—代理链和长期以来的股权分置，国有企业的所有者缺位、信息不对称和监督不力，非流通股股东的话语权被“压抑”，而国有企业的所有者——全体人民是一个非人格化的主体，也无法真正行使其所有权。因此，经理层实际上牢牢掌握着国有企业的控制权。

在外资并购国有股权的过程中，国有企业产权模糊性和国有企业独特的“内部人控制”问题，为国有企业内部人——管理层提供了很大的寻租空间。这是因为国有企业冗长的委托—代理链造成了委托人与代理人的信息不对称，企业管理层比国有企业委托人（即政府）拥有更多的信息，它们才是真正了解企业真实价值的人。在并购决策中，这就不可避免地导致企业管理者的逆向选择和道德风险行为。作为国有企业的主要代表与外资方谈判时，它们往往没有动力按照企业的真实价值以及委托人利益最大化的原则与外资进行讨价还价。特别是，为了在外资受让后的企业里继续谋得管理职位，它们往往更多偏重于个人利益，与外资方私下“合谋”，将国有企业贱卖给外资方。

① 指商务部条法司巡视员郭京毅及商务部原外国投资管理司副司长邓湛涉嫌受贿案。

第四节　影响国有股权交易价格的非财务因素

外资并购国有企业是外国投资者与国有股东之间的一种交易，是国有股东将国有股权或国有资产向外资方让渡的市场化行为。在市场经济中，价格与市场是相互依存的。根据供求定理，交易价格是由供求双方的力量对比决定的。在转让中，目标企业的股权作为一种交易标的或商品，其均衡价格是转让方与受让方双方力量对比的结果。在外资并购国有企业的过程中，以上规律也在发挥作用，公开、公平、公正的交易价格是建立在双方的实力对比基础上的。但是，由于我国的资本市场发育不完善、相关法律法规不健全、国有企业委托代理问题严重和信息不对称等原因，在实际并购定价的过程中掺杂了一些非市场因素，交易价格难以完全依靠计算得出，很大程度上也受到一些非财务因素的影响。本节借鉴波特的五种竞争力分析框架，将外资并购中影响国有股权定价的非财务因素归纳概括为五个方面。见图 6-5。

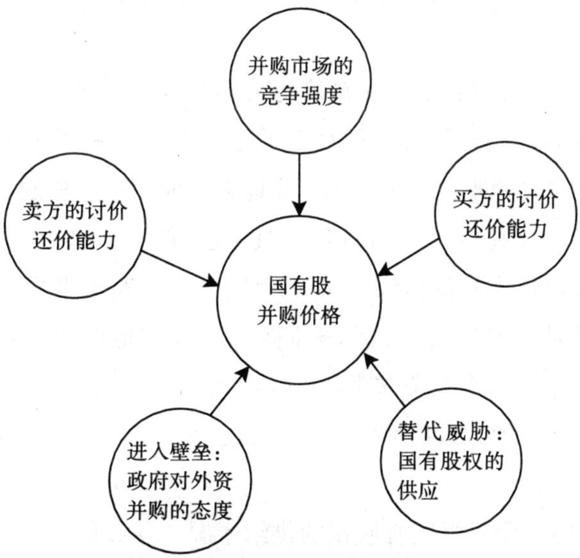

图 6-5　外资并购中影响国有股权并购价格的五个非财务因素

（1）进入壁垒，即政府对外资并购的态度。在规范的并购活动中，政府的作用并不是代替市场机制，而是补充市场调节的不足。但在外资并购我国国有股权的市场上，政府兼具双重职能，它们既当“裁判”又当“球员”，易于破坏市场规则，甚至会扭曲市场机制。由于政府部门的非市场化动机，政府在追求、吸引外资的过程中始终处于一种高度非规范化状态。政府既不能像社会管理者和宏观经济调控者那样，公正、客观地管理整个社会、调控宏观经济；又不能像真正的资本所有者那样，有效地经营和管理自己所拥有的那部分资本，关注其保值增值。

国有股权的特殊背景和我国证券市场的弱势有效性也决定了国有股权转让不可能像普通股转让那样表现出股权本身应有的较强的市场属性，更不可能像西方成熟股市那样完全由市场供求关系决定其价格。况且，与向中资企业或管理层转让国有股权相比，向外资转让国有股权还涉及是否被贱卖、是否会形成垄断、是否会危害国家经济安全等十分敏感的问题。目前，我国对于外资并购准入方面的有关规定还比较模糊，真正的生杀大权还基本由审批部门掌握，这导致外资并购审批时可能会因为这样或那样的原因被驳回。不过，这恰恰也给并购当事人的寻租行为以及官员腐败创造了机会。对于外资而言，并购需要经过层层审批也是进入壁垒的组成部分，因为这会增加并购成本，拖延并购交易时间，丧失有利的并购时机。

在外资并购国有企业时，中央政府更关心是否会出现国有资产流失、垄断和不正当竞争等问题。地方政府往往更看重企业持续发展带来当地税收、就业、债务偿还等情况的改善。中央政府与地方政府的利益机制不同，因而对待外资并购的态度也存在差异。2006 年 5 月，全球第二大轴承集团德国舍弗勒集团曾与洛阳市国资委签订框架协议，计划出资 11 亿元收购洛阳轴承集团的大部分股权。但是国家发改委、商务部等部门经实地调研和多轮研讨后给出的决策意见是，禁止舍弗勒整体收购洛轴，但允许参股，或者与洛轴进行局部合作。中央政府与地方政府的利益不一致导致二者对舍弗勒收购洛轴的不同态度。

（2）替代威胁，即目标国有股权的供给情况。从我国大多数国有企业的现状看，国有企业往往具有被并购的强烈意愿，甚至愿意为此降低并购条件。原因是：第一，中国经济体制改革、对外开放与经济发展的要求，决定了国有企业参与外资并购的愿望强烈。国有企业希望通过外资并购扭转亏损局面，提高经济效益，改善经营管理，引进资金和先进技术。为此，国有企业会积极寻求外资并购的渠道。第二，政府，特别是地方政府积极推动外资并购。一般而言，只要外资并购国有企业符合我国政府的产业导向，又有利于中央政府履行职能、达到其行为目标（如有利于增加就业、促进经济发展、提高资源配置效率等），中央政府就会持支持态度。地方政府对于外资并购的态度比中央政府积极，地方政府与企业的距离比中央政府近，对外资并购的推动作用也更为明显。第三，地方国有企业分布比较分散，相互之间存在竞争关系，这给外资并购提供了有利机会。跨国公司往往能够利用国有企业之间的竞争关系，多处出击，寻找并购对象。外资并购市场表现为买方市场，这为外资提供了压低并购价格、以较低的成本并购国有企业的机会。

一些国有企业拥有庞大的客户和销售网络，拥有土地使用权等稀缺资源，这些本来可以用作其抬高并购价格的筹码。但是，国有企业改制重组的愿望迫切，尤其是国有企业的各级代理人出于各种自利动机而积极推动外资并购，这会导致国有企业在并购中处于不利或被动地位。

（3）供应商价格谈判能力，即国有股东的讨价还价能力。谈判能力是一种价值的体现。在价格谈判中，讨价还价能力越强，所取得的优势越大，就越能够取得更满意的价格。谈判对人员的素质、知识、技能等都有较高的要求。在谈判中，要能揣摩对方的心理和意图，善于捕捉细小的信息，有较强的逻辑推断能力。许多公司在谈判时，为取得更满意的结果，都会聘请专业的谈判人员协助谈判。作为国有股东，讨价还价的能力除了表现在其谈判代表的素质和技能外，还取决于国有企业是否具有吸引外资并购的优势。这种优势集中体现在以下方面：

①国有企业在其所在行业的地位。任何企业都要在特定的行业中开展经营活动。行业的性质、特点和结构直接影响着企业的并购行为和并购绩效，进而决定并购的价值。行业因素主要包括所在行业的生命周期、发展前景、市场潜力、竞争强度（如竞争对手的实力变化、替代产品的威胁等）、目标企业的行业地位（处于行业龙头地位的企业的战略价值一般要大于非龙头企业的战略价

值）、目标企业的市场控制能力（如企业产品市场占有率、产品的顾客忠诚度等）等方面。一般而言，发展前景越好、市场潜力越大、行业内的地位越高、市场控制力和影响力越强的国有企业，其并购价值就越高。比如，处于行业龙头地位的企业，其并购价值一般要大于非龙头企业。

②国有企业是否拥有某些特殊资源。如果说行业因素从总体上决定了并购价值的增长空间，那么企业的资源则是并购价值的客观基础。一般说来，企业拥有的资源包括四类：生产资源，如土地、厂房、生产设备、原材料甚至地缘位置等；技术资源，如研发设施、研发队伍、技术储备、研发渠道等；管理资源，如企业的管理模式、管理手段、管理队伍等；关系资源，即企业与利益相关者（如客户、供应商、债权人和政府等）的关系。目标国有企业越是拥有外资发展所急需的或是与外资形成互补的资源，外资就会对国有股权给出更高的报价。例如，我国的国有银行一般具有广泛的销售网络和客户资源，外资并购国有银行时，如果未将这些特殊资源的价值计入国有股权的价值中，就容易造成国有股权的价值被低估，甚至被严重低估。

③国有企业是否具有核心能力。企业核心能力是企业利用各种资源在所经营的核心业务或产品上建立起来的具有显著竞争优势的能力。对企业核心能力的评估可以从企业的管理能力、经营能力、创新能力和投融资能力等方面进行。管理能力体现了企业的原材料采购、生产、分销、售后服务等经营活动的效率。经营能力高的企业能够通过有效地组织生产经营活动来降低经营成本，从而增加企业的现金流量。创新能力主要表现在企业的技术创新能力、制度创新能力、组织创新能力和市场创新能力四个方面。创新能力强的企业可以更好地适应激烈的市场竞争，在价值创造方面具有更大的潜力。

外资并购国有企业的目的是实现未来的长期盈利和发展。为实现这一目标，国有企业要能够与外资企业产生协同效应（即经营协同、管理协同和财务协同），从而帮助外资企业建立或巩固自身的核心竞争力。因此，国有企业拥有的某些核心能力会成为提高外资并购价格的重要筹码。然而，从外资并购我国企业的实际来看，许多国有企业的核心竞争能力严重不足，主要表现在管理水平相对较低、经营能力相对较差、财务能力不足、创新能力有限等方面。

（4）购买方价格谈判能力，即外资方的讨价还价能力。在并购过程中，目标股权的均衡价格是买卖双方力量对比的结果。国有股权的交易价格不但与国有企业自身的特点和谈判能力密切相关，也与外资的规模实力、经营状况、管理能力以及谈判能力等息息相关。以上几方面的实力对比决定了中外双方在并购交易中所处的地位。通常，双方在并购交易中的地位和实力对比越均衡，所形成的交易价格才越符合“公开、公平、公正”的原则。如果并购交易双方的实力对比相差悬殊，并购定价的天平就会发生倾斜。那些经营有方、市场地位牢固、实力雄厚的优势企业往往掌握着并购定价的主动权。

我国现有的外资并购市场中，通常外资并购方都是大型的跨国公司，往往在品牌、管理、资产、技术等方面具有优势，部分目标企业虽然在国内也是业界龙头，但是与跨国巨头相比还是处于劣势。这样，处于优势地位的外资必然要求以较低的并购价格成交。否则，它会凭借其在市场上的有利地位和强大实力，以各种手段（如进行产品价格竞争、打击协作者等）使国有企业经营愈加困难，最终被迫接受较低的并购价格。另外，外部经济环境、法律环境、金融环境、税收环境以及政策环境、双方的文化、理念等因素都在不同程度上影响着并购交易价格。我国企业与跨国公司在资本实力方面几乎差了一个数量级，我国的金融环境与发达国家也存在着极大差距。这在一定程度上增加了外资并购的成本，并最终反映在并购价格上。还有，我国国有企业普遍存在的产权制度性缺陷、国有企业特殊的委托代理问题、沉重的债务负担、较高比例的不良资产以及大量历史遗留问题，也导致外资在对国有企业估值时给予诸多“制度性折扣”。

（5）现有市场的竞争，即潜在买方之间的竞争。外资并购国有企业是外国投资者与境内国有企业股东之间的一种交易，是国有股东将国有股权或国有资产向外资方让渡的市场行为。在市场经济中，价格与市场是相互依存的，根据供求定理，交易价格是由供求双方的力量对比决定的。在并购市场中，潜在的买方数量越多，竞争实力越相当，所形成的并购价格经过充分的市场竞争，就越有利于卖方。

我国的外资并购多数为一对一的协议并购，通常没有更多的潜在买方参与竞价，缺乏市场发现价格的过程。即使有多家买方，也往往由于买方之间实力相差悬殊（如国内民营企业虽然也有收购国有企业的意愿，但其竞争实力要明显弱于外资），并购交易没有经过买方之间充分的市场竞争，所形成的交易价格自然不利于国有企业。我国的国有股权转让还普遍存在着信息不公开或者信息公开不及时、不全面等现象，转让过程中暗箱操作、违规操作，也影响了潜在竞争者的参与，有碍公平交易价格的形成。

在外资并购国有股权的过程中，以上五个非财务因素对并购价格的影响是不容忽视的。以英博收购雪津为例，2006 年 1 月 23 日，英博啤酒集团出价 58.86 亿元人民币，收购福建雪津啤酒集团 100%股权，收购的市净率达到 11 倍，这一价格创下了外资并购我国啤酒行业的纪录。一方面，这一价格是由雪津啤酒的财务表现决定的，与其良好的盈利性和增长性有关。雪津 2005 年的息税前利润与折旧总和（EBITDA）为 4.53 亿元，显示了雪津当时良好的盈利性。根据英博的测算，在投资第五年后，随着雪津的净利润不断增长，扣除资金成本后，每年都将实现净流入，显示出英博对雪津未来增长性和盈利稳定性的信心。另一方面，这也与雪津啤酒在一些非财务因素方面占有优势有极大的关系。

第一，从进入壁垒来看，福建省政府对雪津啤酒国有股权转让的态度是积极支持的。雪津是福建莆田市最重要的支柱企业之一。为了推动地方经济更快发展，当地政府通过福建产权交易中心科学组织，将雪津的国有股权公开竞价出售。但是，为了不减少雪津啤酒对地方财政收入的贡献，对于此次收购，福建省政府提出了“三不变”原则，即“注册地不变，税收不变，品牌不变”。在得到英博的认同后，福建省政府对英博收购雪津的态度是积极支持的。

第二，从目标国有股权的供给情况来看。尽管中国仍然有 500 多家啤酒企业，但是其中有 80%的企业属于年产量少于 5 万吨的小型企业，它们是不具备收购价值的。一般看来，只有“年产量在 20 万吨以上，具备一定区域市场份额，能够有助于实现英博战略布局的啤酒企业”才具备收购价值，而这样的企业数量并不多。即便是这为数不多的企业中，像哈尔滨啤酒被美国 AB 集团收购，华润啤酒、青岛啤酒与美国 AB 集团合作，重庆啤酒被英国纽卡斯尔啤酒收购，荷兰喜力参股粤海啤酒，剩下的就更屈指可数了。但这也使得雪津啤酒可以脱颖而出，成为外资方关注的焦点。

第三，从国有股东的讨价还价能力来看，雪津的国有股东在并购谈判中拥有很强的优势。

①雪津在区域市场的领导地位和完善的营销网络。雪津位于福建省东南沿海莆田市。公司创建于 1986 年，资产总额 11 亿多元，拥有 3 个酿酒厂，总产能 90 万吨。雪津凭借出色的产品结构和成功的产品营销，2004 年度啤酒实际产销量达 72 万吨，在福建的市场占有率约为 45%，在江西的市场占有率约为 18%，是福建啤酒行业的龙头老大，在江西也具有市场优势地位，在全国排名第八位。拥有了雪津就等于拥有了其在当地的完善的营销网络和市场资源，就为英博节省了在福建和江西重新建立销售网络的巨大成本。

②雪津的品牌价值较高。雪津啤酒拥有优秀的品牌组合，包括当地高档品牌雪津麦之初、雪津天地、雪津纯生、雪津冰啤，及核心啤酒如雪津精品、雪津特爽，荣获中国名牌称号。

③雪津啤酒具有优秀的管理层和高效率的员工队伍，其管理效率和人均生产效率是国内啤酒企业中的佼佼者，这是国内其他啤酒生产企业无法比拟的，也正是雪津啤酒的内在价值之一。

表 6-4　各啤酒企业的管理效率和人均生产效率情况对比

被收购国内啤酒企业	收购前员工人数	产能（吨）	人均产能（吨/人）
惠泉啤酒	1851	60 万	324
哈尔滨啤酒集团	2500	120 万	480
雪津啤酒	750	90 万	1200

第四，并购价格是在交易中产生的，它是并购双方博弈的结果，因此，外资方英博的讨价还价能力也影响到并购价格。英博啤酒集团总部位于比利时，2004 年 8 月与巴西美洲饮料公司合并，成为世界第一啤酒生产集团，英博旗下啤酒厂分布于 20 多个国家，产品行销 110 多个国家和地区。英博的战略定位是全球性的区域性啤酒制造商。英博在中国的既定战略是，占领华南、华中、华东等具备最高消费实力的地区，成为中国沿海发达地区啤酒市场的领导者。其主要通过收购地区性的啤酒生产企业来实现这个战略目标。之前英博在中国国内已经收购了双鹿、KK、红石梁、白沙、金陵、金龙泉、绿兰莎、珠江等多个地方品牌，依靠这些品牌，英博占据着浙江第一、广东第一、湖北第一、湖南第一和江苏第二的市场位置，英博在中国拥有 400 万千升啤酒产能，

排名第三。在英博收购雪津之前，英博在广东、浙江、湖南、湖北都有啤酒厂，但是福建空缺，不仅仅是地理位置上被分割开，市场上也无法实现整体效益。如果雪津被竞争对手拿下，竞争状况就不可避免，英博连成一片整体的作战计划也将因为福建这一空缺无法实现。收购雪津后，英博在华东、华南的布局显得更加完善，其在福建、广东、浙江、江苏、湖南、湖北的势力范围将连成一片，并对江西啤酒市场形成包围之势，直接威胁 AB、华润等啤酒巨头。所以，福建市场是英博必须占领的战略要地。出于这一战略目的，英博对于此次收购势在必得，这就极大地削弱了它的讨价还价能力。

第五，潜在买方众多，且势均力敌。2005 年 8 月 31 日，福建雪津啤酒有限公司在福建省产权交易中心挂牌，要约竞价转让 39.48%的全部国有股权，面向全球招揽战略合作伙伴。雪津方面意在寻找有诚意、有实力的战略合作伙伴，做大做强啤酒产业，所以对竞争对手提出了很高的入场竞购门槛：从事啤酒生产与销售的企业，总资产规模应在人民币 70 亿元以上，并且在全球啤酒生产与销售的总收入应在人民币 400 亿元以上，拥有充足、可动用的流动资金等条件。凭借其不凡的内在价值，雪津吸引了英博、华润雪花啤酒、燕京啤酒、荷兰喜力、美国 AB 等国内外啤酒巨头参与竞购。面对来自国内外啤酒巨头们的橄榄枝，雪津对拟转让的股权进行了两轮的竞价，并规定第二轮的报价不得低于第一轮报价的最高价。经过激烈的竞价，第一轮竞购价最高为 40 多亿元，第二轮竞购价达到近 60 亿元，最终以 58.86 亿元的价格成交，溢价率达到 1100%。[①] 可见，众多啤酒巨头的参与，加剧了竞争的激烈程度，也形成了有利于卖方的交易价格。

① 资料来源：中国并购交易网 http: //www.mergers-china.com

本章小结

外资并购国有企业是一种市场化行为。在外资并购过程中，国有企业为了寻求长期发展，获取资金、技术和管理经验等，积极寻求外资并购方，这为外资并购提供了广阔的市场。而外资方为了占领市场、扩张势力以及获得协同效应等并购收益，也积极加入到并购国有企业的行列中来。由于国有企业的特殊背景和独特的委托代理问题，企业管理层、政府、中介机构等也都带着各自的利益动机参与到并购活动之中来，这使得外资并购国有企业的定价过程也会掺杂一些非市场因素。

在并购过程中，由于国有企业和外资方参与并购的目的和动机不同，导致双方在并购中表现出不同的内外部特征，既面临机会也面临挑战。通过 SWOT 分析，本章揭示了国有企业在外资并购中所处的地位以及在并购价格谈判中所处的境况。

外资并购中国有股权的交易价格体现为各参与方就各自的利益不断进行博弈和讨价还价的结果。本章分别就完全信息和不完全信息这两种情况，对外资并购国有股权定价进行了博弈分析。本章的分析表明，在完全信息条件下，买卖双方对目标企业的估价、买卖双方的谈判忍耐系数是影响并购价格的关键因素。在不完全信息条件下，受各种因素的干扰，会出现国有企业被贱卖的现象。

最后，本章将外资并购中影响国有股权定价的非财务因素概括为五个方面，即政府对外资并购的态度、目标国有股权的供给状况、国有股东的讨价还价能力、外资方的讨价还价能力和外资并购市场的竞争程度。

本章小结

[illegible]

[illegible]

[illegible]

[illegible]

第七章　外资并购国有企业股权定价模型的构建

前面各章通过实证分析和理论分析，揭示了外资并购国有企业过程中影响国有股权定价的财务和非财务因素。本章将在此基础上构建外资并购中国有股权转让价格的定价模型。

第一节　外资并购国有企业股权定价模型的提出

综合第三、第四、第五、第六章的分析，本书认为，在外资并购的过程中，当中外双方达成初步的并购意向后，国有股权定价过程大体上可以分为五个阶段：选择恰当的股权估价方法→分析影响定价的财务因素并对国有股权的价值作出初步评估→基于并购双方的并购动机和市场状况对国有股权的并购价值作出调整→各方当事人展开价格谈判→最终确定国有股权的转让价格。定价过程可用图 7-1 表示。

（1）选择适当的定价方法。定价方法的选择是否恰当在相当大程度上决定了并购价格是否合理。每一种定价方法都有优点和缺点，也有各自的使用前提和条件。在选择股权定价方法时，要结合我国的宏观经济、金融环境，注重定价方法的科学性和可行性，要考虑它们的适用性。同时，还需要考虑各种技术参数测算的难易程度和可操作性。此外，估价的目的不同，也应相应采取不同的股权估价方法。

本书认为，资产价值法虽然简便易行，但没有考虑企业未来的收益能力和

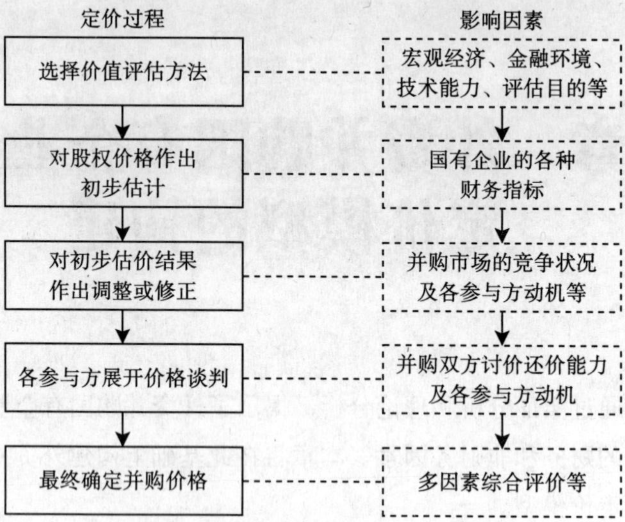

图 7-1　并购定价过程及其影响因素

资金的时间价值，也没有考虑企业所在行业的当前状况、企业的竞争地位和企业的组织资本等因素。市场比较法虽然克服了资产价值法只注重对单项资产进行评估的缺点，但需要在一个成熟有效的股票市场中应用。我国目前的股票市场仍处于发展阶段，单纯依靠此方法进行评估，结果易受市场波动的影响。而收益贴现法的估价结果是否可靠在很大程度上取决于对未来收益的预测和贴现率的估计，在现阶段的我国，该方法还不适用。在并购交易中，股权的交易价值是其资产价值、市场反应和收益水平等因素的综合体现，目标企业的各种财务指标会在不同程度上影响到股权价格。因此，在对股权定价时要三方面综合考虑，运用多种方法，全方位地考察目标企业股权的品质。

应该注意到，对同一企业的股权进行估价时，如果参与并购的双方采用不同的评估标准和评估方法，可能就会得到不同的评估结果，甚至双方评估出来的价值可能会有很大差异。即使中外双方采用相同的价值评估方法，也会由于双方使用的技术参数不同而出现较大的价值评估差异。

（2）运用财务估价模型对国有股权的价值作出初步估计。在这一阶段，需要对影响目标国有企业的各种财务指标进行分析，从中找出影响国有企业并购价格的关键因素，并建立外资并购上市公司国有股权定价的多元线性回归模型。运用这一模型可以对上市公司国有股权的价值作出初步的估计。

具体的分析过程是：首先对可能影响国有股权并购价格的若干个财务指标进行因子分析，将其浓缩和整理为几个主要影响因子；然后，进一步对这些影响因子进行多元线性回归分析，建立外资并购上市公司国有股权定价的财务模型。本书已在第五章对这些影响因子及多元线性回归模型做了详细分析和解释，在此不再重复。

（3）对国有股权初步估价结果作出调整和修正。在这一阶段，外资并购双方都会从各自的并购动机和利益出发，分析目标企业现有的经营状况和隐含的并购价值。并购会通过协同效应来创造价值，即通过并购双方的资源共享、能力和知识的转移来提升并购后双方的价值，即所谓的"1 + 1 > 2"。广义上的协同效应包括管理协同效应、经营协同效应、财务协同效应、技术协同效应、文化协同效应和品牌协同效应等。实际上，各种协同效应是各方参与并购的真正原因和动机所在。但由于外资和国有股东参与并购的动机不同，所掌握的信息也不对称，双方对并购协同效应所创造出来的价值会有不同的估计。

在价值评估和并购市场分析的基础之上，双方从自身利益出发，对国有股权的评估价值作出调整，并给出自己的报价。通常，国有股东可接受并购的最低价格应是其股权的实际评估价值，并希望外资企业报价比资产价值越高越好。外资企业要想并购成功，最低出价不能低于此价，但是也不能超过合并国有企业后可能带来的最大收益。

（4）各方展开并购价格谈判。在并购双方估算出并购定价区间后，外资企业和国有股东便在最高价和最低价之间展开价格谈判。在谈判过程中，双方根据国有股权的收购基价，考虑到各种影响价格的因素，力争对自己有利的价格，通过一番讨价还价，最后达成国有股权的转让价格。各方在谈判中所处的地位、各方的谈判能力和谈判耐心等因素是决定谈判结果的主要影响因素。

第六章的分析表明，在并购过程中，除了外资企业和国有股东会参与并购价格谈判，各级政府部门、国有企业的管理层以及中介机构出于各自的利益考虑，也会介入外资并购国有股权的谈判中来。这使得并购价格的确定变得更加复杂。

（5）确定最终的国有股权转让价格。经过上述四个阶段之后，所形成的交易价格就是国有股权的最终并购价格。本书将国有股权在并购后所体现出来的价值分解为两部分：一部分是由目标国有企业的财务表现决定的财务价值（即本文第五章建立的多元线性回归模型），它是由企业的市场评价、收益能力及资产负债状况综合体现出来的。另一部分是国有股权的并购协同溢价（即协同效应所创造出的价值），它受到国有企业和外资的一些非财务表现的影响（即本书第六章阐述的影响国有股权定价的非财务因素）。国有股权的并购价值可以表示为：

国有股权的并购价值 = 国有股权的财务价值 + 并购协同溢价 (7.1)

但是，在外资并购交易的过程中，国有股权并不是按照上述价格完成并购交易的，最终的并购交易价格还取决于并购溢价在并购双方之间分配的结果。如果 K 代表国有企业获得的并购溢价分配比例，则并购方愿意为并购支付的并购协同溢价可以表示为：

并购方愿意支付的并购协同溢价 = K × 并购协同溢价 (7.2)

K 越大，并购方愿意为并购支付的并购协同溢价就越高，国有企业获得的并购溢价收益也就越多；1 – K 则是外资获得的并购溢价收益。

国有股权的并购交易价格可以表示为：

国有股权的交易价格 = 国有股权的财务价值

+ 并购方愿意支付的并购协同溢价

= 国有股权的财务价值 + K × 并购协同溢价 (7.3)

用数学公式表示：

$$P = V + K \cdot \Delta V = V + \Delta V' \quad (7.4)$$

公式（7.4）中，P 表示国有股权的并购交易价格，V 表示国有股权的财务价值，ΔV 表示目标企业的并购协同溢价，$\Delta V'$表示并购方愿意支付的并购协同溢价。

并购协同溢价主要取决于目标企业的行业地位、所具有的资源和核心能力等方面，具体表现为企业的地缘位置、技术资源、市场控制力、产业地位、发展前景等因素；而 K 值的大小则取决于并购双方的讨价还价能力。如图 7–2 所示。

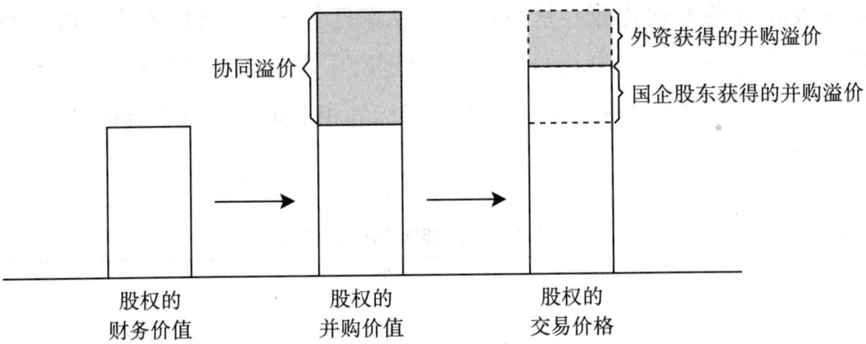

图 7–2　并购价格构成图

第二节　定价模型中非财务指标权重的计算

本书第六章论述了非财务因素对国有股权交易价格的影响，但并未揭示各非财务因素对国有股权价格的影响权重。本节将采用层次分析法（AHP）确定各非财务因素的权重。

层次分析结构模型是指对所分析的问题进行层次结构分解，从各个层次结构进行分析并解决问题的模型。层次分析法首先要经过调查，对涉及的各方面和各个指标的重要性进行两两比较，然后用九级分制对各个指标进行赋值，最后计算出各个指标的权重。具体过程如下：

（1）建立层次分析结构模型。在第六章的分析中，本书将影响外资并购中国有股权定价的非财务因素归纳为五个方面，即政府对外资并购的态度、目标国有股权的供给状况、国有股东的讨价还价能力、外资的讨价还价能力和潜在买方之间的竞争。按照层次分析法，设外资愿意支付的并购协同溢价记为 $\Delta V'$，将 $\Delta V'$ 分为五层结构，依次记为：政府对外资并购的态度 $\Delta V_1'$、目标国有股权的供给状况 $\Delta V_2'$、国有股东的讨价还价能力 $\Delta V_3'$、外资的讨价还价能力 $\Delta V4'$ 和潜在买方之间的竞争 $\Delta V_5'$，即 $\Delta V' = \{\Delta V_1', \Delta V_2', \Delta V_3', \Delta V_4', \Delta V_5'\}$。

（2）构造判断矩阵。判断矩阵表示相对于上一层次，下一层次各因素之间相对重要程度的两两比较。这可以采用专家打分法① 对各因素进行综合判断，然后按照层次分析法的九级分制赋值。设 i、j 为两个因素指标，将 1~9 的 9 个整数作为一个因素比较于另一个因素指标的相对重要程度，具体标度含义见表 7–1。

表 7–1 判断矩阵的标度含义

标度	含义
1	表示两个因素相比具有同等的重要性
3	表示两个因素相比，一个因素比另一个因素略微重要
5	表示两个因素相比，一个因素比另一个因素明显重要
7	表示两个因素相比，一个因素比另一个因素强烈重要
9	表示两个因素相比，一个因素比另一个因素极端重要
2，4，6，8	上述两相邻判断的中值

由于外资愿意支付的并购溢价 $\Delta V'$ 与下一层的五个因素 $\Delta V_1'$、$\Delta V_2'$、$\Delta V_3'$、$\Delta V_4'$、$\Delta V_5'$有直接联系，判断矩阵中的各元素 α_{ij} 表示第 i 个因素 $\Delta V_i'$与第 j 个因素 $\Delta V_j'$相比较，对于 $\Delta V'$的相对重要性程度。若因素 $\Delta V_i'$与 $\Delta V_j'$相比较得到元素 α_{ij}，则因素 $\Delta V_j'$与 $\Delta V_i'$相比较就得到元素 $\alpha_{ji} = 1/\alpha_{ji}$。这样，构造出五个非财务因素 $\Delta V_1'$、$\Delta V_2'$、$\Delta V_3'$、$\Delta V_4'$、$\Delta V_5'$对于 $\Delta V'$的判断矩阵 E。

$$E = \begin{bmatrix} 1 & \alpha_{12} & \alpha_{13} & \alpha_{14} & \alpha_{15} \\ 1/\alpha_{12} & 1 & \alpha_{23} & \alpha_{24} & \alpha_{25} \\ 1/\alpha_{13} & 1/\alpha_{23} & 1 & \alpha_{34} & \alpha_{35} \\ 1/\alpha_{14} & 1/\alpha_{24} & 1/\alpha_{34} & 1 & \alpha_{45} \\ 1/\alpha_{15} & 1/\alpha_{25} & 1/\alpha_{35} & 1/\alpha_{45} & 1 \end{bmatrix} \tag{7.5}$$

（3）各因素权重的计算。采用方根法计算判断矩阵每一行因素的乘积 E_i 和 E_i 的 n 次方根，

$$E_i = \prod_{j=1}^{n} x_{ij} \tag{7.6}$$

其中，x_{ij} 为判断矩阵第 i 行第 j 列元素。

① 专家打分表见附录 5。

$$\overline{W}_i = \sqrt[n]{E_i} \tag{7.7}$$

$$W_i = \frac{\overline{W}_i}{\sum_{t=1}^{n} \overline{W}_i} \tag{7.8}$$

其中，i = 1，2，3，4，5；n = 5。

利用公式（7.8）作归一化处理后得到特征向量：

$$\omega = [W_1,\ W_2,\ W_3,\ W_4,\ W_5] \tag{7.9}$$

则 W_1、W_2、W_3、W_4、W_5 依次代表 $\Delta V_1'$、$\Delta V_2'$、$\Delta V_3'$、$\Delta V_4'$、$\Delta V_5'$ 这 5 个非财务因素对应的权重。

第三节　定价模型的确定

根据公式（7.4），可以写出外资并购上市公司国有股权的定价模型如下：

$$P = V + \Delta V' = V + [W_1,\ W_2,\ W_3,\ W_4,\ W_5] \cdot \begin{bmatrix} \Delta V_1' \\ \Delta V_2' \\ \Delta V_3' \\ \Delta V_4' \\ \Delta V_5' \end{bmatrix} \tag{7.10}$$

在第五章，本书曾对可能影响国有股权定价的 23 个财务指标进行浓缩和提炼，得出 7 个主要影响因子 F_1，F_2，F_3，…，F_7，它们分别代表成长能力因子、负债因子、市场评价因子、长期资产管理因子、流动资产管理因子、控制权因子等。而因子 F_1，F_2，F_3，…，F_7 均可以表示为 x_1，x_2，x_3，…，x_{23} 的线性函数，由第五章公式（5.4）：

$$F_1 = 0.254X_1 - 0.019X_2 + \cdots + 0.292X_{22} - 0.282X_{23}$$

$$F_2 = 0.210X_1 - 0.139X_2 + \cdots - 0.074X_{22} + 0.033X_{23}$$

$$F_3 = 0.795X_1 - 0.034X_2 + \cdots + 0.763X_{22} + 0.882X_{23}$$

$$F_4 = -0.117X_1 + 0.049X_2 + \cdots - 0.021X_{22} + 0.068X_{23}$$

$F_5 = -0.040X_1 + 0.263X_2 + \cdots + 0.013X_{22} - 0.102X_{23}$

$F_6 = -0.094X_1 + 0.801X_2 + \cdots - 0.176X_{22} + 0.016X_{23}$

$F_7 = -0.124X_1 - 0.127X_2 + \cdots + 0.194X_{22} + 0.071X_{23}$

其中，x_1，x_2，x_3，…，x_{23} 分别为股票的市场价格、买方在该笔交易完成后在股东中的地位、该笔交易占公司股本的比率、每股净资产、每股收益、资产收益率、净利润率、净资产增长率、总资产增长率、营业收入增长率、营业利润增长率、流动比率、速动比率、现金流动负债比率、现金负债比率、债务资产比率、应收账款周转率、流动资产周转率、资产周转率、固定资产周转率、市盈率、市净率、托宾 Q23 个变量；b_{ij}（$i = 1,2,3$；$j = 1,2,3,\cdots,23$）为相应的回归系数。

本书第五章对这 7 个主要影响因子进行了多元线性回归分析，回归估计结果为公式（5.9），即外资并购上市公司国有股权的财务估价模型为：

$Y = C + 0.690 \cdot F_3 + 0.311 \cdot F_1 + 0.192 \cdot F_2$

基于第五章的实证分析结果，有

$$V = Y = C + 0.690 \cdot F_3 + 0.311 \cdot F_1 + 0.192 \cdot F_2 \tag{7.11}$$

由于 F_1、F_2、F_3 均可以表示为 x_1，x_2，x_3，…，x_{23} 的线性函数，则公式（7.11）可进一步表示为：

$$V = Y = \sum_{i=1}^{3} \begin{bmatrix} b_{i,1} \\ b_{i,2} \\ \vdots \\ b_{i,23} \end{bmatrix} \cdot [x_1,\ x_2,\ \cdots,\ x_{23}] \tag{7.12}$$

其中，$b_{i,1}$，$b_{i,2}$，$b_{i,3}$，…，$b_{i,23}$ 代表 F_i（$i = 1,2,3$）的回归系数。

则公式（7.10）可进一步表示为：

$$P = \sum_{i=1}^{3} \begin{bmatrix} b_{i,1} \\ b_{i,2} \\ \vdots \\ b_{i,23} \end{bmatrix} \cdot [x_1,\ x_2,\ \cdots,\ x_{23}] + [W_1,\ W_2,\ W_3,\ W_4,\ W_5] \cdot \begin{bmatrix} \Delta V_1' \\ \Delta V_2' \\ \Delta V_3' \\ \Delta V_4' \\ \Delta V_5' \end{bmatrix} \tag{7.13}$$

式中，x_1，x_2，x_3，…，x_{23} 分别表示股票的市场价格、买方在该笔交易完成后在股东中的地位、该笔交易占公司股本的比率、每股净资产、每股收益、资产收益率、净利润率、净资产增长率、总资产增长率、营业收入增长率、营业利润增长率、流动比率、速动比率、现金流动负债比率、现金负债比率、债务资产比率、应收账款周转率、流动资产周转率、资产周转率、固定资产周转率、市盈率、市净率、托宾 Q23 个财务指标；$b_{i,1}$，$b_{i,2}$，$b_{i,3}$，…，$b_{i,23}$ 为相应的回归系数。$\Delta V_1'$、$\Delta V_2'$、$\Delta V_3'$、$\Delta V_4'$、$\Delta V_5'$分别表示政府对外资并购的态度、目标国有股权的供给状况、国有股东的讨价还价能力、外资的讨价还价能力、潜在买方之间的竞争 5 个非财务因素；W_1、W_2、W_3、W_4、W_5 依次表示其权重。

本章小结

在外资并购的过程中，当双方初步达成并购意向后，国有股权的定价过程大体上可以分为五个阶段：选择恰当的价值评估方法→分析影响定价的财务因素并对国有股权的价值作出初步评估→基于并购双方的并购动机和市场状况对国有股权的并购价值作出调整→各方当事人展开价格谈判→最终确定国有股权的转让价格。

国有股权在并购中所体现出来的价值可以分解为两部分：一部分是由国有股权的财务表现所决定的财务价值（即本书第五章建立的多元线性回归模型）；另一部分是国有股权的并购协同溢价（即协同效应所创造出的价值），它受到国有企业和外资的一些非财务因素的影响（即本书第六章阐述的影响国有股权定价的非财务因素）。借助层次分析法可以确定各非财务因素对国有股权价格的影响权重，进而构建外资并购中国有股权的定价模型，见公式（7.13）。

本章小结

第八章　主要结论与政策建议

一、主要结论

本书运用博弈理论、代理理论、制度经济学理论、计量经济学理论及统计等理论知识，采用调查研究、比较分析、统计分析、实证分析和规范分析等科学研究方法，对外资并购中的国有股权定价问题进行了研究，揭示了外资并购中国有股权定价的现状、存在的主要问题、定价影响因素及定价机制等问题，得到了一些有意义的研究结论。具体包括以下几个方面的内容：

（一）揭示了外资并购过程中国有股权的定价机制

本书对三种企业并购定价机制，即要约收购定价机制、讨价还价机制和拍卖定价机制的主要特点进行了比较分析，阐述了它们在实践应用中出现的问题，并分析了股权分置制度改革前后我国企业并购方式及定价机制出现的一些新变化。本书认为，全流通背景下，虽然企业并购定价机制将更趋于市场化，但是，对于外资并购国有企业而言，由于人们对外资并购方参与国有企业并购的动机和行为具有一定的敏感性，作为出让方的政府部门身份的独特性，作为目标企业的国有企业具有一定的特殊性，并购双方参与人的特殊性，讨价还价机制仍将是一种主要的定价机制。

（二）明确了外资并购中国有股权定价应选择的估价方法

本书对并购中常见的三种股权估价方法——资产价值法、市场比较法和收益贴现法进行了比较和评价，分析了我国国有股权估价曾采用的两种主要方法——资产价值法和市场价值法存在的主要问题。针对外资并购国有企业的实际，结合问卷调查的结果，本书提出，三种常见方法只能从某一方面评价目标股权的并购价值，在外资并购中要全面综合地反映国有股权的价值，并且要考虑国有股权的并购溢价。

（三）揭示了外资并购中影响国有股权定价的财务因素并建立了模型

在数据收集、统计分析和因子分析的基础上，本书实证分析了外资并购中影响国有股权定价的财务因素及其影响程度。通过对 23 个财务指标的因子分析，浓缩和找出 7 个影响外资并购中国有股权定价的关键因子，并对这 7 个因子的含义及其贡献率作出了解释和说明。这 7 个因子是：成长因子、负债因子、市场评价因子、长期资产管理能力因子、流动资产管理能力因子、控制权因子和收益能力因子。最后，通过回归分析，建立了外资并购国有股权定价的多元线性回归模型。

（四）建立了外资并购中国有股权定价的博弈模型

基于博弈理论，本书构建了国有企业与外资之间的讨价还价博弈模型。外资并购的过程实际是买卖双方就各自的利益不断讨价还价和博弈的过程，最终的交易价格的形成则取决于双方的讨价还价能力。由于现实世界的不完善，国有企业的经理层、中央政府、地方政府等也都希望从外资并购中分得一杯羹，以各种方式参与外资与国有企业之间的博弈，这样，外资并购中国有股权的交易价格就进一步表现为各参与方的博弈过程。

（五）分析了外资并购中影响国有股权并购价格的非财务因素

运用代理理论、博弈理论、制度经济学等理论知识及 SWOT 分析和波特五力分析等分析工具，本书揭示了外资并购中影响国有股权定价的非财务因素，这五个因素分别是：政府对外资并购的态度、目标国有股权的供给状况、国有股东的讨价还价能力、外资的讨价还价能力和潜在买方之间的竞争。

（六）构建了外资并购中国有股权的定价模型

外资并购中国有股权的价格是各种财务因素与非财务因素综合作用的结果，通过对财务因素和非财务因素进行解释和分析，确定各因素的权重，并设计出符合我国国有企业特点和实际国情的外资并购中国有股权的定价模型。

二、政策建议

（一）对国有企业及国有股东的建议

国有企业以及国有股东为了在外资并购中争取到有利于自身的并购价格，就需要认真分析外资的动机和需求，充分认识自身的优势和劣势。只有做到知己知彼、扬长避短，所达成的并购价格才能符合国有企业的自身利益。

1. 认真分析外资的并购动机和自身的优势，把握并购要价的主动权

国有企业及国有股东要对外资的并购动机进行认真分析，并针对外资的并购动机全面分析自身的各种优势和所拥有的资源，把外资的需要和自身的资源及优势进行综合考察，采取不同的要价策略和谈判策略。比如，外资的并购动机是获得战略性收益，如果国有企业恰恰具有外资所青睐的战略性资源，在作价和谈判时，就应该强调自身所拥有的战略资源，以及通过合作能给外资方带来的战略性利益，并以此为筹码提出较高的溢价要求。

外资并购我国企业的谈判过程既是双方实力的较量，也是双方谈判战略与策略的较量。跨国公司急于打进中国市场，一般会向国内企业开出相对优厚的并购条件。这时，国有企业要善于利用自己的优势，要善于利用跨国公司急于打进中国市场的迫切心理，与之讨价还价，争取谈判的主动权。否则，有可能变主动为被动，被外资方牵着鼻子走，逐渐丧失主动权，导致国有资产被贱卖。比如，国内企业可以同时与多个外资方谈判，实现引进外资资金来源上的多元化，让外资之间展开竞争，使我方获利。据研究表明，如果有多方出价竞购，则股东收益可高出初始价的40%以上。

2. 准确把握自身的需要，掌握合理的让步空间

在对并购价格进行博弈和谈判的过程中，国有企业要结合自身的需要，对外资的出价作出准确的判断。分析并购所能获得的各种“战略性”收益，客观评价外资并购后能给自己带来的好处和价值，合理确定为获得这些价值和利益点在价格上所能作出的让步，以此确定在价格博弈和谈判活动中的让步空间。否则，缺乏谈判弹性，死守最初要价，将不能灵活处理价格分歧。如果为达成交易而进行无原则的价格让步，会导致国有企业利益的严重损失。

外资之所以进入中国，是出于其全球化战略的需要。跨国公司在我国的并购活动是有计划、有目标、有步骤的，有明确的长远战略意图，它们往往把中国作为一个整体，通盘考虑公司的投资和发展。外资并购国有企业的出发点不是帮助国有企业脱困和转制，它们可能对更有发展前景的大中型国有企业更感兴趣，一些国有企业希望通过外资并购来甩掉债务和包袱的愿望是一相情愿的。在与外资合作的过程中，国有企业也要有长远的眼光，不能只顾眼前的得失，既要坚守自身的利益和原则，又不能固守成规，在并购合作中争取更大的利益。

3. 充分发掘和展示自身资源，增强要价和谈判能力

与成熟的跨国公司相比，我国企业也有自己的优势，如广阔的市场，有潜力的增长前景，国内市场的运作经验、资源及人员区域方面的优势等。国有企业在与外资协商和谈判的过程中，要充分认识到这种优势，要充分展示自己的优势和所拥有的各种资源，并争取将这种优势转化为有利的谈判成果。一方面，这可以增强国有企业自身的“吸引力”，争取到更多和更大的合作机会；另一方面，也可以体现国有企业自身的“含金量”，增加自己在谈判中的“筹码”。同时，国有企业还应该有针对性地加强对自身资源的发掘和经营力度的拓展，以争取对自己有利的条件和地位，增强自己在合作和谈判中的要价能力。

以达能收购娃哈哈和乐百氏为例，业内人士分析，如果当初娃哈哈和乐百氏两家先合并，以两家的市场份额再与达能谈判，价码可能要放大好几倍。再如，梅林正广和在被达能收购前，也与雀巢进行了密切接触。尽管二者的并购动机存在较大差异，但有一点是肯定的，即达能和雀巢都十分渴望并购梅林正广和，作为争夺中国饮用水市场的一颗重要棋子。遗憾的是，梅林正广和在谈判中并未将自己的筹码充分利用，几次谈判后便与达能签订了收购协议，将本来有可能卖得更高的价格定格在1.8亿元。

4. 采取积极的防御策略，防止跨国公司的恶意收购

外资并购中国上市公司虽然有其积极的意义，但对于某些居心不良的跨国公司，国内企业尤其要防止它们凭借着优势地位，在看似令人满意的价格后面，实施其打击民族品牌、严格控制技术、充分占据销售渠道的“恶意并购”。

这就要求中国公司学习和掌握国外公司防御并购的策略，在企业的决策权安排、人员安排、销售渠道控制等方面全面地咨询律师等专家的意见，作出详尽的安排。

在西方，公司的并购防御策略包括两大类：一类是并购要约前的并购防御策略，具体有董事轮换制、绝对多数条款、双重资本重组、“毒丸”计划（如果收购成功，就采取措施使企业的价值降低）等；另一类是并购要约后的并购防御策略，包括特定目标的股票回购、诉诸法律、资产收购与剥离、邀请“白衣骑士”（即寻找一家更理想的企业，要求它收购）等。这些方案或条款一般都是从增加收购者成本、降低收购者收益、限制收购者权利方面发挥作用的，从而起到反并购的作用。

（二）对监管部门的建议

1. 引入国有股权的市场化收购兼并机制

由于我国的国有企业并购多数是协议收购，买卖双方一对一的谈判协商，缺乏充分的市场竞价过程。在一些国有上市公司的并购重组案例中，从定价到谈判各个进程都体现出较强的行政干预特征，政府部门倾向性的指导意见在市场并购活动中得到充分体现。较强的行政干预无疑会影响外资并购的进程，并制约其积极经济效应的发挥，使市场化的并购活动富有行政干预的色彩。这既不利于我国市场机制的发展，也阻碍了资本市场资源优化配置作用的体现。因此，充分发挥市场机制的作用，优化收购兼并机制势在必行。

外资并购本身有利于证券市场效率的提升与市场机制的不断健全，而市场化的收购兼并机制又是外资并购得以顺利开展的基础。在市场经济体制下，社会资源的分配主要由市场来调节，资源配置过程是市场机制发挥调控作用的过程，所以我们应不断完善外资并购的市场机制，引入国际惯例，按照国际通行的并购惯例来促进外资并购活动的开展。按照国际惯例，一项资产的交易价格不仅依赖于其自身的价值，而且还要看市场的供求状况，是交易双方在市场上经过讨价还价形成的。就国有股权而言，只要进入市场，就是一种商品，其定价就要尊重价值规律。人为地要求国有资产、国有企业的转让不低于某个价格是不合理的，也行不通。

建议相关监管部门尽快引入公开竞价机制（如国有股权的招标、拍卖机制），要求国有企业广泛征集国内外并购者，对其资质、信誉、财务状况、管理能力、付款保障、经营者素质等进行审慎调查。只有多种方案、多家投资者，才可能做到“择优选择”，发挥市场机制的价格发现和最优配置资源功能。

2. 完善外资并购的信息披露制度

外资并购过程中，如果不及时公开相关信息，并购方和潜在并购者就无法对目标股权的价值作出准确的评估，还可能会导致“暗箱操作”，出现寻租和滋生腐败。“阳光是最好的防腐剂”。实践证明，规范信息披露制度是防止股市“黑箱操作”、抑制投机的有效途径。向社会公开竞价并且及时公布并购运作的相关情况，增强并购过程的透明度，将整个并购活动置于国家、社会、公民的监督之下，这既保证了外国投资者的知悉权，又可以最大限度地维护国有资产的安全。

国家为了规范上市公司并购行为，在《证券法》、《公司法》、《股票发行与交易管理暂行条例》和《上市公司股东持股变动信息披露管理办法》等法律法规已经搭建了上市公司并购的信息披露基本框架。但是由于这些法律法规均适用于所有的上市公司持股变动信息披露的情况，并没有针对外资受让上市公司国有股或法人股的情况作出特别规定，因此在现有生效法律法规的基础上，建议针对外资并购的特殊性，在信息披露规则上进一步作出规定，以充分保证外资并购过程中的信息披露的充分与准确。其内容主要包括：外国投资者自身的资金实力、财务状况和信誉、收入上市公司国有股和法人股的价格形成情况、具体的登记或审核情况、付款的进度安排及实际付款情况以及持股的时间承诺等。

在外资并购上市公司的过程中，其信息披露的具体要求如下：①外资并购信息披露要及时，努力缩短洽谈、操作与公开披露之间的时差，使掌握内幕信息的机构与社会公众、中小股东基本站在一个起点上。②外资并购信息披露要全面，要将外资并购的目的、内容、风险因素、主要合同和重大诉讼等一并进行公告。③外资并购信息披露要规范。只有规范外资并购的信息披露制度，才有可能在一定程度上抑制证券商利用外资并购的题材大幅炒作，扰乱证券市场的正常秩序。

3. 规范政府管理的行为方式

对于一个完善、规范和高效运作的并购市场来说，健全的法制体系是必不可少的。目前我国有关外资并购的法规政策尚不健全，体系尚不完善。各部门、各级政府只考虑自身利益，往往出现法规政策林立、职能界定不清、彼此交错、冲突的现象。另外，政府在外资并购中既是“裁判员”又是“运动员”的双重身份，不但降低了外资并购的效率，还影响了交易价格的公平。为了减少乃至避免国有资产评估价格的扭曲和并购交易价格的偏差，政府在国有企业并购中扮演的角色应该从“政府主导型”向“政府引导型”转变。在外资并购国有企业的实践中，政府的主要职能应是：加强并购立法，规范市场秩序，保持市场稳定，完善市场环境，而不是直接干预并购行为。具体来说，政府不应该直接参与并购谈判过程，而应通过相关法律法规认定参与人的资质，确定并购程序，规定定价方法等；政府应该站在行业发展和国家经济安全的角度，对不同的并购重组区别对待，对于关系国计民生和涉及国家经济安全的并购，采取行政和经济手段进行宏观调控，对于完全自由竞争、不涉及国家经济安全的并购，政府应该坚持市场竞争的原则，给企业决策自主权。

在外资并购中，外方具有明显的谈判优势。外资并购我国企业是有计划、有目标、有步骤、有明确长远战略意图的，在各种谈判中外方能够进行比较和选择，处在“一方对多方”的有利谈判地位。然而，我们在接受跨国公司进入的对策上比较薄弱，形成外方一体化的协调管理与我方分散的条块分割管理的明显反差，即中方各利益相关主体“各自为政”，自相竞争，降低了同外方讨价还价的能力。因此，要协调中央政府、地方政府和国有企业等各利益相关者之间的关系，形成中央政府、地方政府和国有企业之间的相互协调、统一对外的格局，同时形成以企业自主决策为主、以政府决策为辅的决策机制，既减少政府干预，又提高政府管理的效率，真正做到由企业的内在要求来决定外资方的目标公司选择。

4. 尽快建立外资并购风险防范机制

外资并购对我国来说是把“双刃剑”，在带来资金、技术和管理方式的同时，也会给我国社会带来很大的冲击。外资并购的冲击主要有：外资并购企业对国内企业及产业的冲击，可能导致国内企业在某些行业的市场地位和经营状况大幅度滑坡；外资并购后所形成的行业过分垄断可能会损害消费者的利益；通过并购后的资源整合可能使我国失业人口增加。这些风险性因素是我国扩大外资并购模式时必须要考虑到的一些问题。从外资并购的发展势头来看，我国政府应该立即采取措施，尽快建立外资风险防范机制，将扩大外资并购与发展民族工业协调起来，既欢迎八方来客，同时也苦练内功以提升自身的竞争力。

美国等西方国家对重要行业的跨国并购一直实行严格的管制，包括制定完善的法律规定和严格的审查程序，实行积极有效的行政和法律干预等。我国目前并没有单独制定外资并购的产业政策和相关的法律，对于外商并购投资的监管还缺少法律依据，因此更要注意借鉴国外经验，完善体制机制，加强法律规范。对于重大的并购重组活动，要组成专门的调查小组，开展尽职调查，进行专项评估和论证。对于战略性产业和具有战略意义的重要企业，在实施并购重组过程中，必须通过专项议案。同时，建立并购中的国家经济安全预警机制，防范潜在风险。

（三）其他建议

1. 为内资企业提供公平竞争的机会

在国有股权转让的过程中，部分地方政府希望通过外资并购增加自己的"政绩"，部分国有企业管理者也希望借助外资并购曲线实现 MBO。地方政府和国有企业管理者的这种倾向使得内资企业，特别是民营企业缺乏与外资企业公平竞争的机会。因此，国家应该尽快制订有关的行业准入标准，区分充分竞争性行业、限制竞争性行业、国家垄断行业，允许外资自由进入竞争性行业，有条件的进入限制竞争行业，禁止外资进入国家垄断行业。国家应该按照 WTO 规则，一视同仁地给予内外资企业实行国民待遇政策，构建有利于国有企业、民营企业和外资企业公平、公正、共同参与国有企业并购的市场环境；打破行政垄断以及基于行政垄断的经济垄断，打破地方封锁，减少和取消对民营企业的限制和禁区；解决民营企业在并购过程中的瓶颈，营造公平竞争的外部环境，进一步活跃并购市场。

目前，我国许多大型民营企业正处于调整发展战略的关键时期，民营企业完全可以通过与国有经济战略调整和国有企业改革相结合来加速自身的发展步伐。如果引导正确，措施到位，民营企业参与国有资产处置可以取得良好的效果，这对于我国国民经济持续、快速、健康的发展将起到非常有利的作用。而且，事实上，向内资企业转让国有股权不涉及国家经济安全的问题，也不必担心垄断问题。因此，国有股权转让时，建议给内资企业提供公平参与、平等竞争的机会，甚至可以考虑适当的优惠，积极鼓励、支持、吸引民营企业参与国有企业的并购。

2. 大力发展中介机构

公司并购是一项非常复杂、专业性很强的工作，涉及经济、法律、社会和文化等各个方面，需要有关专业机构的密切配合才能完成。为此，要加快建立包括产权交易、融资担保、会计审计资产评估、法律咨询等业务的中介服务体系，大力发展律师事务所、会计师事务所、专业资产评估机构、投资银行、跨国并购顾问公司、跨国并购协会等社会中介机构。从最近一次世界跨国并购浪潮来看，其重要特点之一就是出现了一批专门服务于跨国并购的中介机构，如世界著名的摩根大通投资银行就是专门为跨国公司并购提供信息咨询、策划、融资等综合性服务的中介机构，已经在中国北京、上海、天津、深圳等地设立了多处分支机构，并在 2002 年华能国际电力两项收购项目等多起成功并购事件中发挥了极为重要的作用。我国也应加快培育一批掌握市场经济规律、运作规范、熟悉国际惯例和各国法律、文化的中介机构，由它们来提供并购市场的信息咨询、策划、协调等工作，这将大大减少外资并购国内企业中的摩擦，降低交易成本，促进并购活动的成功。

由于我国相关专业机构资质良莠不齐，专业人才数量不足，行业规范不完备，随着外资并购的事件数量不断增多、涉案金额不断增大，健全中介机构的执业规范变得刻不容缓。发挥中介机构作用，提高从业人员素质可以从四方面入手：①以法律法规等文件明确中介在并购交易中的地位和作用，《上市公司收购管理办法》对财务顾问的规定在这方面体现了进步；②利用现代电子工具，加强信息网络的建设和网上交易平台；③加强中介机构的行业规范，通过职业教育、市场准入、国际交流等手段提高其工作能力；④加强责任追究机制，加大惩处力度，让没有勤勉尽责的中介机构必须承担相应的法律责任。

另外，由于中介机构是受雇于人，利益驱使下很难做到完全公正，使得中介机构的独立性受到严重挑战，这些机构在并购活动中不能独立、客观、公正地开展工作，从而影响了并购质量。虽然《上市公司收购管理办法》强化了财务顾问等中介机构在并购中的法律责任，但是由于利益关系的诱使和约束，中介机构的业务操作必然偏向于雇佣方。鉴于中介机构，尤其是财务顾问在并购重组中起着至关重要的作用，加强财务顾问等中介机构的监管，督促保持其中立立场是一个十分重要的问题。政府要积极完善中介机构管理办法，建立科学的评价、筛选、奖惩体系，加强对中介机构的督促和检查，引导中介服务市场良性发展。

三、研究局限性及进一步研究方向

（一）研究局限

外资并购中的国有股权定价是一个涉及内容广泛且比较复杂的问题。国内外专门研究这个问题的文献不多，没有现成的资料可以借鉴。选择研究这一问题对本人是一个挑战。在本书撰写过程中，虽然笔者做了大量的工作，但常常由于笔者的学识和能力有限而感到力不从心，漏洞和不足也在所难免。本书的局限性主要有：

（1）受资料收集可行性和难易程度的限制，实证分析部分只研究了外资并购上市公司国有股权的情况，没有将外资并购非上市公司国有股权的事件纳入实证研究样本。另外，调查问卷和实证分析的样本数不太大。

（2）由于资料所限，书中的案例剖析尚不够深入。在实际的外资并购中，外资与国有企业的真实动机、意图、考虑的战略重点等可能不会向外界透露；上市公司一般仅对外资并购的当事方、并购价格、并购股数等信息作简单披露，而关于谈判进展、谈判细节等重要信息则很少公开。本书没有结合典型案例对国有股权并购价格的形成过程等问题展开具体讨论，有可能忽视一些指标因素的影响，特别是非财务因素的影响。

（3）外资并购中国有股权的定价是一个相当复杂的过程，各种因素错综复杂、交互影响。由于笔者水平和能力有限，没有对外资并购国有企业的并购价格的决定过程问题进行深入研究。这在一定程度上限制了对外资并购国有企业定价问题的深入理解。

（二）进一步研究的方向

外资并购中的国有股权定价是一个具有重要现实意义和理论意义，并富有挑战性的研究课题。笔者将继续致力于这一方向的研究，并通过更多的后续研究工作对其进行完善和发展。

（1）扩大研究范围和研究对象。一是可以尝试探讨更多维度的财务及非财务因素对国有股权并购价格的影响；二是不断地跟踪及更新外资并购数据，尽可能地将非上市公司纳入研究样本中。

（2）增加调查研究，以获取更多的一手资料，从中发现一些有价值的研究线索。一方面，尽可能地扩大调查问卷发放范围；另一方面，开展实地调研，到曾经发生过外资并购的国有企业进行实地走访，对曾亲身参与外资并购谈判的相关当事人进行实地访谈。

（3）运用博弈论等理论工具深入分析外资并购国有股权的内在动因、行为效果和定价机制等问题。完善关于外资并购国有股权定价的博弈分析，特别是不完全信息下买卖双方的讨价还价博弈分析，还可以考虑建立有三方甚至多方参与的、动态的博弈模型。

第九章　案例分析

第一节　凯雷并购徐工案

一、案情概况

1989 年，徐州市政府为做大做强徐州的工程机械产业，将多家市属国有工程机械企业合并成立徐工集团。经过多年发展，徐工集团已成为我国规模最大的工程机械研发、制造和出口企业。2005 年，徐工集团总资产达到 72 亿元，总负债 61 亿元，当年实现销售额 131 亿元（其中 77 亿元是徐工的自主品牌，54 亿元是参股的外资品牌）。2007 年，徐工集团位列中国机械工业 100 强的第 5 位；2008 年，徐工集团位列世界工程机械 50 强的第 19 位，为中国工程机械行业之首；2008 年位列中国企业 500 强的第 168 位，① 是中国工程机械行业中经营规模最大、影响力最大的国有大型企业集团。

由于进入集团公司的企业良莠不齐，徐工集团在迅速壮大企业规模的同时，也背上了沉重的债务包袱。2002 年，徐工集团以“债转股”为契机，整合旗下核心企业，成立徐工机械公司，徐工集团持有 51.32%的股权，华融、

① 依据分别为中国机械工业联合会发布的 2007 年中国机械企业百强名单，国际工程机械行业权威杂志《国际建设》发布的《2008 年世界工程机械 50 强排行榜》，中国企业联合会和中国企业家协会2008 中国企业 500 强名单。

信达、东方、长城四家资产管理公司合计持有48.68%的股份。2003年，信达等资产管理公司拟拍卖所持股份并面向海内外发布了招标公告，徐工集团最具威胁的竞争对手、全球最大的工程机械企业卡特彼勒公司意欲收购，徐工集团爆发股权危机。为化解此次危机，徐州市委、市政府与四大资产管理公司反复协商，获准由徐工集团以一定的溢价回购四家资产管理公司持有的48.68%的股权，全部回购资金约6.8亿元。2005年8月10日，经徐工机械股东大会决议、徐州市人民政府及财政部批准，四大资产管理公司将所持徐工机械的股权全部转让给徐工集团，至此，徐工集团持有徐工机械100%的股权，成为徐工集团的全资子公司。但是，由于徐工集团用以回购股权的这笔钱大部分是从银行借贷来的，靠徐工集团的自身利润积累，根本无法偿还。要最终化解危机，就必须引进战略投资者。

2004年4月，徐州市政府按照国家有关政策规定，启动国际招标程序，国内外有30多家企业及资产管理公司向徐工表示了收购意向。经过第一轮竞标，2004年6月，徐工初步确定了7家备选投资者，最终参与答辩的候选者是6家。同年9月，经过第二轮竞标，英国国际投资集团、摩根大通亚洲投资基金、凯雷亚洲投资公司成为3家最终的入围候选者，这3家都是私募股权投资者。在同年10月的第三轮竞标中，摩根大通报价4亿美元，凯雷报价3.37亿美元，另一家因报价太低而直接被淘汰，经过综合考虑，全球最大的基金投资机构、在全球管理着300亿美元资产的美国凯雷投资集团最终胜出，美国凯雷拟斥资3.75亿美元，收购徐工机械公司85%的股权。

2005年10月25日，凯雷收购方案正式出台，按照收购计划，凯雷集团将注资3.75亿美元（约30亿元人民币），获得徐工机械85%的股份。根据协议安排，凯雷以2.5亿美元（相当于20.69亿元人民币）购买徐工机械82.11%的股权；同时，徐工机械在现有12.53亿元注册资本的基础上增资24.16亿元人民币，增资部分全部由凯雷认购。对于增资部分，双方达成“对赌协议”，即如果徐工机械2006年经常性EBITDA（息税前及计提折旧前的利润）达到预定标准，则凯雷溢价1.2亿美元收购徐工增资的2.42亿元人民币资产；若未达标，则凯雷仅出资0.6亿美元。上述股权转让和增资完成后，徐工机械变身为中外合资经营企业，其投资总额达到42亿元，注册资本约14.95亿元人民币，凯雷将拥有徐工机械85%的股权。

正当徐工管理层踌躇满志，希望通过并购实现从国家队到国际队的转变时，众多业内人士纷纷对我国装备制造业的前景表示担忧。2006年初，国家发改委和商务部对徐工并购项目相继召开内部听证会，要求交易双方就多方面问题作出解释，并在商务部外资司进行多轮的商谈。发改委还派出调研组，对并购的详细情况及可能导致的后果进行调查。随后的一段时间里，“要谨慎对待垄断性跨国并购”、“外资并购应有底线”、“徐工贱卖国有资产”、“徐工并购危及产业安全，乃至国家经济安全”等言论四起。凯雷与徐工被推到了舆论的风口浪尖上，并购也随即陷入尴尬境地。原本似乎尘埃落定的徐工并购前景一下子变得扑朔迷离起来。

事实上，社会舆论的压力已经开始改变这场并购的进程，而其引发的大论战也在催生着我国外资并购游戏规则的变化。2006年6月，国家发改委发布《国务院关于加快振兴装备制造业的若干意见》，规定大型重点骨干装备制造企业控股权向外资转让时，应征求国务院有关部门的意见。同年8月，商务部、国资委、国家税务总局等六部委联合发布《关于外国投资者并购境内企业的规定》，对外资并购作出了明确规定。

为避免“恶意收购”的嫌疑，2006年10月，久未获批的徐工并购方案进行了修订。新方案约定：凯雷以约18亿元人民币购买徐工机械50%的股权；同时取消“对赌协议”，保留“毒丸计划”和惩罚性条款；徐工机械变更为中外合资经营企业；在董事会构成上，徐工和凯雷各占一半，董事长由中方担任；在重大问题决策上，徐工仍拥有一票否决权。凯雷负责人表示，这一修订已经超越并购本身商业利益的考虑。

舆论和争议并未因此而停止，国家的各项调查也仍在继续，凯雷的让步仍旧因为控股权的问题未能获得监管部门的认可。徐工集团与美国凯雷集团于2007年3月16日再次修改并购协议，凯雷集团再次下调控股比例，徐工集团与凯雷集团将分别持有徐工机械55%和45%的股权，徐工集团终获控股权；在合资公司的董事会的9个董事席位中，凯雷集团只拥有4个席位，其中只能委派一名副董事长，而董事长则从徐工集团委派的5名董事中产生。

尽管如此，在此后1年多的时间内，上述协议及合同仍然没有获得监管部门的认可。2008 年 7 月 23 日，徐工集团工程机械有限公司和凯雷投资集团共同宣布，双方于 2005 年 10 月签署的入股徐工的相关协议有效期已过，双方决定不再就此项投资进行合作，徐工凯雷并购最终以失败而告终。

表 9–1 是凯雷并购徐工过程中所涉及的三份协议的情况。

表 9–1 凯雷—徐工并购案并购协议内容对照表

	2005 年 10 月 26 日	2006 年 10 月 16 日	2007 年 3 月 16 日
凯雷入股徐工的比例	85%	50%	45%
收购价格	3.75 亿美元（约合 30 亿元人民币）	18 亿元人民币	18 亿元人民币
附带条款	对赌协议 “毒丸”计划 惩罚性条款	“毒丸”计划 惩罚性条款	“毒丸”计划 惩罚性条款 承诺保持徐工品牌
董事会组成	徐工 2 人，凯雷 7 人	徐工 5 人，凯雷 5 人	徐工 5 人，凯雷 4 人
企业性质	外资控股	同等话语权	中外合资/中方控股

二、并购行为分析

1. 并购动机分析

（1）徐工集团的动机。徐工是我国工程机械行业的排头兵，依托自身雄厚的技术力量，市场占有率遥遥领先于其他竞争对手。徐工机械主要生产工程起重机械、路面机械、压实机械等筑路、铲运和混凝土三大类工程机械主机，拥有 136 个国内工程机械产品品种中一半以上品种的制造能力，并且有 20 个左右的产品市场占有率在前三名。2003 年，徐工机械成为中国工程机械行业首家营业收入超百亿的企业集团，并一直保持着国内生产规模、销售收入第一的位置，2004 年实现销售收入 65.9 亿元，正可谓是工程机械产业领域的行业领头羊。

徐工集团选择凯雷的动机，一方面是为了解决资金不足的困难。作为传统的大型国有企业，徐工集团在发展中承担了众多社会责任，这给徐工集团带来了重大压力，直接减慢了徐工集团的发展步伐；而且，由于徐工集团举债回购徐工机械股权，繁重的银行贷款以及每年巨额利息增加了徐工集团的负担。这样，寻求战略投资者、引进外部资金成了徐工集团的必然选择。这些都直接导致了最后凯雷与徐工集团并购协议的签订。

另一方面，徐工集团的目的也是为了保持徐工品牌的独立性，得到凯雷提供的现金技术和管理经验，把民族品牌做强做大，并借助凯雷在全球机械行业的关系网络，为徐工引进新的投资项目，打通美国、东南亚以及中东等地的出口渠道。

（2）凯雷集团的动机。凯雷投资集团成立于1987年，是一家私人股权投资机构，也是全球最大的私募基金公司之一，该集团在全球组成32个不同类型的基金，包括企业收购基金、风险投资基金和房地产投资基金等，管理资产规模高达309亿美元，年均投资回报率高达34%，主要从事企业并购、创投、房地产和债券等领域的投资，被人们称作“最具吸引力的赚钱机器”。凯雷集团在投资界一直被称为“总统俱乐部”，拥有深厚的政治资源，美国前总统乔治·布什出任凯雷亚洲顾问委员会主席，英国前首相约翰·梅杰担任凯雷欧洲分公司主席，菲律宾前总统拉莫斯、美国前证券交易委员会（SEC）主席阿瑟·列维特担任其顾问。自成立以来，凯雷在全球已投资40余家工业企业，投资总额超过118亿美元。凯雷旗下三家亚洲基金拥有超过10亿美元的资金，用以投资于泛亚地区。

可见，美国凯雷投资集团是一个纯粹的财务投资者，而不是产业内的掠食者，它的战略目标不是在工程机械行业做成垄断之势，而是在并购后迅速做大、做强目标企业，然后拿到国际资本市场，通过股票上市或股权转让赚钱。这才是作为国际投资公司的凯雷集团并购徐工机械的真正用意。

（3）其他参与方的动机。中央政府也有国有企业改制的动力，政府希望通过国有企业改制和引进外资，解决长期困扰中国经济改革的国有企业问题，帮助国有企业摆脱困境。但是，在中科招商投资（基金）管理公司执行副总裁谢勇看来，由于2007年的换届因素，中央政府特别是主管大型国有企业的国资委需要更好的业绩表现。因此，凯雷的收购方案经过两次修改仍未获得批准。

除了中央政府的努力，中信资本行政总裁张懿宸认为，地方政府也绝对有国有企业改制的动力，这就是为什么已经遭受这么多的指责，江苏省与徐州市政府还在全力以赴地促成此事。张懿宸分析：第一，各个地方政府要承担新的固定资产投资、建立和谐社会等所需的各种各样的成本，而收入方面，除了正常税收，卖地的收入基本上被卡死。在这种情况下，地方政府肯定有从国有资产上套现一部分资金出来的动力。第二，很多地方政府知道，企业今天不卖，过两年卖得更便宜，甚至不值钱了，即所谓“冰棍理论”。哈药就是一例，地方政府知道这个企业很有发展潜力，但让它自己管下去，企业迟早是死，所以他们要引入外资。

在徐工一案中，凯雷得到了地方政府的支持，坚持了整整 3 年多亦是证明。江苏省是我国东部乃至全国经济发达的省份，其国有企业改制的步伐一直走在前列。但是，由于国有企业数量过多、分布不合理、体制落后等因素的存在，一直束缚着它的发展步伐。在这样的历史环境下，为了改革国有企业，适应市场经济优胜劣汰的规律，江苏省政府采取国有企业改革方案：将一批有规模、有竞争力的国有企业进一步做大做强，同时，淘汰那些缺乏市场竞争能力的“包袱”。在这样的历史背景下，在前期改革过程中负债累累、负担沉重的徐工集团理所当然地进入了国企改革的行列。

2. 并购行为引发的质疑

徐工是我国机械工程行业的龙头企业，凯雷并购徐工机械是否涉及民族品牌的存亡以及国家经济安全，这引发了外界很多的疑问。

疑问之一：外资并购我国行业龙头企业可能触动国家经济安全？国家经济安全是本案最大的争议，也是三一重工前执行总裁向文波等人最有力的质问之一。在许多国家，国家经济安全都是外资并购最危险的高压线。在这一点上，无论是发达国家还是发展中国家，都倾向于建立规范透明的成文立法和较为严格的预先审查程序。

疑问之二：外资并购行业龙头企业是否可能导致市场垄断？这是徐工案牵动的敏感话题，作为行业龙头，徐工机械在挖掘机、压路机、装载机等工程车辆市场上占据主要地位。它是突破百亿销售额的极少数市场巨头之一，也是对抗卡特彼勒、小松等跨国产业巨头的领军国有企业，一旦被外资收购，也就意味着国内工程车辆市场可能被外资垄断。

疑问之三：外资并购行业龙头企业是否存在国有资产流失症状？拥有强大品牌优势、主导产品市场占有率第一、年收入 170 亿元的徐工以 20 亿元出让是严重低估，可能造成国有资产的大规模流失。而徐工方面则列出一系列的经营绩效数据，以证明企业严重亏损，实在是卖了个好价钱。与之相应的是，双汇收购案也引起了各界的广泛质疑，关键疑点也在于资产评估，双汇发展市值高达 33 亿元，“双汇”商标品牌价值达 106.36 亿元，其向美国高盛集团的出卖价格仅仅 20 亿元。所以国有资产存在被低估的现象。

疑问之四：徐工的行为是否会起到示范效应，令更多类似境况的企业从此有了仿照的先例？

3. 并购结果分析

凯雷徐工的并购案虽然以失败而告终，徐工既没有解决自身的资金困难，也没有如愿地引进战略投资者，但徐工案的收获在于，人们通过这一案例清晰地看到了徐工的真实价值。

首先，从 85%到 50%再到 45%，在不到两年的时间内，凯雷收购徐工的股权多次变动调整，凯雷的控股比例呈递减态势，但凯雷的收购价格却在递增，即由 30 亿元收购 85%股份调整为 18 亿元收购 50%股权，再到 18 亿元收购 45%股权。凯雷由获得绝对控股权到仅获得相对控股权反而提高了对价，从这个角度看，徐工当初被“贱卖”了。而凯雷所看到的徐工的内在价值，实际上比现有更大，因此也造就了凯雷多次让步、始终不肯放弃的最终结果。

根据双方签署的第一个并购协议，第一步，凯雷以 20.7 亿元购得 82.11%存量股份，这等于双方承认徐工机械应当估值作价为 25.2 亿元（20.69/82.11%），但这笔对价付给老股东徐工集团，徐工机械自身未获资金注入。第二步，凯雷以 4.96 亿元认购徐工机械新发行的 16.17%股份，相当于原徐工机械被估值作价为 25.7 亿元［(4.96/16.17%) – 4.96］；如若并购后徐工机械经营业绩较好，实施“对赌协议”，则认购 16.17%新股的对价提高到 9.92 亿元，相当于原徐工机械被估值作价为 51.4 亿元［(9.92/16.17%) – 9.92］。但这笔对价不是支付给徐工集团，而是支付给并购后的新徐工机械，“6000 万美元注入交易的标的物徐工机械，而凯雷自己占其中权益的 85%；凯雷玩的是左口袋出、右口袋进的迷惑人的游戏”。

在第一个协议中，徐工机械的估值作价明显不同，第一步收购股时估值较低（25.2 亿元），第二步认购新股时估值较高（25.7 亿元或 51.4 亿元）。问题是，经过第一步的并购，凯雷已经掌握徐工机械的控股权（82.11%），此时，它完全有可能通过操纵徐工机械的经营业绩来避免兑现“对赌协议”，仍然以较低的对价认购徐工定向发行的新股。这样，51.4 亿元的较高估价并未真正发挥作用，所谓的“对赌协议”安排，其实就是凯雷掩饰其贱买行为的一种技术操作手段。正如向文波在博客中所说：

“凯雷所谓‘对赌协议’的对赌方非交易的另外一方徐工机械，而是凯雷绝对控股的徐工机械，某种意义上是自己和自己赌，徐州市国资委并不能从对赌中受益，凯雷玩的又是左口袋出、右口袋进的迷惑人的游戏。”

根据双方签署的第二、第三个并购协议，凯雷分别以 18 亿元购买徐工 50%和 40%的存量股份，相当于凯雷承认徐工机械的估值分别为：18/50% = 36 亿元和 18/45% = 40 亿元。这进一步证实了在第一个协议中凯雷存在有意压低徐工价值的行为，而且，徐工机械的价值至少为 40 亿元。

其次，在凯雷与徐工机械签订第一个协议之前，摩根大通对徐工机械 85%股权的报价为 4 亿美元，被徐工拒绝。而凯雷的报价加上“对赌协议”也不过 3.75 亿美元，这更可以证明，在这一并购交易中，徐工机械的确是被“贱卖”了。

最后，考虑非货币对价，包括非现金方式或无法用货币衡量价值的“对价”。本案例中，凯雷承诺引进项目，协助改进财务、营销、技术，协助进口设备和材料、资金融通、开拓国际市场；在董事会席位分配、否决权设置、重要岗位人员遴选任用、职工就业保障等方面，约定有利于中方的解决办法，做出尊重中方权益的特殊安排；以及凯雷接受再转让限制和“毒丸”计划，承诺使用和维护原有品牌等，都应视作综合对价的提升。可见，凯雷对徐工的估价远远不止 51.4 亿元，可能会更高。

向文波在其博客中对徐工机械的价值作了如下分析：

①徐工科技：徐工科技是一家上市公司，年销售额应该在 35 亿~40 亿元，昨天收盘价格是 5.4 元/股，法人股大概为 3.3 亿股（部分不属徐工集团），仅此部分，徐工集团价值 17.8 亿元。

②徐工机械的核心资产并非徐工科技，而是徐州重型，去年徐工科技亏损 1.2 亿元，但徐州重型的利润应在 4 亿元左右，徐州重型价值远高于徐工科技。

③品牌价值：2005 年 8 月 10 日慧聪网报道，经国际化、专业化的世界品

牌研究室（WOL）评估，徐工品牌价值 80.6 亿元，居机械行业品牌之首。

④按现行中国会计制度，无形资产基本未记入资产报表，只有土地按原值计算，而品牌价值、知识产权，根本未予考虑，这是价值评估的严重缺失，那么这些无形资产值多少？

凯雷收购徐工机械的 20 亿元基本只够收购徐工科技，而其他资产基本白送！

徐工的核心价值不在于它的有形资产（也就是徐工的账面净资产），而在于徐工所拥有的无形资产，包括：①徐工上百年积累所形成的徐工品牌。②徐工所拥有的专有技术、能力和人才队伍。③徐工的市场地位，它占有工程机械 10%以上的市场份额，汽车起重机和压路机市场的半壁江山。④其他无形资产，包括土地折旧后，有些甚至已经折旧为零的厂房、设备等固定资产。

所以，凯雷 20 亿元买走的，不仅是账面拥有的近 17 亿元资产，更是徐工百年在产品、人才、能力上的积累，是许多专有技术（这些技术也许并不先进，但适合中国市场需求，为客户所喜爱，并拥有强大的国际竞争力）的积累，是工程机械两大产品的半壁江山，是中国会计制度外的巨额资产！

由于这个案件中的目标公司徐工机械为非上市公司，笔者无法在公开披露的信息中查找到该公司的财务报告，因此，无法对徐工机械的价值给出确切的估算。但是，从相关人员对该事件的评论来看，双方在最后一次协议中商定的“18 亿元收购 45%股权”还是价有所值的。

国家发改委经济体制研究所研究员高粱认为：

“2006 年年中时，已有业内人士计算得出徐工机械的价值应在 80.6 亿元，为中国工程机械行业最有价值的品牌。从江苏省徐州市有关部门获得资料显示，徐工机械 2006 年前三季度实现利润总额为 6.2 亿元人民币，净利润约为 4.1 亿元，全年净利润在 5 亿元左右。如果将徐工机械整体上市，简单计算：根据 20 倍的平均市盈率，其市值将高达 100 亿元左右。因此，即使修改协议后，徐工依然是被贱卖。”

“这传递出两方面的新信息：其一，面对国家有关部门的严格审批，外资并购开始调整战术，不再以绝对控股为唯一目的；其二，本土企业的股权性价比获得提升，市场价值得到进一步认可。”

"这反映出凯雷方面的急切心情，同时也表明凯雷不愿轻易放弃这一交易。"天相投资一位分析人士认为，自从并购受挫以来，凯雷作出的种种"让步"，让业界看到了一个强劲的外资投资商在与中国市场博弈中所表现出来的"灵活策略"。

然而，招商证券一位人士表示，这笔交易被确定为外资进入装备制造业的标杆性案例，"凯雷已经骑虎难下，因为在博弈中，凯雷的每一次决策都将影响以后在中国市场的投资行为"。上述人士分析指出，在"凯雷—徐工—国资委—商务部"的微妙关系中，凯雷同时受到其他三方面的制衡，必须充分遵守中国当地市场的游戏规则，同时，这一游戏规则也符合国际惯例。

凯雷一再让步，并计划将股权由85%直线下降到45%。"这是一个非常大的转变，同时也需要勇气，而其目的是想与有关国家部门保持良好的长期合作关系。"一位外资投行人士表示，正是基于这一目的，凯雷一直在尽力配合。

三、案例启示

（1）要充分考虑国有企业拥有的营销网络、客户关系、市场份额、品牌等无形资产的价值。在许多外资并购国有企业的案例中，一些国有企业往往把企业中宝贵的商标、品牌、土地使用权、销售渠道、客户资源、商誉、熟练工人的技术等无形资产无偿或低价地转让给外资。这些品牌、商誉等无形资产的流失对于国家长远的发展、对中国在国际社会中的竞争来说，无疑是一种巨大的损失。

（2）尽快完善并购的信息披露制度。市场经济的发展使得信息已成为一种重要的经济资源。建立高效的信息网络，对于产权交易的顺利完成已显得尤为重要。然而，在外资并购国有企业时，信息受到部门、行业、地区的限制无法有效融通、彼此隔绝，这很容易导致国有产权转让价格偏低。从凯雷并购徐工的案例来看，双方的具体谈判细节和协议的具体内容都是保密的，关于双方对并购标的的估价信息也未对外公开，因此，外界无法对徐工机械的价值作出确切的分析和判断。

（3）摆正国有企业中各方的角色和地位，积极引导并购行为。主导徐工机械并购的是徐工机械的所有“利益相关者”，地方国资委、国务院国资委、徐工的管理层、徐工的员工乃至徐工的同行。从徐工机械的股权转让价格上看，显示存在一个不充分竞价的资本市场，价格会在市场的名义下被相关利益集团所扭曲。为此，需要完善国有企业的治理机制，理顺国有企业中有关各方的利益关系，使利益相关者在并购中扮演恰当的角色。

（4）为内资企业提供公平、公开、公正的竞争环境。在全球化条件下，不可能指望引入的跨国公司为了中国的利益而布局。要弥补受制于全球化运作的跨国公司的不足，就需要尽快培养起国内企业的核心竞争力和中国自己的跨国公司。为此，政府要非歧视性地提供必要的环境和条件创造等支持性服务，要打破所有制歧视对中国产业发展和企业成长的束缚，激发各类市场主体的创业与竞争潜力。在凯雷并购徐工机械的过程中，作为行业竞争对手的民营企业——三一重工给出的收购报价比外资方高出许多，但最终结果依然是引外资而舍内资。从公平竞争的市场法则来说，这是不能够容忍的。

（5）健全外资并购的相关法律法规。现行有关并购的立法存在的问题很多，主要表现在：法律的效力较低；立法内容不完备；现有的法律规范之间相互矛盾，缺乏协调性；现有的立法规定过于简单，缺乏可操作性等。像外商投资企业的国民待遇、出资比例、出资方式、增资扩股、审批制度、上市公司并购中的中小股东利益保护、国企职工权益保护、国有资产保护、反垄断认定等敏感问题，都需要尽快制定出台符合中国当前国情的外资并购立法，有必要在立法层面上加快完善相关的法律法规和制度建设。

[illegible]

[illegible]

[illegible]

[illegible]

[illegible]

附　录

附录1　外资并购上市公司国有股权情况统计表

股票代码	股票简称	行业分类	协议日期	交易方式	买方名称	买方国别或地区
600855	航天长峰	C73	1995.06.17	协议转让	五十铃、伊藤忠商社	日本
600221	海南航空	F	1995.06.18	定向增发B股	美国航空投资基金	美国
000550	江铃汽车	C75	1995.08.26	定向增发B股	福特汽车	美国
000550	江铃汽车	C75	1995.10.27	定向增发B股	福特汽车	美国
000625	长安汽车	C75	1996.11.01	定向增发B股	五十铃、伊藤忠	日本
000056	深国商	H11	1996.11.01	定向增发B股	和昌父子有限公司	马来西亚
600073	上海梅林	C03	1999.03.02	协议转让	法国达能	法国
600801	华新水泥	C61	1999.01.19	定向增发B股	HOLCHIN B. V.	瑞士
000002	深万科	J	2000.08.10	协议转让	香港华润集团	中国香港
000921	ST科龙	C76	2001.10.31	协议转让股权	格林科尔科技控股公司	开曼群岛
600600	青岛啤酒	C05	2002.10.21	可转换债权	AB公司	美国
600843	上工股份	C73	2002.12.18	定向增发B股	FAG公司	德国
600893	华润生化	C01	2002.12.06	公开拍卖	香港华润集团	中国香港
600000	浦发银行	I70	2003.01.02	协议转让	花旗集团	美国
000068	赛格三星	C51	2003.02.13	协议转让	三星康宁有限公司	马来西亚
000810	华润锦华	C11	2003.01.28	协议转让	华润轻纺	中国香港
600607	上实联合	M	2003.05.21	协议转让	YKB LIMITED	中国香港
000521	美菱电器	C76	2003.05.31	协议转让	格林柯尔	开曼群岛
600182	ST桦林	C48	2003.07.13	公开拍卖	佳通轮胎集团	新加坡
600152	维科精华	C11	2003.08.22	协议转让	伊藤忠商事株式会社	日本
600662	强生控股	K01	2003.10.28	协议转让	国中控股	中国香港

续表

股票代码	股票简称	行业分类	协议日期	交易方式	买方名称	买方国别或地区
000958	东方热电	D01	2003.11.04	协议转让	汉博和汉博有限公司	维尔京群岛
600135	乐凯胶片	C43	2003.12.05	协议转让	柯达	美国
600132	重庆啤酒	C05	2003.12.12	协议转让	纽卡斯尔	英国
000809	ST 一纺	C11	2003.12.18	协议转让	新世界中国	中国香港
600297	美罗药业	C81	2004.01.07	协议转让	西域投资	中国香港
000541	佛山照明	C76	2004.08.31	协议转让	欧司朗佑昌器材有限公司 佑昌灯光器材有限公司	中国香港
000001	深发展	I70	2004.10.12	协议转让	新桥投资集团	美国
600695	大江股份	C01	2004.11.13	协议转让	绿庭（香港）有限公司	中国香港
600253	天方药业	C81	2004.11.27	协议转让	日本住友商事株式会社住友商事有限公司	日本
000708	大冶特钢	C65	2004.12.20	公开拍卖	中信泰富	中国香港
000011	深物业 A	M	2005.04.05	协议转让	卓见投资有限公司	维尔京群岛
600253	天方药业	C81	2005.04.08	协议转让	住友商事株式会社住友商事有限公司	日本
000731	四川美丰	C43	2005.08.18	协议转让	新宏远创投资有限公司	维尔京群岛
000932	华菱管线	C6	2005.01.14	协议转让	米塔尔钢铁公司	荷兰
600015	华夏银行	I70	2005.10.26	协议转让	德意志银行等三家德国银行	德国
000935	四川双马	C61	2005.10.17	协议转让	拉法基中国海外控股公司	法国
000100	TCL 集团	C5	2005.11.15	协议转让	PHILIPS ELECTRONICS CHINA B. V.	荷兰
600722	ST 金化	C43	2005.12.15	协议转让	富新资源有限公司	中国香港
000715	中兴商业	H11	2005.12.31	协议转让	CITIC Capital Shopwell InvestmentLtd.	中国香港
600258	首旅股份	K32	2005.12.29	协议转让	香港嘉云酒店（集团）有限公司	中国香港
600615	丰华股份	C43	2006.03.17	公开拍卖	沿海地产投资有限公司	中国香港
200770	武锅 B	C75	2006.04.14	协议转让	阿尔斯通投资有限公司	法国
600597	光明乳业	C01	2006.04.24	协议转让	达能亚洲有限公司	新加坡
600597	光明乳业	C01	2006.04.28	协议转让	达能亚洲有限公司	新加坡
600728	SST 新太	G87	2006.04.26	协议转让	泽明有限公司	塞舌尔共和国
600318	巢东股份	C61	2006.06.02	协议转让	昌兴矿业投资有限公司	中国香港
000902	中国服装	C13	2006.06.05	协议转让	汉帛有限公司	中国香港
600310	桂东电力	D01	2006.06.19	协议转让	西班牙伊维尔德罗拉公司	西班牙
600379	宝光股份	C76	2006.06.25	协议转让	施耐德电气投资有限公司	美国
000931	中关村	K01	2006.07.20	协议转让	海源控股有限公司	维尔京群岛

续表

股票代码	股票简称	行业分类	协议日期	交易方式	买方名称	买方国别或地区
600021	上海电力	D	2006.11.02	协议转让	中国电力国际发展有限公司	中国香港
000659	珠海中富	C49	2007.03.24	协议转让	亚洲瓶业有限公司	中国香港
000019	深深宝 A	C0	2007.10.11	协议转让	汇科系统有限公司	中国香港
000792	盐湖钾肥	C43	2007.10.16	协议转让	中化化肥有限公司	中国香港
600801	华新水泥	C61	2008.01.08	定向增发	HOLCHIN B. V.	瑞士

附录 2 外资并购中国有股权溢价率情况统计表

股票代码	股票简称	协议日期	每股成交价	每股净资产	每股市价	溢价率 1	溢价率 2
000550	赣江铃 A	1995.08.26	2.4056	1.9598	4.38	0.2275	–0.4508
000550	赣江铃 A	1995.10.27	3.7332	1.9598	4.26	0.9049	–0.1237
600073	上海梅林	1999.03.02	0.9300	2.4738	5.39	–0.6241	–0.8275
600801	华新水泥	1999.01.19	2.1567	2.1894	6.40	–0.0149	–0.6630
000002	深万科 A	2000.08.10	4.4600	3.8366	13.90	0.1625	–0.6791
000921	科龙电器	2001.10.31	2.7300	4.1676	12.07	–0.3449	–0.7738
600600	青岛啤酒	2002.10.21	4.8852	2.9649	8.04	0.6477	–0.3923
600843	上工股份	2002.12.18	3.5424	1.9906	13.42	0.7796	–0.7360
600893	ST 吉发	2002.12.06	2.2994	2.1055	6.74	0.0921	–0.6588
000068	赛格三星	2003.02.13	2.1415	2.0321	8.70	0.0538	–0.7539
000810	华润锦华	2003.01.28	2.4730	1.4077	12.94	0.7568	–0.8089
600607	上实联合	2003.05.21	4.9917	4.6849	10.16	0.0655	–0.5087
000521	美菱电器	2003.05.31	2.5000	2.5031	5.27	–0.0012	–0.5256
600182	桦林轮胎	2003.07.13	0.6480	1.0393	6.71	–0.3765	–0.9034
600152	维科精华	2003.08.22	2.0800	2.0785	5.63	0.0007	–0.6306
600662	强生控股	2003.10.28	4.5000	3.2515	7.10	0.3840	–0.3662
000958	东方热电	2003.11.04	1.8619	5.1956	5.94	–0.6416	–0.6865
600135	乐凯胶片	2003.12.05	8.3000	2.8401	12.06	1.9224	–0.3118
600132	重庆啤酒	2003.12.12	10.5000	3.4854	14.15	2.0126	–0.2580
000809	第一纺织	2003.12.18	2.2000	0.9089	6.83	1.4205	–0.6779
600297	美罗药业	2004.01.07	0.7900	4.8108	8.08	–0.8358	–0.90228
000541	佛山照明	2004.08.31	7.9000	6.1075	13.80	0.2935	–0.4275
600695	ST 大江	2004.11.13	0.7410	0.8744	4.11	–0.1526	–0.8197

续表

股票代码	股票简称	协议日期	每股成交价	每股净资产	每股市价	溢价率 1	溢价率 2
600253	天方药业	2004.11.27	2.0476	1.9122	4.62	0.0708	–0.5568
000708	大冶特钢	2004.12.20	2.2900	3.6122	5.64	–0.3660	–0.5940
000011	ST 深物业	2005.04.05	1.2041	1.0468	4.69	0.1503	–0.7433
600253	天方药业	2005.04.08	2.0464	1.9746	4.11	0.0364	–0.5021
000731	四川美丰	2005.08.18	4.8011	4.0720	8.64	0.1791	–0.4443
000932	华菱管线	2005.01.14	4.3117	3.7790	4.54	0.1410	–0.0503
000935	四川双马	2005.10.17	1.2877	1.5123	2.56	–0.1485	–0.4970
000100	TCL 集团	2005.11.15	1.5816	2.1109	1.99	–0.2507	–0.2052
600722	沧州化工	2005.12.15	2.4700	2.4618	2.32	0.0033	0.0647
000715	中兴商业	2005.12.31	3.8437	3.1793	6.46	0.2090	–0.405
600258	首旅股份	2005.12.29	4.1100	3.5026	6.68	0.1734	–0.3847
600615	ST 丰华	2006.03.17	2.0000	1.4479	3.78	0.3813	–0.4709
600597	光明乳业	2006.04.24	3.7500	2.0273	5.46	0.8498	–0.3132
600597	光明乳业	2006.04.28	4.0600	2.0273	5.69	1.0027	–0.2865
600728	新太科技	2006.04.26	0.5733	–0.6269	2.90	–1.9145	–0.8023
600318	巢东股份	2006.06.02	2.4800	2.1032	7.14	0.1792	–0.6527
000902	中国服装	2006.06.05	1.9500	1.6050	4.58	0.2150	–0.5742
600310	桂东电力	2006.06.19	4.8000	4.0016	10.04	0.1995	–0.5219
600379	宝光股份	2006.06.25	2.6000	1.8311	3.97	0.4199	–0.3452
000931	中关村	2006.07.20	0.7761	0.7395	7.24	0.0495	–0.8928
600021	G 上电	2006.11.02	4.2583	4.0045	4.40	0.0634	–0.0322
000659	珠海中富	2007.03.24	8.2663	2.8186	6.84	1.9328	0.2085
000019	深深宝 A	2007.10.11	8.6300	1.5329	11.77	4.6299	–0.2668
000792	盐湖钾肥	2007.10.16	47.4900	2.7075	61.70	16.5402	–0.2303
600801	华新水泥	2008.01.08	26.9500	7.3150	39.24	2.6842	–0.3132

附录 3 标准化处理后的样本数据

股票代码	股票简称	Y	X_1	X_2	X_3	X_4	X_5	X_6	X_7	X_8	X_9	X_{10}	X_{11}	X_{12}
000550	赣江铃 A	−0.3103	−0.4596	−0.5116	−0.3652	−0.4762	0.2961	0.2735	0.2587	−0.0053	1.6173	−0.6814	−0.0697	−0.3031
000550	赣江铃 A	−0.1336	−0.4720	−0.5116	0.2832	−0.4762	0.2961	0.2735	0.2587	−0.0053	1.6173	−0.6814	−0.0697	−0.3031
600073	上海梅林	−0.5067	−0.3549	0.8527	1.5879	−0.1254	0.1750	0.4113	0.3653	0.0944	0.0719	−0.4437	0.2112	1.1856
600801	华新水泥	−0.3434	−0.2502	−0.5116	−0.1406	−0.3195	−0.1374	−0.0407	0.1148	−0.0490	0.5605	0.1442	0.9669	−0.4537
000002	深万科 A	−0.0368	0.5271	0.8527	−1.1393	0.8046	0.7065	0.4462	0.3188	0.0472	0.0064	0.4619	0.1167	0.2993
000921	科龙电器	−0.2671	0.3374	0.8527	−0.3236	1.0304	−1.6264	−0.9884	−0.4880	−0.4437	−0.7471	−1.1032	−0.4537	0.2284
600600	青岛啤酒	0.0198	−0.0803	−0.5116	0.0905	0.2097	0.0363	0.0563	0.1281	0.7370	0.2660	0.8300	0.0506	−0.7854
600843	上工股份	−0.1590	0.4774	−0.5116	0.1927	−0.4552	0.2027	0.2619	0.2245	−0.7118	−0.4645	1.5757	0.2320	−0.3514
600893	ST 吉发	−0.3244	−0.2150	0.8527	0.7435	−0.3768	−1.4505	−0.8807	−0.4437	−0.7085	−1.0528	−0.9232	2.4813	−0.0464
000068	赛格三星	−0.3455	−0.0118	0.8527	−0.7500	−0.4268	0.1443	0.3773	0.4257	0.1176	−0.9682	−0.1452	0.2370	1.9584
000810	华润锦华	−0.3013	0.4276	0.8527	1.6530	−0.8529	0.0332	0.1785	0.1603	0.1108	1.1921	2.3387	0.4206	−0.3323
600607	上实联合	0.0340	0.1395	0.8527	0.3750	1.3834	0.4579	0.2929	0.2483	0.0144	−0.3505	0.1148	0.1105	0.4335
000521	美菱电器	−0.2977	−0.3673	0.8527	−0.3633	−0.1054	−0.1397	−0.0398	0.0867	−0.0687	−0.3680	−0.5024	−0.1043	−0.1543
600182	桦林轮胎	−0.5443	−0.2181	0.8527	1.2253	−1.1043	−1.6898	−1.3569	−1.2843	−1.1398	−0.9019	−1.3393	0.1754	−0.6989
600152	维科精华	−0.3536	−0.3300	−1.8759	−1.3548	−0.3952	0.1437	0.3113	0.1724	−0.0063	0.7944	0.2794	0.1512	−0.3628
600662	强生控股	−0.0315	−0.1777	−0.5116	−0.8294	0.4053	0.5837	0.5393	0.4171	0.0977	−0.2930	0.1856	0.1751	−0.7027
000958	东方热电	−0.3827	−0.2979	0.8527	−0.6068	1.7320	0.4835	0.3191	0.6151	2.4909	1.2279	−0.7388	0.0284	0.3747
600135	乐凯胶片	0.4744	0.3364	−0.5116	−0.8210	0.1245	0.5862	0.9593	0.7287	−0.0840	−0.3875	−0.6497	0.0761	2.1958
600132	重庆啤酒	0.7673	0.5530	−0.5116	−0.3971	0.5649	0.3698	0.2590	0.2473	−0.0040	0.3573	1.6689	0.1435	−0.4210

续表

股票代码	股票简称	Y	X_1	X_2	X_3	X_4	X_5	X_6	X_7	X_8	X_9	X_{10}	X_{11}	X_{12}
000809	第一纺织	−0.3377	−0.2056	−0.5116	−0.2467	−1.1933	−1.2183	−1.3773	−0.4956	−0.9717	−1.0131	−0.8617	0.1184	−0.8328
600297	美罗药业	−0.5254	−0.0761	0.8527	−0.0163	1.4694	0.0659	0.0572	0.1243	−0.0290	0.1119	−0.1690	0.0262	0.2708
000541	佛山照明	0.4212	0.5167	0.8527	−0.1068	2.3542	1.1532	0.8477	0.7676	0.2065	−0.3319	−0.2198	0.1160	4.8539
600695	ST 大江	−0.5319	−0.4875	0.8527	1.0924	−1.2169	−0.0712	0.1445	0.1616	0.0429	−0.6177	−0.7404	0.0086	−0.3823
600253	天方药业	−0.3580	−0.4347	−0.5116	−0.3652	−0.5087	0.0919	0.3560	0.3185	0.0959	0.1123	0.8830	0.0981	0.7498
000708	大冶特钢	−0.3257	−0.3290	0.8527	0.1673	0.6514	−0.0642	−0.0126	0.1028	−0.0444	0.0107	0.3440	0.0342	−0.2387
000011	ST 深物业	−0.4703	−0.4274	0.8527	2.2233	−1.0992	0.1716	0.2958	0.2821	0.4076	−0.6614	0.2891	0.0457	−0.1332
600253	天方药业	−0.3581	−0.4875	0.8527	−0.3652	−0.4661	0.0566	0.2347	0.2432	−0.0043	0.6558	0.3311	0.0721	0.2168
000731	四川美丰	0.0086	−0.0180	−1.8759	−1.0163	0.9652	1.3956	1.2211	0.6901	0.1863	0.0480	0.1160	0.2568	−0.3221
000932	华菱管线	−0.0565	−0.4430	−0.5116	0.7201	0.7653	1.0218	0.4627	0.1999	0.3168	2.9964	2.2672	0.1147	−0.3670
000935	四川双马	−0.4591	−0.6482	0.8527	2.6621	−0.7816	−0.6986	−0.7759	−0.4763	−0.4508	−0.3549	−0.6522	−6.1540	−0.4495
000100	TCL 集团	−0.4200	−0.7073	−1.8759	−1.2663	−0.3731	0.0192	0.0272	0.0857	3.4770	3.2449	0.9072	−0.0582	0.0495
600722	沧州化工	−0.3017	−0.6731	−1.8759	−0.8861	−0.1336	0.0850	0.0660	0.1385	0.0618	0.0738	0.7589	0.3305	−0.5643
000715	中兴商业	−0.1188	−0.2440	−0.5116	0.2533	0.3560	0.3432	0.4665	0.1619	0.0278	−0.3938	−0.0028	0.1168	−0.6316
600258	首旅股份	−0.0834	−0.2212	0.8527	2.8340	0.5766	0.3713	0.2890	0.2078	−0.0018	−0.1135	1.3289	0.2554	−0.5403
600615	ST 丰华	−0.3643	−0.5217	0.8527	−0.2917	−0.8255	−0.0351	0.0718	0.3523	0.0704	−0.4700	−0.6764	−0.1144	−0.9505
600597	光明乳业	−0.1313	−0.3476	−1.8759	−0.9154	−0.4301	0.2470	0.4918	0.1632	−0.0106	−0.3311	−0.3732	0.0254	0.0322
600597	光明乳业	−0.0900	−0.3238	−1.8759	−1.3919	−0.4301	0.2470	0.4918	0.1632	−0.0106	−0.3311	−0.3732	0.0254	0.0322
600728	新太科技	−0.5542	−0.6129	−0.5116	0.0781	−2.2414	−3.6813	−5.3366	−5.1075	−4.1106	−2.6304	−2.3826	−0.0181	−0.8113
600318	巢东股份	−0.3004	−0.1735	0.8527	0.9368	−0.3783	−2.1980	−1.6062	−1.0323	−0.9505	−1.3565	−1.3302	−0.6847	−0.6649
000902	中国服装	−0.3710	−0.4388	0.8527	0.2793	−0.7183	−0.1414	−0.0369	0.0740	−0.0601	0.3751	0.1138	0.0643	−0.1391
600310	桂东电力	0.0085	0.1271	−0.5116	0.2207	0.9172	0.5389	0.1979	0.4096	−0.2458	0.1413	0.3540	0.1041	−0.5944
600379	宝光股份	−0.2844	−0.5021	0.8527	−1.2552	−0.5640	−0.1534	−0.0349	0.0892	−0.0661	−0.6356	−0.8865	−0.0446	0.2477
000931	中关村	−0.5272	−0.1631	−1.8759	−1.3418	−1.3089	−1.8449	−1.0504	−3.2555	−1.3642	−1.0484	−2.3663	−0.5643	−0.3194

续表

股票代码	股票简称	Y	X_1	X_2	X_3	X_4	X_5	X_6	X_7	X_8	X_9	X_{10}	X_{11}	X_{12}
600021	G 上电	−0.0636	−0.4575	−0.5116	−0.0397	0.9191	0.3565	0.2037	0.2347	−0.0596	−0.2954	0.2255	0.1114	−0.5384
000659	珠海中富	0.4699	−0.2046	0.8527	0.2207	0.1099	0.1384	0.1115	0.2122	0.0134	−0.0139	0.1082	0.1874	−0.5244
000019	深深宝 A	0.5184	0.3064	0.8527	−0.3138	−0.7675	0.2726	0.7595	1.2717	0.3243	−0.1719	0.3813	0.1187	−0.1408
000792	盐湖钾肥	5.6918	5.4812	−0.5116	−0.4635	0.0341	2.0543	1.4491	1.0610	0.5699	0.5034	1.5456	0.2305	1.8325
600801	华新水泥	2.9573	3.1534	0.8527	−0.4544	3.1782	2.0027	0.3463	0.2916	1.9798	0.3275	0.6946	0.2982	−0.9011

股票代码	股票简称	X_{13}	X_{14}	X_{15}	X_{16}	X_{17}	X_{18}	X_{19}	X_{20}	X_{21}	X_{22}	X_{23}
000550	赣江铃 A	−0.3635	−0.3387	−0.2985	0.9917	−0.1863	−0.4961	1.1303	−0.0353	−0.5069	−0.5568	−0.5087
000550	赣江铃 A	−0.3635	−0.3387	−0.2985	0.9917	−0.1863	−0.4961	1.1303	−0.0353	−0.5069	−0.5568	−0.5087
600073	上海梅林	1.1626	0.4737	0.5084	−1.5208	−0.2429	−0.5564	0.3288	0.0812	−0.1733	−0.1856	−0.3938
600801	华新水泥	−0.3491	−0.3761	−0.4640	0.6809	−0.2959	−0.2815	−1.4484	−0.6923	3.7886	−0.0026	−0.2546
000002	深万科 A	−0.4422	−0.1778	−0.0882	−0.0230	−0.2479	−0.6410	1.9145	4.3000	−0.3656	−0.1741	0.9140
000921	科龙电器	−0.2747	−0.1383	−0.1022	−0.6877	−0.2685	−0.5151	0.1284	−0.1837	−1.0101	0.1933	−1.1352
600600	青岛啤酒	−0.7795	−0.4458	−0.3628	0.1517	−0.1461	0.4172	−0.9141	−0.6075	0.3763	−0.1559	−0.4916
600843	上工股份	−0.3103	−0.3354	−0.2440	0.3833	−0.2939	−0.3978	0.4292	0.0981	0.4441	1.6926	1.1109
600893	ST 吉发	−0.2131	−0.4995	−0.4294	0.3407	−0.2707	−0.6275	0.4797	0.0586	−0.8601	0.0480	0.2753
000068	赛格三星	2.1643	−0.2096	−0.2893	−0.9217	−0.2757	−0.7541	0.6464	0.0831	−0.0090	0.2603	0.1054
000810	华润锦华	−0.4695	−0.5323	−0.4653	0.3573	−0.1550	0.3053	0.1415	−0.3099	1.8034	3.7070	3.1847
600607	上实联合	0.3778	0.1026	0.1765	−0.9834	−0.2865	−0.4264	0.3951	0.6596	−0.2850	−0.4467	−0.5962
000521	美菱电器	−0.0621	−0.4108	−0.3263	0.1111	−0.3065	−0.6238	0.6614	0.3095	2.8361	−0.4257	0.0747
600182	桦林轮胎	−0.5390	−0.6062	−0.5198	1.1973	−0.3193	−0.6794	−0.5170	−0.5271	−0.7959	0.5807	0.7165
600152	维科精华	−0.3412	−0.1258	−0.0248	−0.4655	−0.1687	0.6966	−0.0738	−0.4427	−0.1294	−0.0217	−0.1030
600662	强生控股	−0.4647	−0.1059	−0.0030	−0.7093	0.2774	0.4255	−1.1808	−0.5455	−0.3852	−0.2210	0.3513
000958	东方热电	0.6412	0.7655	−0.0966	−0.4836	−0.3008	−0.4456	−1.0089	−0.6486	−0.1642	−0.3050	−0.1279
600135	乐凯胶片	2.0947	2.5181	2.6963	−1.7445	−0.1434	−0.6460	0.7020	−0.0305	−0.3092	0.1959	0.7232

续表

股票代码	股票简称	X_{13}	X_{14}	X_{15}	X_{16}	X_{17}	X_{18}	X_{19}	X_{20}	X_{21}	X_{22}	X_{23}
600132	重庆啤酒	−0.5270	−0.3442	−0.2867	−0.0499	−0.1602	−0.1632	−0.2219	−0.4330	0.4825	1.2494	0.9398
000809	第一纺织	−0.7756	−0.5787	−0.5025	0.9285	−0.0875	0.7210	−1.2788	−0.6308	−0.9224	2.0747	1.2115
600297	美罗药业	0.3670	0.4374	0.4957	−0.2584	−0.2936	−0.4804	1.3839	0.5280	0.2669	−0.5400	−0.6661
000541	佛山照明	5.0216	5.6969	5.9310	−2.1356	−0.2457	−0.6831	0.5325	−0.0167	−0.4265	−0.4052	0.4485
600695	ST 大江	−0.4655	−0.2355	−0.1456	0.1557	−0.2304	−0.0953	0.0733	−0.2849	0.6174	0.9743	0.1975
600253	天方药业	0.5788	0.4134	0.2248	−0.8302	−0.2886	−0.4398	0.4573	−0.2797	−0.1522	−0.1573	−0.5400
000708	大冶特钢	−0.2683	−0.3535	−0.2945	0.3725	−0.3033	−0.5245	0.5441	−0.2072	0.5876	−0.6478	−0.5676
000011	ST 深物业	−0.7345	−0.4116	−0.3431	1.1092	−0.1547	−0.6969	1.3667	1.7722	−0.3721	0.2618	−0.0863
600253	天方药业	0.0854	−0.2069	−0.2305	−0.3265	−0.2957	−0.4459	0.4386	−0.2476	−0.1524	−0.3429	−0.6931
000731	四川美丰	−0.1983	0.0322	−0.0215	−1.0852	1.7137	0.7593	−1.1126	−0.6483	−0.4930	−0.1318	0.1996
000932	华菱管线	−0.2925	−0.0495	−0.2083	0.5169	1.2411	1.6134	−0.2363	−0.5259	−0.5949	−0.7427	−0.8402
000935	四川双马	−0.3242	−0.4656	−0.4397	−0.0587	−0.2927	−0.1355	−1.0364	−0.6188	−0.8760	−0.4146	−0.5919
000100	TCL 集团	−0.0298	−0.1266	−0.1057	0.7778	−0.2474	0.2665	2.6987	2.6827	−0.1499	−0.5054	−0.5676
600722	沧州化工	−0.4854	−0.4257	−0.3816	0.8326	−0.2706	−0.1250	−0.3302	−0.4667	−0.2325	−0.5049	−0.5099
000715	中兴商业	−0.6254	−0.1901	−0.0896	−1.1625	6.3108	5.0026	−1.3503	−0.6773	−0.3720	−0.4786	−1.1085
600258	首旅股份	−0.2893	−0.1395	−0.1066	−0.6167	−0.0189	1.2532	−0.9748	−0.5089	−0.3361	−0.4352	−0.9505
600615	ST 丰华	−0.8112	−0.5963	−0.5121	0.3142	−0.3022	−0.6246	−1.5208	−0.5419	0.2243	0.0295	−0.3033
600597	光明乳业	0.0398	0.1660	0.2058	−0.6789	−0.1876	1.3999	0.0542	−0.3717	−0.3825	−0.3206	−0.9499
600597	光明乳业	0.0398	0.1660	0.2058	−0.6789	−0.1876	1.3999	0.0542	−0.3717	−0.3825	−0.3206	−0.9499
600728	新太科技	−0.6268	−0.5011	−0.4103	3.9285	−0.3149	−0.8191	−0.4306	−0.3463	−0.7264	−2.9358	2.7478
600318	巢东股份	−0.4856	−0.4094	−0.3483	0.3421	0.0237	−0.2720	−0.9552	−0.6008	−0.7504	−0.5913	−0.4673
000902	中国服装	−0.1255	−0.3983	−0.3052	0.3686	−0.2150	0.2419	1.4007	1.2544	1.1693	−0.5444	−0.7299
600310	桂东电力	−0.3583	−0.3850	−0.4442	0.3363	−0.2664	−0.0208	−1.4914	−0.6930	−0.4064	−0.4947	−0.7296
600379	宝光股份	0.0692	−0.1330	−0.0309	−0.5884	−0.3091	−0.5820	0.7230	0.0454	3.0745	−0.4446	−0.7147

续表

股票代码	股票简称	X_{13}	X_{14}	X_{15}	X_{16}	X_{17}	X_{18}	X_{19}	X_{20}	X_{21}	X_{22}	X_{23}
000931	中关村	-0.2877	-0.4465	-0.3620	1.6422	-0.2787	-1.0802	1.2737	2.8290	-0.7468	0.1137	0.1802
600021	G 上电	-0.3345	-0.1929	-0.3078	-0.5340	-0.2332	0.7245	-1.4806	-0.6833	-0.4789	-0.7977	-1.4722
000659	珠海中富	-0.4567	-0.2540	-0.2024	0.1209	-0.2825	-0.3890	-0.3989	-0.5267	-0.4006	-0.7468	-0.5889
000019	深深宝 A	-0.0943	-0.3043	-0.2071	-0.7778	-0.2852	-0.7672	-0.1387	-0.0415	-0.3313	0.2451	0.6691
000792	盐湖钾肥	1.7172	1.4486	0.2617	-0.5595	0.2520	-0.4603	0.3685	-0.3627	-0.3793	2.2893	2.4512
600801	华新水泥	-0.7895	-0.4293	-0.4051	0.9334	0.0272	1.1645	-1.3578	-0.5583	-0.1052	1.6388	1.6445

附录 4　调查问卷

1. 您在公司（企业）任职____

A. 总经理　　B. 财务总监　　C. 董事

D. 董事会秘书　　E. 董事长　　F. 其他

2. 您所在公司（企业）是否是上市公司？____

A. 是　　B. 不是

3. 贵公司（企业）所在的行业是____

A. 农林牧渔业　　B. 采矿业　　C. 制造业

D. 建筑业　　E. 金融业　　F. 其他（请指出）

4. 贵公司（企业）的性质是____

A.中央直属国有企业　B. 地方（所有或控制）国有企业

C. 其他类型企业

5. (a) 贵公司（企业）股份中有无外资股份？____

A. 有　　B. 无　　C. 不清楚

(b) 如果有，外资占多大比例？____

6. (a) 您所在的公司（企业）在近 5 年内是否发生了并购？____

A. 是　　B. 否　　C. 不清楚

(b) 如果是，是否被外资并购？

A. 是　　B. 否　　C. 不清楚

7. (a) 如果您所在公司（企业）发生了外资并购，您认为贵公司的国有股权定价是否合理？____

A. 合理　　B. 不合理　　C. 不清楚

(b) 如果您所在公司发生了外资并购，您认为是否有国有资产流失？____

A. 有　　B. 没有　　C. 不清楚

(c) 在外资并购过程中，您认为谁是并购活动及国有股权定价的主导者？____

A. 省市主要领导　B. 国家或地方国资委　C. 企业高管人员

D. 中介机构　E. 外资方

8. (a) 您所在公司（企业）近期有无引进外资股东的打算或意愿？____

A. 有　B. 无　C. 不清楚

(b) 如果有，主要出于何种目的？

A. 引进国外先进技术　B. 引进国外资金　C. 引进国外先进的管理

D. 依靠外资力量开拓国内外市场　E. 其他目的（请指出）

9. 如果外资要求收购贵公司（企业），您认为可以接受的外资持股比例应为多少？____

A. 10%以下　B. 10%~20%　C. 20%~30%

D. 30%~50%　E. 50% 以上

10. 如果您所在公司（企业）发生外资并购，您认为将对贵公司产生哪些影响？(可多选) ____

A. 提高公司的经营绩效　B. 降低公司的经营绩效

C. 对公司的经营绩效不会有太大影响　D. 改善公司的经营管理水平

E. 对公司的经营管理水平没有影响　F. 能够提升公司的股价

G. 将降低公司的股价　H. 能够改善公司的治理结构

I. 可能会造成国有资产流失　J. 总的影响不大

K. 没有任何影响

11. 外资并购国有企业时，您认为外资对国有企业最感兴趣的是哪一个？(可多选) ____

A. 国有企业的现有资产

B. 国内廉价劳动力

C. 国有企业已有品牌

D. 国有企业已有的资源（人力、客户、渠道、信息等）

E. 借此进入或占领中国市场

F. 借用上市公司的“壳”资源

G. 其他（请指出）

12. 外资并购国有企业时，您认为采用下列哪一项作为国有股权的定价基础较为合理？____

A. 国有股权的账面价值（每股净资产）

B. 国有股权的市场价值（价格）

C. 国有企业的每股收益

D. 参考同行业上市公司的平均股价

E. 其他（请指出）

13. 外资并购国有企业时，您认为并购价格应该高于还是低于公司当时的每股净资产（每股账面价值）？____

A. 高于　　　　B. 低于　　　　C. 视具体情况而定

14. 外资并购国有上市公司股权时，您认为并购价格应该高于还是低于公司当时的每股市价？____

A. 高于　　　　B. 低于　　　　C. 视具体情况而定

15. 外资并购国有企业时，哪些内部因素会对国有股权的估价产生重要影响？（可多选）____

A. 公司（企业）所处行业

B. 公司（企业）所处发展阶段

C. 公司（企业）所处地区

D. 公司（企业）业绩

E. 公司（企业）规模

F. 公司治理结构

G. 其他因素（请指出）

16. 外资并购国有企业时，哪些外部因素会对国有股权的估价有重要影响？（可多选）____

A. 外资并购的目的或意图　　　　B. 中介机构的信誉

C. 外商的实力与声誉　　　　D. 政府对企业的干预

E. 行业管制　　　　F. 其他因素（请指出）

17. 您认为，增加外资并购过程的透明度及信息披露的及时性是否有助于

达成合理的并购价格？____

A. 是　　B. 否　　C. 不确定

18. 您认为，在外资并购国有股权时，政府（中央或地方）干预是出于何种目的？____

A. 维护国家或地方的经济利益（就业、税收、经济增长等）

B. 维护国有企业大股东的利益

C. 发挥政府的监督管理职能

D. 体现地方政府或主管部门的政绩

E. 其他目的

19. 您认为政府（中央或地方）在外资并购国有股权时最应该充当哪个角色？____

A. 国有企业大股东　　B. 社会管理者　　C. 不确定

20. 您认为，在外资并购国有企业时，企业高管人员（管理层）起到（或应起到）什么作用？____

A. 代表国有大股东的利益与外商谈判

B. 作为国有企业的实际控制人，设计有利于自身利益的并购方案

C. 作为职业经理人，协调国有股东与外商之间的关系，极力促成并购

D. 作为局外人，不参与并购方案的设计和确定

附录5　专家打分表

外资并购中影响国有股权定价的非财务因素重要程度比较

	E_1	E_2	E_3	E_4	E_5
E_1	—				
E_2		—			
E_3			—		
E_4				—	
E_5					—

填表说明：

（1）表中 E_i（i = 1，2，3，4，5）分别代表外资并购中影响国有股权定价的五个非财务因素，即政府对外资并购的态度、目标国有企业的供给状况、国有股东的讨价还价能力、外资的讨价还价能力、潜在买方之间的竞争。

（2）各指标重要程度的分值采用 1~9 标度，请您运用两两配对比较法进行两两比较评分，在重要性比较表中，根据下面的评分标准，填上您认为的“数字”。

具体标度含义如下：

1	表示两个因素相比具有同等的重要性；
3	表示两个因素相比，一个因素比另一个因素略微重要；
5	表示两个因素相比，一个因素比另一个因素明显重要；
7	表示两个因素相比，一个因素比另一个因素强烈重要；
9	表示两个因素相比，一个因素比另一个因素极端重要；
2，4，6，8	上述两相邻判断的中值；
倒数	若因素 i 与 j 比较的标度 b_{ij}，则因素 j 与 i 比较的标度为 $b_{ji} = 1/b_{ij}$。

参考文献

[1] Agarwal, S. & Ramaswami, S. Choice of foreign market entry mode: impact of ownership, location and internalization factors [J]. *International Business Study*, 1992 (23): pp.1–27

[2] Anand, J. & Delios, A. Absolute and relative resources as determinants of international acquisitions [J]. *Strategy Management*, 2002 (23): pp.119–134

[3] Andersen, O. Internationalization and market entry mode: a review of theories and conceptual framework [J]. *Management International Review*, 1997 (37): pp.27–42

[4] Anderson, E. & Gatignon, H. Modes of foreign entry: a transaction cost analysis and propositions [J]. *International Business Study*, 1986 (17): pp.1–26

[5] Andersson, U., Johanson, J. & Vahlne, J. E. Organic acquisitions in the internationalisation process of the business firm [J]. *Management International Review*, 1997 (37): pp.67–84

[6] Ashkenas, R. N., DeMonaco L. J., & Francis, S. C. Making the deal real: how GE capital integrates acquisitions [J]. *Harvard Business Review*, 1998, 76 (1): pp. 165–178

[7] Barkema, H. G. & Vermeulen, F. International expansion through start-up or acquisition: a learning perspective [J]. *Academic Management*, 1998 (41): pp.7–26

[8] Bradley M. Interfirm tender offer and the market for corporate control [J]. *Journal of Business*, 1980, 53 (3): pp.345–376

[9] Brouthers, K. D. & Brouthers, L. E. Acquisition or greenfield start-up?

Institutional, cultural and transaction cost influences [J]. *Strategic Management*, 2000 (21): pp.89–97

[10] Cakici, N., Hessel, C. & Tandon, K. Foreign acquisitions in the United States: effect on shareholder wealth of foreign acquiring firms [J]. *Bank Finance*, 1996, 20 (2): pp.307–329

[11] Calori, R., Lubatkin, M. & Very, P. Control mechanisms in cross-border acquisitions: an international comparison [J]. *Organizations Science*, 1994 (15): pp.361–379

[12] Cebenoyan, A. S., Papaioannou, G. & Travlos, N. G. Foreign takeover activity in the U.S. and wealth effects for target firm shareholders [J]. *Finance Management*, 1992, 21 (3): pp.58–68

[13] Cho, K. R. & Padmanabhan, P. Acquisition versus new venture: the choice of foreign establishment mode by Japanese firms[J]. *International Management*, 1995 (1): pp.255–285

[14] Datta, D. & Puia, G. Cross-border acquisitions: an examination of the influence of relatedness and cultural fit on shareholder value creation in U.S. acquiring firms [J]. *Management International Review*, 1995 (35): pp.337–359

[15] David Hirshleifer & Sheridan Titman. Share tendering and corporate control [J]. *Journal of Political Economy*, 1986, 94 (6): pp.461–488

[16] DeAngelo H. & Rice E. Anti-takeover amendments and stockholder wealth [J]. *Journal of Financial Economics*, 1983 (11): pp.329–360

[17] Dev Stretchek. How to determine the value of a firm [J]. *Management Accounting*, 1983 (1): pp.42–49

[18] Dewenter, K. L. Does the market react differently to domestic and foreign takeover announcements? Evidence from the U.S. chemical and retail industries [J]. *Financial Economics*, 1995 (37): pp.421–441

[19] Dodd, P. & Ruback, R. Tender offers and stockholder returns: an empirical analysis [J]. *Journal of Financial Economics*, 1977, 5 (3): pp.351–374

[20] Dunning, J. Multinational Enterprises and the global economy [J]. *Economist*, 1993, 12 (4): pp.63–67

[21] Fama, E. F. Agency problems and the theory of the firm [J]. *Journal of Political Economy*, 1980, 88 (2): pp.288–307

[22] Fama, E. F., & Jensen, M. C. Separation of ownership and control [J]. *Journal of Law and Economics*, 1983, 26 (1): pp.301–325

[23] Farrell, J., & Shapiro, C. Horizontal mergers: an equilibrium analysis [J]. *American Economic Review*, 1990, 80 (1): pp.107–126

[24] Gedajlovic, E. R. & Shapiro, D. M. Management and ownership effects: evidence from five countries [J]. *Strategic Management*, 1998 (19): pp.533–553

[25] Giammarino, R. M. & Heinkel R. L. A model of dynamic takeover behavior [J]. *Journal of Finance*, 1986, 41 (3): pp.465–480

[26] Grossman, S. & O. Hart. Takeover bids, the free-rider problem and the theory of corporation [J]. *Journal of Economcis*, 1980, 11 (1): pp.42–64

[27] Grossman, Sanford J. & Perry et al. Sequential bargaining under asymmetric information [J]. *Journal of Economic Theory*, 1986, 39 (1): pp.120–135

[28] Hall, R. The strategic analysis of intangible resources [J]. *Strategic Management*, 1992 (13): pp.135–144

[29] Harris, R. S. & Ravenscraft, D. The role of acquisitions in foreign direct investment: evidence from the U.S. stock market [J]. *Finance*, 1991 (46): pp. 825–844

[30] Harzing, A. W. Acquisitions versus greenfield investments: international strategy and management of entry modes [J]. *Strategic Management*, 2002 (23): pp.211–227

[31] Hennart, J. F. & Park, Y. R. Greenfield versus acquisition: the strategy of Japanese investors in the United States [J]. *Management Science*, 1993 (39): pp.1054–1070

[32] Hennart, J. F. & Reddy, S. The choice between mergers & acquisitions and joint ventures: the case of Japanese investors in the United States [J]. *Strategic*

Management, 1997 (18): pp.1–12

[33] Hoffmann, W. H. & Schaper–Rinkel, W. Acquire or ally? —A strategic framework for deciding between acquisition and co-operation [J]. *Management International Review*, 2001 (41): pp.131–159

[34] Inkpen, A. C., Sundaram, A. K. & Rockwood, K. Cross-border acquisitions of U.S. technology assets [J]. *California Management Review*, 2000 (42): pp.50–70

[35] Jensen, M. C. Agency cost of free cash flow, corporate finance and takeovers [J]. *American Economic Review*, 1986, 76 (3): pp.323–329

[36] Jensen, M. C. & Meckling W. Theory of the firm: managerial behavior, agency costs and ownership structure [J]. *Journal of Financial Economics*, 1976,3 (5): pp.305–360

[37] Kaplan, S. N. & Weisbach, M. S. The success of acquisitions: evidence from divestitures [J]. *Finance*, 1992 (47): pp.107–138

[38] Kissin, W. D. & Herrera, J. International mergers and acquisitions [J]. *Business Strategy*, 1990 (11): pp.51–55

[39] Kosnik, R. D. & Shapiro, D. L. Agency conflicts between investment banks and corporate clients in merger and acquisition transactions: causes and remedies [J]. *Academic Management*, 1997, 11 (1): pp.7–20

[40] Krug, J. A. & Nigh, D. Top management departures in cross-border acquisitions: governance issues in an international context [J]. *International Management*, 1998 (4): pp.267–287

[41] Lehrer, E. & Neeman, Z. The scope of anonymous voluntary bargaining under asymmetric information [J]. *Review of Economic Studies*, 2000, 67 (231): pp.309–326

[42] Manne, H. G. Mergers and the market for corporate control [J]. *Journal of Political Economy*, 1965, 73 (2): pp.110–120

[43] Manzon, G. B., Sharp, D. J. & Travlos, N. G. An empirical study of the consequences of U.S. tax rules for international acquisitions by U.S. firms [J].

Finance, 1994 (49): pp.1893–1904

[44] Markides, C. C. & Ittner, C. D. Shareholder benefits from corporate international diversification: evidence from U. S. international acquisitions [J]. *International Business Study*, 1994 (25): pp.343–367

[45] Megginson, W. L., Morgan, A. & Nail, L. The determinants of positive long-term performance in strategic mergers: Corporate focus and cash [J]. *Journal of Banking & Finance*, 2004 (28): pp. 523–552

[46] Morck, R. & Yeung, B. Internalization: an event study test [J]. *International Economics*, 1992 (33): pp.41–56

[47] Mueller, D. C. A theory of conglomerate mergers [J]. *Quarterly Journal of Economics*, 1969, 83 (1): pp.643–659

[48] Newburry, W. & Zeira, Y. Generic differences between equity international joint ventures (EIJVs), international acquisitions (IAs), and international greenfield investments (IGIs): implications for parent companies [J]. *World Business*, 1997, 32 (2): pp.87–102

[49] Richard, R. The hubris hypothesis of corporate takeovers [J]. *Journal of Business*, 1986, 59 (2): pp.74–91

[50] Rubinstein, A. Perfect equilibrium in a bargaining model [J]. *Econometrica*, 1982, 50 (1): pp.97–109

[51] Samuelson, W. Bargaining under asymmetric information [J]. *Econometrica*, 1984, 52 (4): pp.995–1005

[52] Schall, L. D. Asset valuation, firm investment, and firm diversification [J]. *Journal of Business*, 1972 (1): pp.11–28

[53] Schipper, K. & Thompson, R. Evidence on the capitalized value of merger activity for acquiring firms [J]. *Journal of Financial Economics*, 1983 (4): pp.85–119

[54] Sebenius, J. K. Case study: negotiating cross-border acquisitions [J]. *Sloan Management Review*, 1998 (39): pp.27–41

[55] Sen, A. Multidimensional bargaining under asymmetric information [J].

International Economic Review, 2000, 41（2）: pp.425–451

[56] Servaes, H. Tobin's Q and the gains from takeover [J]. *Finance*, 1991（46）: pp.409–419

[57] Seth, A., Song, K. P. & Pettit, R. R. Value creation and destruction in cross-border acquisitions: an empirical analysis of foreign acquisitions of U.S. firms [J]. *Strategic Management*, 2002（23）: pp.921–940

[58] Shaked, A. & Sutton, J. Involuntary unemployment as a perfect equilibrium in a bargaining model [J]. *Econometrica*, 1984, 52（13）: pp.51–64

[59] Shaver, J. M. Accounting for endogeneity when assessing strategy performance: does entry mode choice affect FDI survival? [J]. *Management Science*, 1998（44）: pp.571–585

[60] Short, H. Ownership, control, financial structure and the performance of firms [J]. *Economics Survey*, 1994, 8（3）: pp.203–250

[61] Very, P., Lubatkin, M. & Calori, R. A cross-national assessment of acculturative stress in recent European mergers [J]. *International Study of Management Organization*, 1996（26）: pp.59–88

[62] Weston, J. F., Mitchell, M. L. & Mulherin, J. H. Takeover, restructuring and corporate governance [M]. Peking University Press, 2005

[63] Williamson, O. E. The economic institutions of capitalism [M]. Simon & Schuster Inc., 1985

[64] Wilson, B. D. The propensity of multinational companies to expand through acquisitions [J]. *International Business Study*, 1980（11）: pp.59–64

[65] Zahra, S. A., Ireland, R. D. & Gutierrez, I. et al. Privatization and entrepreneurial transformation: emerging issues and a future research agenda [J]. *Academic Management Review*, 2000（25）: pp.509–524

[66] Zvika N. Property rights and efficiency of voluntary bargaining under asymmetric information [J]. *Review of Economic Studies*, 1999, 66（228）: pp. 679–691

[67]［德］埃尔玛·沃夫斯岱特著.范翠红译.高级微观经济学——产业组织

理论、拍卖和激励理论［M］.上海：上海财经大学出版社，2003

［68］［德］柯武刚，史漫飞著. 韩朝华译. 制度经济学：社会秩序与公共政策［M］. 北京：商务印书馆，2003

［69］［美］布莱尔著. 所有权与控制：面向 21 世纪的公司治理探索［M］. 北京：中国社会科学出版社，1999

［70］［美］艾里克·拉斯缪森著. 王晖，白金辉，吴任昊译. 博弈与信息［M］. 北京：北京大学出版社，2003

［71］［美］奥利弗·威廉姆森，西德尼·G.温特编. 姚海鑫，邢源源译. 企业的性质：起源、演变和发展［M］. 北京：商务印书馆，2007

［72］［美］奥利弗·威廉姆森著. 段毅才，王伟译.资本主义经济制度［M］. 北京：商务印书馆，2004

［73］［美］保罗·米尔格罗姆，约翰·罗伯茨著. 费方域主译. 经济学、组织与管理［M］.北京：经济科学出版社，2004

［74］［美］道格拉斯·诺斯，张五常等著. 李·阿尔斯通，思拉恩·埃格特森等编. 罗钟伟译. 制度变革的经验研究［M］. 北京：经济科学出版社，2003

［75］［美］弗兰克·埃文斯，大卫·M. 毕晓普著. 郭瑛英译. 并购价值评估——非上市公司并购企业价值创造和计算，北京：机械工业出版社，2003

［76］［美］古扎拉蒂著. 林少宫译.计量经济学［M］. 北京：中国人民大学出版社，2000

［77］［美］马克·格林布拉特，谢里丹·狄特曼著. 王琪琼，苏莉，苏莹译. 资本市场与公司战略［M］. 北京：中信出版社，2004

［78］［美］迈克尔·波特著. 陈小悦译. 竞争优势［M］. 北京：华夏出版社，2005

［79］［美］帕特里克·高根著. 朱宝宪译. 兼并、收购与公司重组［M］. 北京：机械工业出版社，2007

［80］［美］萨德沙纳姆著. 胡海峰，舒志军译. 兼并与收购［M］. 北京：中信出版社，1998

［81］［美］斯蒂芬·罗斯，伦道夫·威斯特菲尔德，杰弗利·杰富著. 吴世农，沈艺峰，王志强译. 公司理财［M］. 北京：机械工业出版社，2003

[82] [美] 汤姆·科普兰，蒂姆·科勒，杰克·默林著. 贾辉然译. 价值评估 [M]. 北京：中国大百科全书出版社，1998

[83] [美] 小约翰·科利，华莱士·斯特蒂纽斯，乔治·洛根，杰奎琳·道尔著. 李维安译. 公司治理 [M]. 北京：中国财政经济出版社，2004

[84] [美] 詹姆斯·范霍恩著. 刘志远译. 财务管理与政策 [M]. 大连：东北财经大学出版社，2000

[85] [日] 青木昌彦，钱颖一. 转轨经济中的公司治理结构 [M]. 北京：中国经济出版社，1995

[86] [日] 青木昌彦著. 周黎安译. 比较制度分析 [M]. 上海：上海远东出版社，2001

[87] [西班牙] 马可·斯达德勒，佩雷斯·卡斯特里罗著. 管毅平译. 信息经济学引论：激励与合约 [M]. 上海：上海财经大学出版社，2004

[88] [英] 鲍勃·瑞安，罗伯特·斯卡彭斯，迈克尔·西奥博尔德著. 阎达五，戴德明译. 财务与会计研究：方法与方法论 [M]. 北京：机械工业出版社，2004

[89] 艾青. 纵向一体化与并购效应研究 [D]. 博士学位论文，武汉大学，2005

[90] 步艳红. 产权、拍卖与并购 [M]. 北京：经济科学出版社，2006

[91] 藏跃茹. 外资控股和并购国有企业问题研究 [J]. 经济研究参考，2002 (10)：10–20

[92] 藏跃茹. 中外企业联姻：外资控股并购国有企业 [M]. 北京：中国水利水电出版社，2004

[93] 曹洪军. 外资并购与中国外资政策调整研究 [M]. 北京：人民出版社，2005

[94] 曹麒麟. 管理层收购定价影响因素研究 [D]. 硕士学位论文，四川大学，2004

[95] 曹雁翎. 外资并购我国国有企业问题研究 [J]. 东北财经大学学报，2003 (4)：28–32

[96] 陈佳贵. 跨国公司并购与大型国有企业改革[J]. 中国工业经济，2003

(4)：22-29

[97] 陈明珠，赵永伟. 企业并购：成本收益与价值评估 [M]. 北京：经济管理出版社，2003

[98] 陈其林. 我国利用外资的产业政策及其调整 [J]. 管理世界，2001 (3)：193-194

[99] 陈艳利. 完善外资并购中国有资产评估的思考 [J]. 哈尔滨商业大学学报（社会科学版），2003 (6)：108-109

[100] 陈艳莹. 企业价值的战略涵义 [J]. 大连理工大学学报（社会科学版），2000 (3)：28-31

[101] 方军雄. 政府干预、所有权性质与企业并购 [J]. 管理世界，2008 (9)：118-123

[102] 方强. 吸引外资并购参与国企改革 [J]. 国有资产管理，2002 (4)：35-37

[103] 傅德忠. 外资并购中国有资产流失的风险与对策 [J]. 国有资产管理，2003 (2)：59-61

[104] 干春晖. 并购经济学 [M]. 北京：清华大学出版社，2004

[105] 耿莉萍. 外资并购国有企业的意义及相关问题分析 [J]. 北京工商大学学报（社会科学版），2003 (1)：14-18

[106] 国家发展和改革委员会培训中心.经济计量分析与 Excel 应用 [M]. 北京：中国市场出版社，2005

[107] 国家计委宏观经济研究院课题组. 外资控股并购国有企业问题研究 [J]. 管理世界，2002 (6)：20-25

[108] 韩立东. 外资并购国有企业问题研究 [D]. 硕士学位论文，山东大学，2005

[109] 郝洁. 以并购方式利用外资的法律政策问题研究 [J]. 对外经贸统计，2007 (2)：5-8

[110] 郝胜利. 外资并购国有企业或买卖国有资产规定的评价及完善 [J]. 商业研究，2006 (20)：205-207

[111] 何晓群. 现代统计分析方法与应用 [M]. 北京：中国人民大学出版

社，1998

[112] 胡峰. 跨国公司并购我国上市公司问题研究[J]. 财经问题研究，2003（3）：34–38

[113] 胡杰武，张秋生和王东. 外资并购中国企业实务指南 [M]. 北京：中国经济出版社，2006

[114] 黄海霞. 我国上市公司外资并购的动因与企业价值实证研究 [D]. 硕士学位论文，电子科技大学，2004

[115] 黄晓楠，翟宝忠和丁平. 基于 EVA 的并购定价改进模型研究 [J]. 会计研究，2007（3）：42–46

[116] 黄振. 浅谈我国外资并购制度的不足与完善 [J].特区经济，2005（6）

[117] 金成晓，齐平茹和李万军. 外资并购国有企业问题研究评述 [J]. 当代经济研究，2003（11）：32–37

[118] 金晓斌. 全流通背景下的外资并购 [D]. 硕士学位论文，上海交通大学，2007

[119] 柯惠新，刘红鹰. 民意调查实务 [M]. 北京：中国经济出版社，1996

[120] 柯惠新，沈浩. 调查研究中的统计分析法（第二版）[M]. 北京：中国传媒大学出版社，2005

[121] 李锋. 外资并购对国有企业治理结构创新的影响 [J]. 现代管理科学，2006（7）：53–54

[122] 李海舰，冯丽. 企业价值来源及其理论研究 [J]. 中国工业经济，2004（3）：52

[123] 李江. 企业并购中政府干预的经济学分析 [D]. 博士学位论文，复旦大学，2003

[124] 李俊芸，夏传文. 外资并购我国上市公司的动因及绩效研究 [J]. 财经问题研究，2005（6）：69–72

[125] 李善民，陈玉罡. 上市公司兼并与收购的财富效应 [J]. 经济研究，2002，（11）

[126] 李善民，郑南磊. 股东—利益相关者博弈对并购方股东财富效应的影响 [J]. 金融研究，2007（8）：141–153

[127] 李善民，周小春. 公司特征、行业特征和并购战略类型的实证研究 [J]. 管理世界，2007（3）：130–137

[128] 李善民，朱滔. 多元化并购能给股东创造价值吗？[J]. 管理世界，2006（3）：129–137

[129] 李善民，朱滔. 中国上市公司并购的长期绩效——基于证券市场的研究 [J]. 中山大学学报（社会科学版），2005（5）：80–86

[130] 李新. 国有股减持：渊源、历程与路径选择 [M]. 北京：首都经济贸易大学出版社，2007

[131] 李元友. 外资并购国有企业中的定价问题 [J]. 管理现代化，2004（2）：20–23

[132] 李增泉，余谦，王晓坤. 掏空、支持与并购重组——来自我国上市公司的经验证据 [J]. 经济研究，2005（1）：95–105

[133] 李哲. 转型中国国有上市公司并购重组的制度根源与实际绩效 [D]. 博士学位论文，上海交通大学，2007

[134] 廖未华. 外资并购与国有资产流失 [J]. 经济师，2004（6）：29–30

[135] 廖运凤. 外资并购国有企业的现状与对策. 国有资产管理 [J]. 2004（6）：47–49

[136] 刘敬孝. 外资并购国企的正负效应及对策 [J]. 中国海洋大学学报，2003（5）：25–31

[137] 刘力钢，邵剑兵. 战略·竞争·优势 [M]. 沈阳：辽宁大学出版社，2004

[138] 刘志杰. 国有企业在外资并购中的竞争地位分析——兼论对国有企业并购价格的影响 [J]. 企业经济，2009（9）：9–11

[139] 刘志杰. 提升国有企业在外资并购中要价能力问题研究 [J]. 辽宁经济，2009（9）：50

[140] 刘志杰，姚海鑫. 外资并购国有企业交易中参与方的行为动机分析及其对交易价格的影响 [J]. 辽宁大学学报（哲学社会科学版），2009（3）：109–114

[141] 刘志杰. 外资并购中我国国有股权定价方法的选择 [J]. 渤海大学学

报，2009（4）：108-113

[142] 卢文莹. 外资并购策略 [M]. 上海：上海财经大学出版社，2004

[143] 卢纹岱. SPSS for Windows 统计分析（第 2 版）[M]. 北京：电子工业出版社，2005

[144] 陆跃祥，王延明. 中国上市公司管理层收购的定价研究——管理层贡献和控制权溢价的量化及实证检验 [J]. 北京师范大学学报（社会科学版），2005（5）：81-87

[145] 吕竺笙. 企业并购中的利益博弈与协调 [D]. 博士学位论文，复旦大学，2005

[146] 马国庆. 管理统计：数据获取、统计原理 [M]. 北京：科学出版社，2002

[147] 梅君，李悦，胡松. 上市公司并购与重组（第五版）[M]. 北京：中国人民大学出版社，2008

[148] 潘爱玲. 积极应对跨国公司在华并购 [J]. 中国工业经济，2002（8）：59-64

[149] 潘鸿. 中国资本市场上市公司购并的动机和利益转移模式研究 [D]. 博士学位论文，上海交通大学，2006

[150] 潘琰. 外资并购热潮中的冷思考 [J]. 财务与会计，2007（4）：7-10

[151] 潘琰. 国有股权转让研究——财务与会计视角 [M]. 北京：科学出版社，2007

[152] 平新乔. 微观经济学十八讲 [M]. 北京：北京大学出版社，2001

[153] 桑百川. 外资控股并购国有企业问题研究 [M]. 北京：人民出版社，2005

[154] 邵东亚. 外资并购国有企业：实证分析与对策研究 [J]. 南开经济研究，1997（3）：10-17

[155] 史东明. 外资并购国企的双赢机制 [J]. 中国外资，2003（12）：42-45

[156] 苏艳. 外资在华并购影响目标企业生产力的研究 [D]. 博士学位论文，湖南大学，2007

[157] 孙涛. 公司并购中目标公司定价理论与方法 [M]. 北京：经济管理出版社，2005

[158] 谭劲松，黎文靖，谭燕. 企业合并中的多方利益博弈——一项 10 起换股合并案例为基础的研究 [J]. 管理世界，2003 (3)：107-117

[159] 唐广. 企业价值评估指标体系研究 [M]. 北京：经济管理出版社，2007

[160] 唐万明. 兼并收购中对目标公司战略价值的评估与分析 [J]. 经济学家，2007 (1)：127-128

[161] 汪海粟. 企业价值评估 [M]. 上海：复旦大学出版社，2005

[162] 王豹，李淼. 外资收购与国有产权管理 [J]. 国有资产管理，2003 (11)：29-30

[163] 王少豪. 企业价值评估：观点、方法与实务 [M]. 北京：中国水利水电出版社，2005

[164] 魏成龙. 外资并购国有企业研究 [D]. 硕士学位论文，河南大学，2007

[165] 温海龙. 基于国有企业改革视角下的管理层收购问题研究 [D]. 硕士学位论文，东北财经大学，2003

[166] 文强. 利用外资并购重组国有企业的相关问题研究 [J]. 中国经贸导刊，2007 (16)：21-22

[167] 夏晶. 外资并购国企的动机与效应分析 [J]. 科技创业月刊，2004 (9)，45-47

[168] 冼国明，张岸元，严兵. 关于外资并购国有企业若干问题的讨论——以德国博西华公司收购安徽扬子电冰箱厂为例 [J]. 管理世界，2002 (8)

[169] 萧松华，刘明月. 购并中的目标企业定价分析 [J]. 商业研究，2004 (12)：106-108

[170] 谢茂拾. 代理人问题催生大型国企向外资“贱卖”——以外资并购徐工集团与双汇集团为例 [J]. 中国发展观察，2006 (10)：31-32

[171] 谢识予. 经济博弈论 [M]. 上海：复旦大学出版社，2005

[172] 兴业证券—复旦大学联合课题组. 境外关于外资并购及行业准入的

相关规则以及我国证券市场对外开放过程中应注意的问题 [R]. 上证联合研究计划第十六期课题报告，2007

[173] 徐青. 西方企业价值评估方法研究综述 [J]. 现代管理科学，2005(7)

[174] 薛彤. 上市公司非流通股的定价研究 [D]. 博士学位论文，对外经济贸易大学，2005

[175] 杨安华. 中国上市公司并购价值效应分析 [D]. 博士学位论文，四川大学，2006

[176] 杨华. 上市公司并购重组和价值创造 [M]. 北京：中国金融出版社，2007

[177] 杨镭. 跨国并购与政府规制——兼论中国对外资并购的规制 [D]. 博士学位论文，中国社会科学院，2003

[178] 杨育谋. 外资并购可能产生的负面影响 [J]. 中国外资，2003 (2)：26-28

[179] 尧秋根. 中国外资并购市场：国际背景与市场转型 [M]. 北京：中国经济出版社，2008

[180] 姚海鑫，李正，王德武. 我国新《会计法》实施效果的一个博弈分析 [J]. 辽宁大学学报，2006，34 (4)：89-95

[181] 姚海鑫，肖晗. 股权结构与经营绩效：来自辽宁上市公司的一组证据 [J]. 现代会计与审计，2006 (1)：42-46

[182] 姚海鑫，尹波和李正. 关于上市公司会计监管的不完全信息博弈分析 [J]. 会计研究，2003 (5)：43-45

[183] 姚海鑫，刘志杰. 外资并购国有企业股权定价财务影响因素的实证分析 [J]. 中国软科学，2009 (10)：133-141

[184] 姚海鑫. 我国上市公司 IPO 定价问题研究. 国家社会科学基金课题研究报告，2005

[185] 姚海鑫. 经济政策的博弈论分析 [M]. 北京：经济管理出版社，2001

[186] 姚海鑫. 辽宁上市公司股权结构与经营绩效的实证分析 [J]. 经济管理，2004 (21)：6-11

[187] 姚海鑫. 我国上市公司 IPO 定价及其影响因素的一个实证分析 [A].

中国会计学会2004年学术年会交流论文［C］，2004

［188］姚海鑫. 我国上市公司IPO定价问题的一个实证研究［J］. 辽宁大学学报，2004（3）：2-10

［189］袁天荣. 企业并购利益主体行为动机研究［M］. 北京：经济科学出版社，2007

［190］张敏聪，伍志强. 论外资并购对中国上市公司发展的影响［J］. 工业技术经济，2003（2）：114-115

［191］张秋生，崔永梅. 战略并购、产业重组与网络协同［M］. 北京：中国经济出版社，2007

［192］张维迎. 博弈论与信息经济学［M］. 上海：上海人民出版社，2004

［193］张维迎. 控制权损失的不可补偿性与国有企业兼并中的产权障碍［J］. 经济研究，1998（7）：3-14

［194］张学超，宣国良. 我国企业战略并购中的资产价格问题与对策［J］. 价格理论与实践，2006（5）：64-65

［195］赵丹. 从赛格三星并购案看外资并购中的国有股权定价［J］. 会计师，2004（8）：46-48

［196］赵华. 外资并购我国上市公司交易模式的研究［J］. 商业研究，2005（14）：94-98

［197］赵志峰. 转型中的国有企业产权演化逻辑［M］. 北京：社会科学文献出版社，2007

［198］郑厚斌. 收购与合并［M］. 北京：商务印书馆，1998

［199］郑湘明，秦喜杰. 企业并购和目标企业定价研究［J］. 财经问题研究，2004（1）：82-86

［200］周春生. 融资、并购与公司控制（第二版）［M］. 北京：北京大学出版社，2007

［201］周国洪. 徐工是不是触目惊心地贱卖［J］. 财经瞭望，2006（7）：45-47

［202］周琳，张秋生. 股票并购中目标企业估价的研究及换股比率的确定［J］. 数量经济技术经济研究，2001（2）：66-68

[203] 周清杰. 外资并购与国有企业公司治理优化 [J]. 北京工商大学学报，2004（3）：84-88

[204] 朱宝宪. 公司并购与重组 [M]. 北京：清华大学出版社，2006

后 记

本书是在我的博士毕业论文的基础上扩充完成的。确定对企业并购问题进行研究，其中一个重要原因是受我的博士生导师姚海鑫教授的影响。姚海鑫老师在企业并购定价方面有很深的造诣，积累了丰厚的理论基础和研究经验。在读博士期间，我作为第二负责人，跟随姚老师对科研项目进行设计论证和研究撰写，发现外资并购国有企业的定价问题是一个十分有研究价值的课题。由于我国真正对外资开放的时间还不长，相关制度法规很不完备，资本市场的机制和功能发育得不健全，从而造成并购价格形成机制还不够完善。在外资并购的过程中，国有股权的价值评估理论和定价方法亟待改进和完善，因为这涉及国有资产是否被贱卖或流失等核心问题。希望通过我的研究，对外资并购国有企业这一特殊而热点的现象给出恰当的解释，对外资并购时国有企业如何科学定价这一敏感问题作出客观的分析。

本书的完成和出版，得到了许多人的大力支持和帮助。这里，首先要感谢的是我的博士生导师姚海鑫教授。师从姚海鑫教授是我的幸运，我从他的身上学到了谦虚严谨的治学态度，领略到了平易近人的为人风范。在我感到困惑的时候，是姚老师为我指明了前进的方向，引领我走上了学术研究的殿堂。本书的出版，还要感谢博士生导师刘力钢教授。作为辽宁大学新华国际商学院院长，刘力钢教授非常重视学院教师的教学和科研工作，他定期组织开展学术研讨，在学院内营造浓郁的学术氛围，敦促和激励我们积极投身学术研究。博士毕业之初，刘院长便建议我在该领域继续研究和探讨。他亲自帮助我联系出版社，并促成了本书的出版。在本书的写作过程中，我还得到了师兄弟的大力帮助，得到了家人的理解支持和无微不至的照顾。在本书的出版过程中，经济管理出版社的张永美编辑和张艳编辑也付出了辛勤的劳动。在此，对所有曾经给予过我帮助的人表示真诚的感谢！

企业并购问题是资本市场中一个永恒的话题。虽然监管部门在不断修改和完善各种有关并购方面的法律规定，在一定程度上促使企业并购活动日益规范，但是，在现实世界中，被监管对象与监管者之间的博弈将不断上演。并购市场上会不断出现一些新的问题，值得我们去深刻思考，需要我们去认真探讨。

随着我国经济社会的不断发展，并购市场上也出现了一些新的现象，特别是 2009 年以来，中国企业作为并购方在跨国并购舞台上的身影频繁出现。无论是四川腾中重工收购通用汽车旗下的悍马品牌，中铝巨资收购澳大利亚铁矿石企业力拓，还是吉利竞购沃尔沃，联想购买 IBM 的笔记本业务，都在向世界传递出这样一个信息：跨国并购行为越来越成为发达国家与发展中国家之间的一种双向互动。可见，在经济全球化的时代，资源在世界各国之间整合和重新配置的趋势势不可当，跨国并购将是资本市场上的一个永不停止跳动的音符。

本书是对我前期研究成果的一个总结。但是，随着研究的深入，我发现自己面前不断出现一些新的问题，我也愈发感到自己的学识有限和能力不足。在并购方面，还有很多知识需要深入学习，有很多领域可以深入探讨。我更愿意将本书作为自己今后学术生涯的一个新的起点。

刘志杰

2010 年 1 月